# 自主・平和の思想

尾上健一

# はじめに

多くの人々は日本を自主的な社会にしたい、戦争がない平和な社会にしたいと願っています。人々の幸せを実現するためには、未来を見とおした科学的で正しい指針が不可欠です。

わたしたちはさまざまな実践と模索の過程を経て、チュチェ思想に出あいました。

チュチェ思想は朝鮮で創始された思想ですが、新しい時代をきり拓く普遍的な指導思想として世界人民から注目されています。

チュチェ思想は理論的だけでなく、朝鮮において新しい社会を創造していくたたかいでその正当性が実証されています。

チュチェ思想は、日本を自主化し世界を平和にし、輝かしい未来社会をきり拓くうえで、もっとも正しい威力ある思想であるといえるでしょう。

チュチェ思想を研究普及し自国に適用するための活動が、いま日本や世界で積極的にくりひろげられています。

社会発展におけるチュチェ思想の今日的役割、その実現過程を多くの方に知っていただきたいと考え、この間、日本や各国における研究セミナーで発表した一部を編集しました。

チュチェ思想に関心をもたれる多くの方々に、本書がいくらかでも寄与できれば幸いです。

# 目次

はじめに

第一章　輝かしい未来を拓く思想

## 第二章　民衆主体の社会主義

## 第三章　自主の日本をきずく

## 第四章　自主・平和・友好の世界へ

# 第一章　輝かしい未来を拓く思想

# 人は尊く　その力はかぎりない

―下関チュチェ思想研究会における講演―

二〇〇六年六月二四日

下関チュチェ思想研究会の方たちによってりっぱな講演会を開いていただき、多くの方々と話しあう機会をもてたことに感謝します。

日本では、連日、朝鮮に関する歪曲された報道がマスメディアによって流され、朝鮮にたいする偏見と誤解が助長されています。

一方的に流される情報をうけとめるだけでは真実を知ることはできず、人々の要求にあった運動をおこなっていくことはできません。

ここでは朝鮮で創始され、世界で研究されているチュチェ思想にもとづき、主体的立場にたって朝鮮と世界の動きをとらえ、新しい社会を展望するためのいくつかの視点について提起していきたいと思います。

# 一、新しい社会を展望するために

## 人々の要求と時代の流れを反映した思想

チュチェ思想研究普及活動は世界でたがいに連携をもってすすめられています。アジア、アフリカ、ラテンアメリカ、ヨーロッパには大陸ごとの地域研究所があり、それぞれの地域研究所のもとで各国にチュチェ思想研究会が組織されています。一九七八年、世界におけるチュチェ思想研究者の総意のもとチュチェ思想国際研究所が設立され、東京に事務局がおかれています。

二十数名の国際研究所の理事は、大学教授、国会議員、実業家など各国において著名で影響力のある人士で構成されています。

チュチェ思想は朝鮮で創始された思想ですが、世界各国の進歩的人士が自国の社会活動に役立つ思想と位置づけ、自力でチュチェ思想の研究普及活動をおこなっています。

金日成主席や金正日総書記の著作を教材にする場合も、すべてをそのままうけいれるのではなく、自国の実情にあわせてとりいれるという主体的な立場で研究しています。

また、人間の本質的特徴や人間と世界の相互関係、社会発展の法則、指導的原則などについて明らかにしたチュチェ思想の普遍的な内容を原理的に深く学び、自国の運動や社会建設の基軸にしています。

朝鮮においてチュチェ思想は自国の指導思想であり、朝鮮で実施されている政策そのものです。よって朝鮮とその他の国ではチュチェ思想を研究する方法と立場は当然異なってきます。

個々の国にはそれぞれの実情があるので、チュチェ思想を研究するうえでは思想を基本にして学び、朝鮮の経験をそのままとりいれないほうがよいといえます。

朝鮮の人々がチュチェ思想を学ぶのは自国の指導思想であるため当然のことです。それでは、なぜ朝鮮で創始されたチュチェ思想が世界で研究されているのでしょうか。朝鮮以外の国の人がチュチェ思想を学ぶ意義は何でしょうか。

まず第一に、チュチェ思想をとおしてこそ朝鮮を深く理解できるからです。

チュチェ思想は金日成主席によって創始され、比類なく困難な植民地解放闘争や朝鮮戦争、社会主義建設などを勝利に導いた思想であり、まさに朝鮮の心です。

多くの人々は朝鮮に関しては一方的に流される核開発やミサイル実験などの報道をうけいれるだけで、実際に朝鮮に行って自分の目で朝鮮の現実を確かめるわけではなく、日本やアメリカに侵略されて多くの人々が殺された朝鮮の人々の気持ちを理解しているわけではありません。

一部のメディアがかくれて撮影した写真を何度も流したり、警察側の発表がくりかえし新聞に掲載されたりするため、多くの人々は朝鮮にたいして固定化したイメージをもつようになっています。

日朝友好運動を熱心におこなう進歩的人士のなかには、朝鮮をとりまく反動的動きをみて、日本は危険な方向にむかっているのではないかと考える人もいます。しかし、わたしは客観情勢からではなく、朝鮮の心ともいえるチュチェ思想から、いま動いている真実の姿と今後の展望について考察しようと思います。そのようにすることにより正確に朝鮮を理解でき、真の朝鮮人民との友好運動をおしすすめることができるでしょう。

朝鮮の社会主義について深く理解する鍵はチュチェ思想にあります。

社会主義について考察する場合、一般的にはソ連や中国の社会主義や、マルクスやレーニンが明らかにした理論をもってとらえられる傾向があります。朝鮮の社会主義もマルクス・レーニン主義の延長上に建設されたととらえる人々がいます。

朝鮮の社会主義が既存の社会主義と同じであったならば、すでに崩壊していたでしょう。朝鮮の社会主義はまったく新しい民衆主体の社会主義であるため、崩壊しないばかりかますます発展しているのです。

朝鮮が社会主義の旗を高くかかげ、民衆主体の国を建設している現実を理解する鍵は、朝鮮の民族性や政策よりも、朝鮮が指針にしているチュチェの思想、理論、方法にあるといえます。チュチェ思想に民衆主体の社会主義を建設している根拠を見いだすことができます。

世界各国の人々がチュチェ思想を学ぶのは、第二に、チュチェ思想が朝鮮だけの指導思想ではなく、世界各国においても普遍性をもつ指導思想であるからです。

一九七五年春、わたしは大学教授と二人で金日成主席に接見する機会に恵まれました。そのときに主席はつぎのように言われました。

チュチェ思想は人々の要求、時代の流れを反映している正しい思想です。いまは小さな火でもチュチェ思想は正しい思想なので、やがて燎原《りょうげん》の火のように燃え広がるでしょう。わたしたちもこの偉大な事業を始めたばかりですが、この誇らしい道のりをともにすすんでいきましょう。

主席は多忙ななか世界各国の人たちに会い、時間をさいて助言したり励ましたりしました。それは朝鮮の友好関係を発展させるためだけではなく、世界の進歩的人士を大切に思う同志的な気持ちのあらわれでもあります。

新しい時代、未来社会をきり拓いていくうえで現在、世界共通の指導思想はチュチェ思想をおいて他にはありません。

指導思想をもってよりよい社会をつくろうと実践する人たちと、何の基軸ももたず今日のことだけを考えて打算的に生きる人たちとでは、一〇年後、二〇年後には大きな差がでてきます。

正しい人間中心の思想をもって生き活動するならば、それが人々の要求、時代の流れにそっているかぎり、一時的には困難な局面に直面しようとも目標はかならず実現されるでしょう。

## これまでの社会主義理論

社会主義とは、一般的には人間が人間を抑圧したり搾取したりしない社会、人が人として大切にされながら人間関係が家族のようにあたたかい社会をいいます。

マルクスやレーニンは歴史上はじめて社会主義を科学の土台に乗せました。

マルクス・レーニン主義が明らかにした社会主義社会の基本的な特徴は大きく二つあるといえます。一つは生産手段が国有化されていることです。もう一つは政治権力を労働者階級がにぎっていることです。

レーニンが指導したロシアで、一九一七年、革命が勝利し、労働者階級が政権をにぎる社会主義社会が史上はじめて誕生しました。

政権を奪取するまえの労働者たちの闘争課題は、賃金を上げることを中心とする労働条件の改善でした。労働者たちは政権につくまえは、社会主義思想を身につけていたわけでもなく、国家全体のことを考えたこともありませんでした。主に個人の要求を実現するためにたたかってきたため、運動の過程で民衆のことを思う気持ちは十分に形成されませんでした。

また、ソ連は政権をとった直後から帝国主義とたたかいながら社会主義を建設しなければなりませんでした。平和的に社会主義を建設する余裕がなかったため、ソ連の指導者は民衆にたいする教育に力を投じることができなかったのです。

マルクスは、社会建設の基本は経済であり、土台（下部構造）である経済を発展させれば、上部構造である政治がかわるという理論を展開しました。経済が発展して社会が発展する、経済が発展した資本主義社会ほど社会主義社会により近いとする理論です。

一九世紀、ドイツ、フランス、イギリスは経済が発展していたため、社会主義にはやく移行すると予想されましたが、実際にはそうなりませんでした。

またマルクスは、社会主義的生産様式が樹立されれば、人間関係も豊かになっていくとしましたが、現実にはそのようにはなりませんでした。生産関係をかえればおのずと人間がかわるわけではないということは明らかなことです。

マルクス・レーニン主義の哲学は唯物論と弁証法です。

対立物の闘争と統一の法則、否定の否定の法則、量質転換の法則を弁証法の三大法則といいます。

三つの法則のなかで対立物の闘争と統一の法則がもっとも重要な法則といわれています。

対立物の闘争と統一の法則は、プラスとマイナスなど対立するものがつねにはげしく闘争していて瞬間的に統一する、闘争が基本で統一は一時的である、統一がこわれまた対立していくなかで発展していくという理論です。

対立物の闘争と統一の法則を社会運動に適用したのが労働者階級と資本家階級の階級闘争です。

中国では革命を矛盾論、実践論にもとづいて指導したことがあります。矛盾論は矛盾を発展の源泉とする理論です。

これまでの社会運動は対立物の闘争と統一の法則や矛盾論にもとづいていたため、対立や矛盾をさがしだすことが重要視されてきました。

新しい社会を担う人間を育てることに力をいれるよりも、敵を見つけていつも誰かを敵にしてたたかうことに関心がむけられたのです。

労働者が政権をとった新しい社会になってからも、労働者同士で対立する事態が生じました。なかまを信じられずたがいに協力しない社会が人間の理想社会といえるのでしょうか。

日本ではいまでも社会運動をする人々の一部には、たたかう主体よりも対象を先にみる傾向があります。

自分たちを抑圧しているのは誰なのか、政府与党かブッシュ大統領かなどと、まず敵をみきわめて、たたかいをくんでいきます。

憲法や教育基本法の改悪に反対する運動などが各地でくりひろげられていますが、支配層がつぎつぎにうちだす反動的な政策に反対だけしていて新しいものを創造しなければ、新しい社会をきずくことはむずかしいでしょう。

支配層にたいしてだけではなく、なかまや大衆にたいしても闘争対象とみる傾向があります。

対立物の闘争と統一の法則は、自然にたいしては部分的には適用されても、人間と社会に適用することはできません。

資本主義社会をこえてもっとよい社会をつくろうとするときに、対立物の闘争と統一の法則を適用することはむしろ弊害になります。

社会主義運動においても、めざしている目標は正しい、社会主義社会をつくればみんなのためになると言いながら、いま生きている人々を二次的に手段としてみる傾向がありました。

人々が団結して生きる姿は理想社会の原型であり、団結をきずくこと自体を運動の目標にすることが大切です。しかし、団結が個別的な要求を実現するためのたんなる手段となってしまうこともおこりました。

マルクス・レーニン主義の唯物論と弁証法はまちがいではありませんが、新しい人間の育成や新しい社会の建設にそのまま適用することについては疑問視されます。

## 民衆は社会をかえる力強い存在

チュチェという言葉は朝鮮語です。日本語では主体と直訳することもあります。しかし、主体は客体にたいする概念であり、チュチェは新しい独自の内容と概念にもとづいているため、主体思想とは表現しないでチュチェ思想という言い方をしています。チュチェという言葉の意味は、どちらかといえば主体より人間に近いといえます。

哲学分野においては、意識が先か物質が先かということが重要な問題として長いあいだ論議されていました。それにたいしてマルクスは、意識にたいする物質の一次性を主張しました。

チュチェ思想は、物質と意識の相互関係を問題にすることよりももっと重要な問題は、人間をとりまく周囲世界、自然や社会との関係で、人間は自然や社会に従属するのか、反対に自然や社会を自分の幸せのために変革していくのかということであるとし、人間と世界の関係を哲学の根本問題として提起しました。

人間は自然や社会のなかで生きており、周囲世界との関係をぬきにして自己の運命を開拓していくことはできず、人間の幸せについて考えることもできません。

チュチェ思想は、人間を自然や社会に従属する存在としてではなく、自己の要求にもとづいて自然や社会を変革していく存在としてとらえています。

人間は、自然や社会を支配し変革していく過程をつみかさねるなかで自己の幸せをきり拓いていきます。

自然や社会に従属してしまえば、人間は自然や社会の一部、あるいはそれ以下になってしまいます。

チュチェ思想は人間が世界の主人であり、すべてを決定するという哲学的原理を明らかにしました。

この原理は世界を哲学的に解明するならば、そのようにいえるということであり、現在、人間が世界の主人、決定者になっているということを意味するものではありません。世界を自己の要求にそって変革することにもっとも利害関係をもっているのは人間であり、変革する決定的な力は人間にあるという意味です。

資本主義社会では、いまだに多くの人たちが低賃金で長時間働かされたり、サラ金にだまされて損をしたりしています。明日のことよりも今日のことを考えてあくせくしているように見える人もいます。

もし人間が全面的に自然や社会にたいして主人として生きているならば、あえて人間は世界の主人であるという必要がありません。

人間があらゆるものの主人であり、すべてを決定するという哲学的原理は、本質的な解明であり、未来の目標であるとともに運動の過程において指針にし現実化すべきものです。

チュチェ思想は、人間の本質的特徴を存在と属性の側面から明らかにしています。

存在としての人間の特徴は、人間は目的意識的に社会的関係を結んでいく社会的存在であるということです。

人間は一人では生きていくことのできない存在です。人間は一見ばらばらに生きているように見えても、誰しも人間や周囲世界との関係をもって生きています。

人間が社会的存在であることをこれまでの哲学では明らかにすることができませんでした。実存主義哲学は、人間が個人的存在であることを前提にしています。ニーチェは、人間ははかない存在であるととらえました。

マルクスは、「一人はみんなのために、みんなは一人のために」という集団主義にもとづく社会をめざしましたが、それはあくまでも目標として描いた社会像であり、人間の存在としての本質的特徴を明らかにしたものではありませんでした。

自主性、創造性、意識性が属性としての人間の本質的特徴です。

自主性は、世界のなかで主人として自由に生きようとする人間の性質です。人間は自分の運命を自分できり拓いていきます。

創造性は、目的意識的に世界を変革し自己の運命をきり拓いていこうとする人間の性質です。

意識性は、世界と自分自身を把握し変革するすべての活動を規制する人間の性質です。

自主性、創造性、意識性はもって生まれた生物学的属性ではなく、生後、社会的教育をとおして形成発展する社会的属性です。

チュチェ哲学が明らかにした社会発展の法則で重要な解明は、自然の運動には主体がないが、社会の運動には主体があるということです。

ここでいう主体とは民衆をさします。

大きな岩が長い期間にけずられて丸く小さくなるなど自然の事物はまさに自然に変化しますが、歴史は民衆が決心し行動してはじめてきり拓かれていきます。長い人類の歴史は民衆の努力によって発展してきました。

エジプトのピラミッドは王に命令された奴隷が莫大な労力と時間をかけて建設しました。支配者の意思、号令によって完成したのです。

歴史発展の過程においては、櫓《ろ》をこぐのは民衆であっても、舵《かじ》をとるのはつねに支配者であったのです。また民衆はあらゆるものをつくりだしてはきましたが、支配者の意思にしたがわざるをえなかったため、あやまちをおかすこともありました。

戦争は反動支配層の意思のもとで、民衆がかりだされ血を流した悪い例の典型です。かつての戦争において、日本の支配層はみなアメリカに自己の延命を懇願して生きのこったのにたいして、多くの民衆は命を失いました。

同じく敗戦国となったドイツのヒトラーは自殺しましたが、日本の天皇をはじめA級戦犯として断罪されたものも生きながらえました。戦争の最高責任者であった天皇はアメリカの占領政策に協力することとひきかえに延命し、天皇制が維持されました。

民衆は多くのものを創造しますが、それは支配層のものになり民衆のものにはなりません。民衆は自分自身の生活費をかろうじて得るだけなのです。そして、何かことが生じるならば、民衆が真っ先に犠牲になるのです。

そのような意味で民衆は歴史の主体ではあっても、つねに歴史の真の主体となっているわけではありません。

ほんとうの意味で歴史をつくる主体を自主的主体といいます。

民衆が自主的主体になるためには、自主的な思想、組織をもたなくてはならず、そこに民衆を結集しなければなりません。民衆は自主的主体として思想化、組織化されて実践してこそ民衆のための歴史をつくることができます。

からです。

## 自主的な人間の育成

チュチェ思想は思想、理論、方法の全一的体系になっています。

チュチェ思想は、方法の問題をはじめて明らかにしました。方法の問題を思想体系の一つとして明らかにしたのは、活動は人間が人間にたいしておこなうものであるからです。

チュチェの活動方法とは、人に会って、その人が一貫して活動していけるようにはたらきかけていくことです。これがチュチェの方法のもっとも重要な内容といえます。

活動とは、人を愛し、人を信じ、人に会い、人にはたらきかけていくことにつきるともいえます。人にたいする活動で始まり、人にたいする活動で終わるのが真の活動です。

自分も人も信じないで、人を愛し大切にしない活動家は、活動をうまくおこなうことができません。

社会主義になったからといって古い思想がすぐになくなるわけではありません。また幹部のなかには官僚主義がのこっています。このようなかで人々の弱点を追及する方法では新しい社会をつくることはできません。人々のよいところをのばす活動が人を活かすよい方法といえます。

朝鮮は人を愛し、人を信じている国です。破壊よりも創造を好み、未来をつくろうとしている国です。

人々を信じ人々に依拠して、人々が輝くことを基本にして社会全体が発展する社会を展望する朝鮮人民の前途は明るいといえます。

人間が世界の主人であり、世界を変革する決定的力が人間にあるからといって、いま生きているすべての人間が主人としての要求と力をもっているわけではありません。

人間は自主性を生命とする社会的存在として生きてこそ、世界で主人としての地位と役割をまっとうできます。

人間が自主性を生命とする社会的存在として生きるようになったとき、人間はたんなる人間でなく、自主的人間になったといえます。

日本の社会変革をすすめるうえでも当面して重要な課題は、自主的な人間を育てることです。

人間の育成を先行しながら、人間中心の政治、経済、文化をつくっていかなくてはなりません。

資本主義か社会主義かという制度の問題よりも、まず人間を自主化し、日本を自主化していくことが重要です。社会制度の問題はその後で解決していくこともできます。

自主化された社会を社会主義化し、社会主義をさらに発展させる課題も自主的人間の育成を基本にして解決していくことができます。

資本主義社会と社会主義社会は根本的に異なりますが、社会主義社会と共産主義社会には本質的な差はありません。

資本主義から社会主義へと移行する過程においては、資本主義の否定的要素を一掃する方法で新しい社会をつくることになります。

社会主義から共産主義への移行は、共産主義的要素を徐々に多くする過程をへて実現できます。

## 二、世界における自主勢力の台頭

いま世界でもっとも急激な経済発展をとげているのが中国とインドです。

世界の人口六五億人（二〇〇六年現在）のうち、二五億人を占める中国とインドが、大きな力をもつようになり、世界的にも影響力を行使するようになってきました。

アメリカは中国と友好的な関係を結んでいる一方、日本には中国を敵視する政策をとらせています。

ブッシュ大統領が二〇〇六年三月、インドを訪問し、インドの核保有を認めることを約束しました。ブッシュ大統領は、軍事用の核と産業用の核を区別し、軍事用の核は承認し産業用の核だけ査察に応じるよう要請しました。核拡散防止条約（ＮＰＴ）体制下ではインドは非核保有国としてあつかわれているにもかかわらず、アメリカはそのような対応をとりました。もはや、いかなる国といえども中国やインドを無視して外交をおこなうことができなくなっているのです。

自民党官房長官の安倍晋三氏が、インドとの関係強化を次期政権の外交政策としてうちだしたと報道されていました。日本は中国とのよい関係を結ぶことができないため、そのかわりとしてインドとの関係を強めようとしているのです。

中国とインドは、良好な関係を結んでいるので日本の二面外交は成功しないでしょう。中国とインドはそれぞれが自主的な立場を堅持し、強い経済的関係を結んでいます。

ムスリム（イスラム教徒）が世界で急速にふえており、一五億人に近づいているといわれています。

ムスリムが貧しい人たちのために心をこめてつくしていることにより、イスラム教はアジア、アフリカなど世界的に貧しい人たちのあいだで急速に広まっています。

こうした動きは、キリスト教が普及されはじめた当時を想起させます。

イエス・キリストは、ユダヤ教が腐敗堕落しているなかで、それにかわるものとして自分が神の子だと名のり登場しました。イエス・キリストは、目の見えない人や体を売って生活している女性たちを同じ人間としてみていっしょに生活しながら布教活動をしていきました。

キリスト教は急速に波及し、それに脅威を感じたユダヤ教の僧侶たちは、イエス・キリストを処刑してしまったのです。

いま、キリスト教の名のもとで戦争がおこなわれるなど、さまざまな問題がおきています。

世界で台頭するムスリムを敵視する帝国主義国の政策は、彼ら自身を苦境におとしこめるでしょう。

ラテンアメリカでは反米自主の動きが加速しています。

ボリビアで二〇〇六年一月、先住民族の大統領（エボ・モラレス）が誕生しました。

反米自主路線を歩むキューバ、ベネズエラ、ボリビアが協力関係を強めています。ボリビアにたいして、キューバは医師や教師を派遣し、世界第五位の石油輸出国ベネズエラはガソリンを供給することを約束しました。

ラテンアメリカ諸国が指針にしているのは、チェ・ゲバラやマルクス、レーニンの思想ではなく、ラテンアメリカの解放者シモン・ボリーバルの思想です。シモン・ボリーバルは一九世紀前半、各国の自主性を尊重しながら武装闘争を導くことによってスペインの植民地支配からラテンアメリカ諸国を解放しました。

ウゴ・チャベス大統領の導くベネズエラは、国名をベネズエラ・ボリーバル共和国に変更し、石油産業を国有化するなどアメリカと一線を画し、社会的底辺層のための政策をうちだし、ボリーバル革命をおしすすめています。

ラテンアメリカに新たにうちたてられた政権の特徴はまた、それらがいずれも武力によってではなく選挙によって民主的に樹立されているということです。これは、新しい政権が広範な民衆の支持を得ているということを意味しています。

ヨーロッパには経済的に発展した資本主義国が集中していますが、欧州連合（ＥＵ）を構成して政治的にアメリカと一定の距離をおきながら、ヨーロッパ全体の権益を守ろうとしています。

一方、アメリカでは、ブッシュ政権の支持基盤が弱体化しています。

イラクに派兵している国は、日本の自衛隊が撤収することにより二五か国に減少し、イタリアが二〇〇六年までに完全に撤収することを決めるなど今後も撤収の動きがつづくと予想されています。イラク戦争の開始以来、米兵の死者数が二五〇〇人（二〇〇六年五月現在。二〇一一年一二月撤退時は四四八六人）を突破し、イラク情勢は依然として不安定です。

二〇〇六年五月中旬、ブッシュ大統領の支持率が二九％に落ちたという世論調査結果が発表されました。先行きの見えないイラク情勢やガソリン価格の高騰、移民問題など多くの問題をかかえるブッシュ政権の求心力低下に歯止めがかからなくなっていることを示しています。

アメリカは六者会談の共同声明を無視し、金融制裁措置をおこなうなど朝鮮を敵視する政策をとりつづけています。

二〇〇六年四月までアメリカ国務省朝鮮部長を務めたデイビッド・ストラウブ氏は、韓国紙とのインタビューで、アメリカ政府は朝鮮と一対一の協議をさけ、六者会談を通じて朝鮮が孤立していることを知らしめ圧力を加えようとしているが、孤立しているのはアメリカと日本であると指摘しました。

日本ではいま憲法を改悪して戦争のできる国にしようという動きがあります。また「共謀罪」なるものを法制化して、人が集まっただけで逮捕できるという戦前の治安維持法のようなものまでつくって、人々を管理統制しようとする動きもあります。歴史の流れに逆行する時代錯誤的策動は遠からず破綻《はたん》をまぬかれないでしょう。

日本のなかでも在日朝鮮人は反動の朝鮮敵視政策によるきびしい環境のなかで、社会主義朝鮮の公民として、また朝鮮民族としての誇りをもって未来を信じて生きることにより、多くの人々に希望と励ましをあたえてきました。

チュチェ思想研究活動が日本で活発なのも在日朝鮮人、在日本朝鮮人総聯合会の存在と無関係ではありません。

歴史的にも日本と朝鮮の関係は深く、仏教や農耕技術、陶器など多くの文化が朝鮮から日本に伝えられました。むかしから日本人と朝鮮人は親しく、朝鮮から学ぶことが多かったのです。

下関チュチェ思想研究会のみなさんのように日本各地のチュチェ思想研究者や日朝友好団体のなかにも、隣国である朝鮮との関係を改善し、アジアの国々と協調するとともに、日本を自主化し民主化してよい社会をつくろうと地道な努力をつみあげている人々がたくさんいます。

チュチェ思想は日本をはじめ世界各国の民衆の尊厳を最上に高め、社会発展の無限の力をひきだす思想です。

チュチェ思想に依拠して力強くたたかい、輝かしい未来をたぐりよせていきましょう。

# 人間に関する科学的解明

―チュチェ思想と新しい時代に関するアフリカ地域セミナーにおける報告―

二〇〇七年一〇月一三日

尊敬するアフリカ・チュチェ思想研究委員会理事長先生。

尊敬する朝鮮社会科学者協会委員長先生。

尊敬するアフリカの各国から参加した理事のみなさん。

尊敬するタンザニアの友人のみなさん。

わたしは、アフリカ・チュチェ思想研究委員会理事会に参加するためにタンザニアを訪問し、チュチェ思想と新しい時代に関するアフリカ地域セミナーで報告できることをたいへんうれしく思います。

## 一、人間性に関する通俗的概念と科学的概念

古今東西、人々は、人間にとって人間性がもっとも尊く大切なものであり、人間性豊かに生きるべきだと考えてきました。

しかし、人間性という言葉ほど、多くの人につかわれていながらも、その内容があいまいなものはないかもしれません。

一般的に人間性という言葉は人間の本性、人間らしさを意味するといわれています。

人間の本性というとき、通常は人間がもって生まれた性質をさします。本性と同じ意味あいで、本能という言葉をもちいることもあります。本能は生物学的概念であり、一生かわらないもの、という意味を含んでいます。

動物のなかにみられる残忍さ、暴力的側面を動物の本性とみなすのにたいして、人間の本性は、愛、正義感、思いやりなどと表現する人がいます。

このように、従来、人間の本性は通俗的に理解され、うらづけとなる科学的理論はありませんでした。

人間の本性について科学的に明らかにしたのはチュチェ哲学です。

人間の本性は、人間だけを世界からきり離し、個別的にとりあげて明らかにすることはできません。

また、人間の本性は、人間がはじめからもって生まれたものではありません。

人間の本性を明らかにするうえで重要なことの一つは、人間の本性を周囲世界との関係のなかで考察することです。

なぜなら、人間は周囲世界と密接な関係をもって生きているからです。人間は世界の主人として、世界を発展させながら生きています。世界との関係のなかで生きる人間がもっている根本的特性を人間性といいます。

人間の本性を明らかにするうえで重要なことの二つは、人間性はいつどのようにして形成されるのかということです。

人間性は世界との関係ではじめて実現するものです。人間性は人間が生まれた後に、周囲世界と関わるなかで形成され発展していきます。

人間は生後、周囲世界との関係をきずいていくなかで、教育と学習、そして生活と活動をとおして人間性を獲得していくことになります。

このようなことから、チュチェ哲学は人間性について、世界の主人として生きる人間がもっている根本的属性であるとし、それを人間の本質的特性といっています。

人間の本質的特性は、生物学的概念とは異なるものです。それゆえ、他の動物と並列的に比較して人間の特性について考察することはできません。

人間の本質的特性は社会的概念であり、人間が生まれた後、社会的関係を結んで生き発展していくなかで形成されていくものです。

チュチェ哲学が、通俗的概念にしかすぎなかった人間性について科学的に明らかにしたことは、歴史の主人公である人間が豊かな人間性を育みながら、人間主体の社会と運動をつくっていくうえで重要な意義があります。

## 二、チュチェ哲学が明らかにした人間の本性

チュチェ哲学は、人間が自主性、創造性、意識性をもった社会的存在であることを明らかにしました。

人間は自主性を本性とする存在です。

自主性は、世界と自己の運命の主人として、自由に生き発展しようとする性質です。

人間は自主性をもっとも大切にするがゆえに、周囲世界に従属せず順応することもなく、世界の主人として生き発展する存在です。

自主性を実現するための運動は、たゆみなく継続し発展していきます。

自主性を実現するための運動は、新しい生産関係が樹立され、民衆が政治的従属から解放されれば完結するわけではありません。

民衆は政治の主人になった後も、より高いレベルで自然の束縛と古い思想的文化的束縛から解放されるための運動を継続していくようになります。

人間は創造性を本性とする存在です。

創造性は、目的意識的に周囲世界を変革し、自己の運命をきり拓いていく人間の性質です。

人間は自然と社会を人間の利益にあうようにかえていく創造的活動をおこないながら生きる存在です。

人間の創造的活動は二つの側面をもっています。

一つは、いまあるものを新しくかえていく創造的活動であり、二つは、いまはないものを新しくつくりだす創造的活動です。

人間が創造性を豊かに発揮し、周囲世界を変革し発展させるためには、現実をそのつど正確に把握することが重要です。対象を正しく把握し認識することを前提にして創造性が発揮されます。

人間は自然と社会を自主的要求にそって変革し創造する無限の力をもっています。

人間の創造的活動は、人間の創造的能力と役割を高める事業を優先的に遂行してこそ、りっぱに実現され所期の目的を達成できます。

人間は意識性を本性とする存在です。

人間のすべての思考と行動の基礎には思想意識があります。思想意識は人間のすべての認識活動と実践活動で決定的役割を果たします。

自主性、創造性は意識性によって保障され実現されていきます。

人間は意識性をもつがゆえに未来を科学的に予見し、目的意識的に生きていくことができます。

一〇年後、一〇〇年後は誰も経験していない未知の世界ですが、人間は意識性をもつがゆえに、今日のためだけではなく、遠い未来を展望し、目的意識的に計画をたてて生きたたかっていくことができます。

また、人間は意識性をもつがゆえに、自分が訪ねたことのない外国や宇宙に思いをはせることができ、世界の人々に責任をもっていくことができます。

人間は集団性を本性とする存在です。

人間の自主性、創造性、意識性は集団性と結びついてのみ高く発揮されていくようになります。

人間にとって生きがいのある生活は、集団の愛と信頼のなかで、社会集団のために生きる生活です。

人間は、人を深く愛し信頼しながら、また、自分自身も多くの人に愛され信頼されながら生きるとき、大きな力を発揮し輝いていきます。

人間は、自分ひとりだけの安逸のために集団を無視して生きることはできません。

このように、人間性は、自主性、創造性、意識性、集団性を基本内容としています。自主性、創造性、意識性、集団性は密接に連関して人間性という人間固有の本性を形成しています。

人間性をつちかっていく過程は、自主的な人間、創造的な人間、意識的な人間、集団的な人間を育成していく過程と一致します。

また人間性をつちかっていく過程は、自主性、創造性、意識性、集団性が高度に実現する社会をきずく、新しい運動と軌を一にするものです。

## 三、人間の本性を実現する運動と社会

人間性を科学的に解明したチュチェ哲学によって、人間の本性を基本にすえて新しい運動論が構築されるようになりました。

チュチェ哲学にもとづく新しい運動論は、人間の自主性、創造性、意識性、集団性を重視しながら運動することを教えています。

社会運動の目的は、民衆の自主性を実現することにあります。

それゆえ、社会運動は徹底して民衆の自主性を擁護しながらおしすすめなければなりません。

社会運動において、社会経済制度の変革や反動勢力を排除することは、民衆の自主性を擁護する闘争の過程で提起される一つの課題ですが、究極の目的ではありません。

自主性を実現するための運動で重要なことの一つは、運動の主人である広範な民衆に依拠することです。

社会運動は民衆が自分自身の力によって、みずからの自主性を擁護するためのものであるがゆえに、主人である民衆をぬきにして社会運動はなりたたずおしすすめることもできません。

また、自主性を実現するための運動で重要なことの二つは、広範な民衆を主人としておしたてて運動することです。

民衆の自主性は、民衆自身が運動の主人になってみずからの手でかちとるものです。

したがって社会運動では、民衆自身がその運動の主人となっていく方法をもっておしすすめなければなりません。

民衆が自主性を実現して運動するためには、正しい政治的指導と結合することが重要です。

民衆は正しい政治的指導のもとに意識化、組織化されてはじめて、社会の主人になっていくことができます。

さらに、自主性を実現するための運動で重要なことの三つは、自国の変革と発展のために運動する自主的立場を確固と確立することです。

社会運動は、何よりも自国人民を愛し自国人民のためにおこなうものであって、他国のためにおこなうものではありません。

他国のすぐれた経験は自国の実情にそって研究し、あくまで自国の土壌にあうように適用しなければなりません。

つぎに社会運動は、民衆の創造性を実現するために、民衆自身が創造性を高く発揮しながらおしすすめることが大切です。

社会運動は創造的な運動の連続であり、つねに新しいものを創造しつづけていくことが求められます。

かつてりっぱにおこなわれた運動であっても同じことをくりかえさず、さらに高い段階へ発展させていくことが重要になります。

創造的運動の成否は、どれほど広範な民衆が団結して運動するかに規定されます。団結した民衆はつきない創造力を発揮して勝利を手にしていきます。

社会運動で重要なのはまた、人間の思想意識を高めながらおしすすめていくことです。

思想意識を高める基本は、系統的な教育と日常的な学習です。人間は不断に深く学び研究することによって意識性を発揮していくことができます。

教育と学習の内容は、人間の本性、世界の本質、世界を変革する方法、人間主体の社会の表徴と展望についてなど、さまざまな分野におよびます。

また意識性を実現しておしすすめる運動は、思想意識を人間の思考や行動の出発点におくようになります。それゆえ、社会運動の過程で提起される問題を解決する鍵は、人間にたいする思想活動を強めることになります。

さらに社会運動は、未来を科学的に展望しながら、正確な活動計画を作成し、計画にそって活動していくことが重要です。

つぎに社会運動で重要なのは、集団性を実現していくことです。

社会集団は目標を達成するためのたんなる手段や力の源にとどまるものではなく、人間性を実現する社会的環境であるといえます。

従来、人間は社会的諸関係のなかで生きる存在であることは明らかにされていました。また、人間は一人よりも二人、三人と集まったほうがより大きな力になるというところから、団結の必要性が強調されることはありました。

しかし、人間が集団性を本性としていることは明らかにされませんでした。

人間は、社会集団のなかではじめて豊かな人間性をもつことができるようになります。人間が集団性を発揮して運動するためには、社会的集団に所属して任務を遂行する生活をおくることが不可欠です。任務の遂行をとおして、人間は集団の愛と信頼にこたえ、また社会政治的生命を輝かせて生きることができます。

人間性を実現するための運動をとおして、新しい社会、民衆主体の社会を開拓していくことができます。

チュチェ哲学によって人間の本性が解明されたことにより、民衆主体の社会の内容が明確になりました。

民衆がめざす社会は、人間性がもっとも高い次元で発揮され実現される社会といえます。

民衆主体の社会はまず、自主的存在としての人間の本性が高く発揮され実現される社会です。

民衆主体の社会はつぎに、創造的存在としての人間の本性が高く発揮され実現される社会です。

民衆主体の社会はさらに、意識的存在としての人間の本性が高度に発揮され実現される社会です。

民衆主体の社会はまた、集団的存在としての人間の本性が高い水準で発揮され実現される社会です。

チュチェ思想を指針にして生活し闘争したとき、民衆の世紀的で根本的な念願である民衆主体の社会が建設されることは疑いもありません。

同志と友人のみなさん。

人間は世界でもっとも価値あり尊厳ある存在です。

なぜなら、人間は人間の本性を実現して生きる過程で、世界を人間の要求と力によって変革していく唯一の存在であるからです。

人間がもつ生命には肉体的生命と社会政治的生命があります。

肉体的生命は、親によってあたえられます。社会政治的生命は生後、目的意識的に活動する過程で、社会政治的集団から得ることができます。

肉体的生命は一代で終わりますが、社会政治的生命は社会集団とともにいつまでも生き発展します。人間は肉体的生命があってこそ社会政治的生命をもつようになります。しかし、ひとたび社会政治的生命をもった人間は、肉体的生命よりも社会政治的生命が貴重であると考え、社会政治的生命を守り輝かせるために生きたたかうようになります。

社会政治的生命を何よりも大切に思い、人間の本性を実現して生活し闘争する道こそが真の人生であるといえます。

人間の本性を実現し民衆主体の社会をつくる闘争は、人間としてもっとも誇りある道のりであり、その行く手は勝利と栄光に輝いています。

チュチェ思想を研究し普及する活動は、人間性を全面的に実現するための道のりで重要な先行的課題であるとともに基調をなすものです。

わたしはみなさんがチュチェ思想の研究と普及で大きな成果をもたらし、アフリカの自主と平和、統一のために、タンザニアの民主的発展のためにいっそう寄与していくものと確信します。

# 民衆が歴史をつくる

二〇一一年一〇月一五日

現時代のもっとも正しい思想であるチュチェ思想に学び日本を変革するために、日本青年チュチェ思想研究会の前身である群馬朝鮮問題研究会が一九七一年一二月に結成されてまもなく四〇年を迎えます。

新しい時代と未来は、青年が先頭になってきり拓かなければなりません。

青年運動、民衆の運動を勝利に導いていくためには、正しい指針が不可欠です。社会変革のための思想は、時代の要求と民衆の志向を反映して創始されます。同時に、社会変革のための思想は、民衆の志向と要求にそって歴史を前進させる役割を果たします。

マルクス・レーニン主義が創始されることによって、民衆の運動ははじめて科学的な土台のうえで目的意識的におしすすめられるようになりました。

民衆が社会歴史の主人として登場したこんにち、世界でチュチェ思想に学ぶ機運が高まっています。

ここでは、従来の思想とチュチェ思想をともに評価しながら、こんにちの社会運動においてチュチェ思想が不可欠であることについて述べたいと思います。

## 一、資本主義、帝国主義時代に明らかにされた社会発展法則

### 資本主義の生成発展から社会主義へ

一九世紀中葉、マルクス主義は、イギリスの産業革命を契機として資本主義が生成発展する時代の要求を反映して創始されました。

マルクスとエンゲルスは、イギリス、フランス、ドイツなど当時資本主義がもっとも発達していた国々で活動し、それらの国を分析することによってマルクス主義を創始したのです。マルクス主義は、資本主義が生成発展する時代にマルクス自身が活動したイギリス、フランス、ドイツなどの国々の特徴を色こく反映しています。

マルクス主義はその理論構築の方法にも特徴をみることができます。

マルクス主義は、哲学、経済学、科学的社会主義の三つの内容で構成されています。マルクス主義は、ドイツの古典哲学、イギリスの古典経済学、フランスの空想的社会主義を批判的に継承して創始されました。マルクス主義は、従来の思想理論にたいして継承性を基本におき、そこに科学性を付与することによって独自の理論を構築したといえます。

マルクス主義の体系を構成する哲学、経済学、科学的社会主義のうち、大きな比重を占めるのは経済学です。マルクスは資本主義が生成発展する時代を解く鍵は資本にあると考え、資本の分析を基本にしてマルクス主義を構築しました。

マルクスは労働者階級の解放をめざして理論活動をおこなったものの、理論の主な内容は資本中心にならざるをえませんでした。マルクスは、資本主義が高度に発達し極限に達するとどのような社会になるのか、資本主義の生成とともに生まれた労働者階級の境遇はどのようにかわるのかに研究の焦点をあてていきました。

マルクスは、主にヘーゲルの弁証法とフォイエルバッハの唯物論を批判的に継承した弁証法的唯物論を明らかにしました。

弁証法的唯物論は哲学の根本問題を物質と意識の関係問題におき、世界は物質で構成されており変化発展することを明らかにし、物質の一次性を示しました。弁証法的唯物論は自然界に適用される一般的法則を科学的に明らかにしています。

マルクスは弁証法的唯物論を基礎におきながら、労働者階級を解放するための新たな理論を構築していきます。

マルクスの主要な理論的業績の一つは唯物史観です。マルクスは、弁証法的唯物論を人間の社会歴史に適用して唯物史観を明らかにしました。

唯物史観で明らかにされた内容は、一言でいえば、生産力の発展が先行して資本主義社会から社会主義社会へと移行するということです。

マルクスの主要な理論的業績の二つは剰余価値学説です。

剰余価値学説は資本主義発展の秘密は搾取にあることを明らかにしました。

人間が労働すれば、かならず自分と家族が生活していく分以上の価値（剰余価値）を生みだします。資本家は剰余価値をうばうことによって資本を拡大していきます。

マルクスは、労働者を搾取することによって資本主義が発展し、資本主義の発展が頂点に達すれば、社会主義に移行することを論証しました。マルクスは経済を基本にして社会発展法則を解明しました。

マルクスは、『経済学批判』の序言において社会発展法則についてふれています。

「人間は、その生活の社会的生産において、一定の、必然的な、かれらの意思から独立した諸関係を、つまりかれらの物質的生産諸力の一定の発展段階に対応する生産諸関係を、とりむすぶ」

マルクスは、労働者は生産の過程で生産力に応じた生産関係を結ぶことを明らかにしています。

「この生産諸関係の総体は社会の経済的機構を形づくっており、これが現実の土台となって、そのうえに、法律的、政治的上部構造がそびえたち、また、一定の社会的意識諸形態は、この現実の土台に対応している。物質的生活の生産様式は、社会的、政治的、精神的生活諸過程一般を制約する」

マルクスは経済が社会の土台を形成し、その上部にイデオロギー、法律、政治などが形成されるとして、経済生活が社会生活、政治生活など他のすべてを規定することを明らかにしました。したがって社会の土台である経済が発展することによって、社会の上部構造である法律や政治などが変化していくとみなしました。

「社会の物質的生産諸力は、その発展がある段階にたっすると、いままでそれがそのなかで動いてきた既存の生産諸関係、あるいはその法的表現にすぎない所有諸関係と矛盾するようになる。これらの諸関係は、生産諸力の発展諸形態からその桎梏《しっこく》へと一変する。このとき社会革命の時期がはじまるのである。経済的基礎の変化につれて、巨大な上部構造全体が、徐々にせよ急激にせよ、くつがえる」

歴史的にみて、生産力はイギリスの産業革命の時期に飛躍的に増大しています。生産力の発展に産業革命が決定的な影響をおよぼしました。

産業革命により機械や工場が大規模化され、分散的に働いていた人々が集団的に仕事をするようになり生産力は急速に高まりました。

資本主義の生成発展過程において生産力は社会化され増大します。それにたいして、生産関係は、一握りの搾取者である資本家と圧倒的に多数の被搾取者である労働者の関係にとどまり、依然としてかわりません。生産物の分配においては、一握りの資本家たちが多くを独占し搾取して、圧倒的な労働者はみずからの当面の生活を維持する賃金しか分配されません。しだいに資本家階級と労働者階級のあいだの経済的格差が顕著になります。

資本主義として発達すればするほど、生産力と生産関係のあいだの矛盾が大きくなります。マルクスはこの矛盾を克服するためには、一握りの搾取者がいなくなる社会主義社会に移行しなければならないと明らかにしました。

「一つの社会構成は、すべての生産諸力がその中ではもう発展の余地がないほどに発展しないうちは崩壊することはけっしてなく、また新しいより高度な生産諸関係は、その物質的な存在諸条件が古い社会の胎内で孵化《ふか》しおわるまでは、古いものにとってかわることはけっしてない。だから人間が立ちむかうのはいつも自分が解決できる問題だけである、というのは、もしさらに、くわしく考察するならば、課題そのものは、その解決の物質的諸条件がすでに現存しているか、または少なくとも、それができはじめているばあいにかぎって発生するものだ、ということがつねにわかるであろうから」

マルクスは、生産力の低い段階では資本主義が社会主義にかわることはないと述べています。

マルクスは、社会主義は資本主義の胎内で「孵化」し生まれる、資本主義をこれ以上生産力が発展しないという極限まで発展させた段階が、社会主義の前夜となると述べています。言いかえれば、資本家が労働者を限界まで搾取してこそ社会主義になるという結論が導かれていきます。

またマルクスは、資本主義から社会主義へ移行する国は、資本主義が高度に発達した国にかぎられると主張しました。

ここから、ソ連東欧の社会主義の崩壊は、資本主義が高度に発達していない段階で社会主義制度を樹立したことに要因があるとみなす解釈が生まれるようになります。

マルクス主義における社会発展法則は、労働者にたいしては搾取され抑圧される否定的側面をみており、資本家にたいしては経済を発展させる積極的な側面をみて展開されたといえます。

マルクス主義の社会発展法則は、労働者の要求や力を基本にした理論とは差があるといえます。

「ブルジョア的生産諸関係は、社会的生産過程の敵対的な、といっても個人的な敵対の意味ではなく、諸個人の社会的生活諸条件から生じてくる敵対という意味での敵対的な、形態の最後のものである。しかし、ブルジョア社会の胎内で発展しつつある生産諸力は、同時にこの敵対関係の解決のための物質的諸条件をもつくりだす。だからこの社会構成をもって、人間社会の前史はおわりをつげるのである」

マルクスはブルジョア社会をもって人間社会の前史は終わり、社会主義から人類の本史が始まると述べています。

## 帝国主義は社会主義の前夜

レーニン主義が創始された時代はマルクス主義が創始された時代から半世紀を経ています。マルクスは帝国主義段階を迎えた時期にはすでに亡くなっていました。レーニン主義は帝国主義とプロレタリア革命の時代のマルクス主義といわれています。レーニン主義は、資本主義が独占的段階へとすすみ、社会主義革命が当面の任務として日程にのぼった歴史的時代の要請を反映して創始されました。一九世紀終盤にいたり、資本主義は帝国主義段階へと移行するようになりました。

帝国主義が第一次世界大戦で弱体化するなか、レーニンは一九一七年、ロシア革命を勝利に導き、はやくも一九二四年に亡くなりました。

レーニンはマルクス主義を継承したうえで、帝国主義時代における新しい固有の理論をうちだしました。レーニンの理論はマルクス主義から逸脱するものではなく、またマルクス主義をこえるものでもありません。

レーニンの理論的業績において重要なのは、帝国主義に関する分析です。

レーニンは帝国主義について『帝国主義論』でつぎのように解明しました。

「かくして二〇世紀は、古い資本主義から新しい資本主義への、資本一般の支配から金融資本の支配への転換点である」

「自由競争が完全に支配する古い資本主義にとっては、商品の輸出が典型的であった。独占が支配する最新の資本主義にとっては、資本の輸出が典型的となった」

「一九世紀と二〇世紀の境に世界の分割が『完了した』」

「帝国主義とは資本主義の独占段階である」

レーニンは帝国主義についてつぎのように定義しています。

「ⅰ経済生活の中で決定的役割を演ずる独占をつくりだすまでに高度な発展段階に達した、生産と資本の集積。ⅱ銀行資本と産業資本の融合と、この『金融資本』を基礎とした、金融寡頭《かとう》制の成立。ⅲ商品輸出とは区別される資本輸出がとくに重要な意義を獲得すること。ⅳ資本家の国際的独占団体が形成され、世界を分割していること。ⅴ最大の資本主義列強による地球の領土分割が完了していること」

レーニンは帝国主義の特徴は寄生性にあり、腐朽《ふきゅう》する資本主義であることを明らかにしました。

「帝国主義のもっとも深い経済的基礎は、独占である。これは資本主義から成長し、資本主義、商品生産、競争という一般的環境のもとにあり、この一般的環境との恒常的で出口のない矛盾のなかにある資本主義的独占である。しかし、多かれ少なかれすべての独占と同じように、資本主義的独占は、停滞と腐朽への志向を不可避的に生むものである。一時的にせよ独占価格が設定されると、一定程度まで技術的進歩への、したがってまたあらゆる他の進歩、前進運動への動機を作る理由が消え、さらに人為的に技術的進歩を止めるような経済的可能性がでてくる」

「帝国主義のもっとも本質的な経済的基礎の一つである資本輸出は、金利生活者層の生産からのこの完全な遊離をますます強め、いくつかの海外諸国と植民地の労働を搾取することによって生活している国全体に、寄生性という刻印をおす」

「独占、寡頭制、自由への志向にかわる支配への志向、少数の、一握りの、もっとも豊かでもっとも強力な民族による、ますます多くの弱小民族の搾取―このすべてが、帝国主義を、寄生的な、あるいは腐朽する資本主義として特徴づけざるをえない、帝国主義の諸特徴を生みだした。帝国主義の諸傾向の一つとしての、『金利生活者国家』、高利貸国家の形成が、ますます顕著に現れるが、その国家のブルジョアジーはますます資本の輸出と『利札切り』で生活するようになる。この腐朽への傾向が資本主義の急速な成長を排除すると考えたら誤りであろう。そうではなく、産業の個々の部門、ブルジョアジーの個々の階層、個々の国々は、帝国主義の時代になり大なり小なり差はあっても、これらの傾向の一つの傾向を、また別の傾向をあらわすものである。全体として、資本主義はかつてとはくらべもののないような速さで成長する。しかし、この成長は、一般的に言って、より不均等になるだけではなく、不均等はまたとくに資本力のもっとも強い国々（〔たとえば〕イギリス）の腐朽の中に現われる」

レーニンは帝国主義時代の社会発展法則を明らかにしています。

帝国主義者は自己の延命のために侵略と略奪をおこなうことを本性としています。

帝国主義により、アジア、アフリカ、ラテンアメリカの多くの国々が生存権、自主権をうばわれ植民地となりました。

うばいとる植民地がなくなり、世界の分割が完了したときに帝国主義戦争がおきるようになります。第一次世界大戦は、植民地の分割が完了したのち帝国主義国同士が争い、強い帝国主義国が弱い帝国主義国をうち負かして帝国主義国とその植民地の両方をうばいとる戦争でした。

マルクスが亡くなった後結成された第二インターナショナルは、当初は社会主義共産主義をめざす国際組織でした。しかし、第一次世界大戦にたいする対応をめぐって各国の共産党、社会党、労働者党などは、自国の支配層と利害関係を一つにすべきだと主張していきます。彼らは帝国主義者が開始した戦争を支持し協力する立場へと変質し、第二インターナショナルは解散しました。

レーニンは、第一次世界大戦は帝国主義支配層のための戦争であり、労働者階級と共産主義者は戦争に加担してはならないと主張しました。

「現在の戦争は、両交戦国グループのどちらのがわについても、帝国主義戦争である。すなわち、世界支配をめぐって、資本家の獲物の分配をめぐって、金融資本、銀行資本のための有利な市場をめぐって、弱小民族の圧殺をめぐって、資本家がおこなっている戦争である」（ロシア社会民主労働党（ボ）第七回（四月）全国協議会におけるレーニンの報告「現在の革命におけるプロレタリアートの任務について」一九一七年四月二四日～二九日）

レーニンは、労働者階級は支配階級を打倒するための武力および党を準備し、反動的支配階級が帝国主義戦争に関心を集中しているすきに、社会主義革命をおこさなければならないと主張しました。

「一部の人にはつぎのような考えがうかぶことであろう。われわれは以前に自分で言ったことを否定しているのではなかろうか。われわれは帝国主義戦争を内乱に転化させることを宣伝してきたではないか。ところが、いまわれわれは自分自身の言葉に反対している、と。だがロシアでは最初の内乱は終わったのである。いまわれわれは第二の戦いへ――帝国主義と武装した人民との戦争へ、移行しつつある」（同右）

「われわれは、帝国主義戦争の内乱へのこの転化は主観的条件にではなく、客観的条件にもとづくものであるとかたるマルクスの見地に、しっかりと立つことができなければならない。われわれは、さしあたってはこのスローガンを放棄するが、しかし、これはさしあたってのことでしかない。いま武器をもっているのは、資本家ではなくて、兵士と労働者である。政府が戦争を始めないかぎり、われわれは平和的に宣伝をおこなう」（同右）

レーニンは、帝国主義戦争を内乱へというスローガンをうちだし労働者階級のたたかいを鼓舞していきます。レーニンは、帝国主義が植民地をうばいつくし帝国主義国同士が戦争を始め弱体化するとき、社会主義へ移行する機会が訪れると明らかにしました。レーニンは、資本主義が高度に発達して帝国主義段階を迎えると、帝国主義者が自国人民をまきこんで戦争するようになり、それが社会主義の前夜であると述べています。

レーニンの社会発展理論は唯物史観をこえるものではありません。レーニンの社会発展理論も、資本主義が高度に発達した帝国主義段階を社会主義の前夜とみる理論であり、経済を基礎にして社会主義への移行を明らかにしているということができます。

マルクス・レーニン主義の歴史的意義の一つは、社会主義を科学の土台のうえにのせたことです。マルクス・レーニン主義は、社会主義に科学的根拠をあたえ、労働者階級の階級解放と民衆の自主偉業の前進に大きく寄与しました。

マルクス・レーニン主義の歴史的意義の二つは、民衆が歴史の創造者であることを明らかにしたということです。マルクス・レーニン主義が創始される以前は、一握りの反動支配階級や歴史に名をのこす偉人などかぎられた人々が歴史をきずき、民衆は無力とみる反動的な思想が影響力をもっていました。マルクス・レーニン主義は、民衆が歴史を創造し、社会をかえていくことができることを明らかにしました。

マルクス・レーニン主義の歴史的意義の三つは、革命家は個人のために生きるのではなく、民衆と社会、輝かしい未来のために生きることを示したことです。

マルクス、エンゲルスやレーニン自身が民衆の自主偉業のために生涯を投じました。毛沢東、周恩来、ホーチミン、チェ・ゲバラ、フィデル・カストロ、金日成主席など世界各国の傑出した革命家が、マルクス・レーニン主義に感化され、人類史にきざまれるりっぱな業績をのこしました。

マルクス・レーニン主義は時代の要求にこたえた偉大な思想ということができます。

マルクス主義は、資本主義生成発展期において、社会主義移行の決定的要因を搾取を強化し生産力を発展させることに求めました。

レーニン主義は、帝国主義段階において、社会主義移行の決定的要因を帝国主義戦争に求めました。マルクス主義、レーニン主義の両者とも、社会主義移行について、一つは反動支配階級の側に、二つは経済的要素に、三つは客観的条件の自然発生的成熟に要因を求めたといえます。

マルクス・レーニン主義は、その創始された時代においては、もっとも正しい革命思想であり、民衆の自主偉業、労働者階級の解放偉業に大きく貢献したことは事実が示すとおりです。

マルクス・レーニン主義が歴史的に大きな役割を果たしたことを前提にしたうえで、現時代と民衆の要求にこたえる新しい思想について明らかにすることが重要であるといえます。

## 二、自主時代の社会発展法則

### 民衆が主人として生きる自主時代

チュチェ思想は金日成主席が創始し、金正日総書記が深化発展させた思想です。

チュチェ思想は自主時代の時代的要求と朝鮮革命の実践的要求を反映して創始されました。

チュチェ思想創始の背景となった自主時代の特徴について、金正日総書記はつぎのように述べています。

「金日成主席は、抑圧されさげすまれてきた民衆が自己の運命の主人として登場した新しい時代の要請を深く洞察してチュチェ思想を創始することにより、自主性をめざす民衆の闘争を新たな高い段階に発展させ、人類史発展の新しい時代、チュチェ時代を開拓しました」（「チュチェ思想について」一九八二年三月三一日）

「労働者階級の革命思想は、歴史と革命発展の機の熟した要求を反映して生まれます。金日成同志が革命に身を投じたころ、搾取と抑圧に反対する労働者階級と民衆の闘争には新たな転換が生じていました。世界ではじめて勝利した社会主義の影響力が強まり、労働者階級の革命闘争と植民地および半植民地諸国人民の解放闘争が急速にもりあがっていました。帝国主義者は民衆の革命的進出をはばみ、彼らの直面した深刻な政治的経済的危機をまぬかれようと、人民にたいする略奪と弾圧をさらに強化しました。多くの国で革命と反革命間の矛盾と対立が激化し、長いあいだ自主権を蹂躙《じゅうりん》されてきた民衆が階級的民族的解放をめざす闘争に立ち上がりました。こうして、革命運動が世界的規模で幅広く、多様性をおびて発展する新しい時代が到来しました。

新しい歴史的条件のもとで革命を前進させるためには、各国の労働者階級と人民が主人としての自覚をもち、すべての問題をそれぞれの実情に即して解決していかなければなりませんでした」(同右)

第二次世界大戦以後、世界では社会主義をめざす動きが強まり、社会主義国が拡大していきました。その後、社会主義陣営は資本主義陣営と拮抗《きっこう》するまでに力を強め冷戦がつづきました。

第二次世界大戦後、帝国主義は社会主義に移行するというレーニンの予測をくつがえし、帝国主義諸国は変貌《へんぼう》をとげ、生きのびるようになりました。変貌した帝国主義をそれ以前の帝国主義と区別するうえで、現代帝国主義と呼ぶことができます。

従来の帝国主義と異なる現代帝国主義の特徴の一つは、国家独占資本主義の段階へと移行したことです。国家が前面にでて全世界で搾取、収奪をおこなうようになりました。

特徴の二つは、新植民地主義の手法により帝国主義の支配をつらぬくようになったことです。以前の露骨な直接統治による植民地支配ではなく、傀儡《かいらい》政権をつくり間接的に統治するようになりました。

特徴の三つは、帝国主義国の関係が秩序化されたことです。アメリカ帝国主義を頂点として他の帝国主義が従属しながら同盟関係を結ぶようになりました。アメリカを頂点として帝国主義諸国がピラミッド型に結ばれるようになったのです。

自主時代は民衆が主人として登場した新しい時代です。

朝鮮戦争、ベトナム戦争は社会主義国人民の勝利であり、アメリカの敗北をもたらし衰退の契機となっていきました。

また戦後、アジア、アフリカ、ラテンアメリカの多くの植民地国がつぎつぎに独立しました。とりわけ、一九六〇年はアフリカの年と呼ばれ、アフリカの十数か国が独立しています。独立を果たした国々は非同盟運動の展開、国連への加盟など自主・平和の動きを強め国際的発言権を強めていきました。

こんにち世界では反米自主の運動が力強く展開され広がりをみせるようになってきました。とりわけラテンアメリカでは多くの国が反米自主の旗を高くかかげてたたかっています。

ヨーロッパもアメリカとは一線を画して政治的経済的にブロック化の傾向を強めています。

アメリカをはじめとする帝国主義諸国の政治的経済的危機は深刻化しており、国際的な地位や役割が低下してきました。二〇一一年八月、アメリカで債務上限法が成立し、アメリカ国債の債務不履行（デフォルト）は回避されましたが、ドル安はその後もはどめがかからず、世界経済は不安定になっています。

かつて帝国主義、支配主義が世界を思うがままに支配していた時代は遠ざかり、民衆が歴史舞台の主人として登場する新しい時代が到来しています。

## チュチェ思想創始の背景

金日成主席はチュチェ思想を創始し発展させる過程で、二つの転換点があったと述べています。

一つは抗日革命闘争期のチュチェ思想創始の時期です。

二つは朝鮮戦争後、中国とソ連にはさまれたなかで朝鮮の進路を確固とうちたてるたたかいがおこなわれた一九五五年の時期です。

抗日革命闘争期の一九三〇年六月三〇日、卡倫《カリュン》会議において金日成主席は、「朝鮮革命の進路」を発表しました。

主席は「朝鮮革命の進路」のなかで、はじめてチュチェ思想の原理を明らかにし朝鮮革命の主体的路線を示しました。

主席は、チュチェ思想を創始した当時の時代的背景として二点述べています。

一つは、当時の運動家が民衆のなかにはいり民衆に依拠して朝鮮の解放をなしとげようとしなかったことです。一九二〇年代に民族解放運動を標榜《ひょうぼう》した共産主義者と民族主義者は、民衆のなかにはいって彼らを教育し組織化し、革命闘争に立ち上がらせることは考えず、大衆から遊離してヘゲモニー争いと空理空論に明け暮れ、大衆を団結させるのではなく派閥争いによって分裂させたのです。

二つは、当時の運動家が自国の力、自国の実情にそって朝鮮の解放をなしとげようとしなかったことです。当時、反日民族解放運動と共産主義運動の内部には事大主義が顕著になり、革命の前途をはばんでいました。かつて国を滅ぼした事大主義と派閥争いの悪弊《あくへい》を踏襲《とうしゅう》した民族主義者とえせマルクス主義者は、自力で革命をおこなおうとはせず、外部勢力によって独立を達成しようとしました。当時、共産主義運動を提唱していた人たちは各自が党派をつくってコミンテルンの承認を得るために奔走《ほんそう》し、植民地と半封建社会であった朝鮮の歴史的条件と具体的現実からかけ離れ、既成理論と他国の経験を機械的に模倣《もほう》しようとしました。

主席は、当時の朝鮮の状況から、朝鮮革命をおこなうためにはチュチェ思想が必要であることを痛感するようになったと述べています。

一九五五年一二月二八日、主席は「思想活動において教条主義と形式主義を一掃し、主体性を確立するために」を発表しました。

主席は、大国をあおぎみる事大主義と従来の思想理論への教条主義を一掃し、チュチェを確立して朝鮮革命は朝鮮人民が朝鮮の実情に応じておこなわなければならないことを強調しました。

また主席は、朝鮮革命は朝鮮労働党の路線と政策にそって一心団結してこそ勝利しうると明らかにしました。

## 人間と世界の関係をはじめて解明

金日成主席の革命思想は金日成主義と呼ばれています。

金日成主義は、チュチェの思想、理論、方法の全一的体系をなしています。

チュチェ思想を一言でいうと、革命と建設の主人は民衆であり、革命と建設をおしすすめる力も民衆にあるという思想です。

チュチェ思想は、哲学的世界観、社会歴史観、革命観から構成されます。三つの体系にはそれぞれ哲学的原理、社会歴史原理、革命原理が対応しています。

チュチェ思想の哲学的原理は、人間があらゆるものの主人であり、すべてを決定するということです。

チュチェ思想の社会歴史原理は、社会歴史運動の主体は民衆であることを明らかにしています。

チュチェ思想の革命原理は、革命の主体は領袖、党、大衆の統一体であることを基本として展開されています。

社会歴史原理は哲学的原理から展開され、革命原理は社会歴史原理から展開されます。

チュチェ思想は自己の固有な原理によって展開され体系化された独創的な思想です。

マルクス主義哲学は、物質と意識、存在と思惟の関係に関する問題を哲学の根本問題として提起し、物質の本源性、存在の本源性を論証したうえで、世界が物質によってなりたっており、その運動によって変化発展することを明らかにしました。

チュチェ思想は、世界と人間との関係に関する問題、世界における人間の地位と役割に関する問題を哲学の根本問題として新たに提起し、人間があらゆるものの主人であり、すべてを決定するという哲学的原理を闡明《せんめい》したうえで、人間の運命開拓のもっとも正しい道を明らかにしました。

マルクス主義哲学が物質世界の本質とその運動の一般的合法則性の解明を重要な哲学的課題として提起したとすれば、チュチェ思想は人間の本質的特性と人間の運動である社会的運動に固有な合法則性の解明を重要な哲学的課題として提起しました。チュチェ思想は、その哲学的課題と原理が従来の哲学と根本的に異なる独創的な思想です。

人間は自主性、創造性、意識性をもつ社会的存在です。自主性、創造性、意識性をもつ社会的存在であるというところに人間の本質的特性があります。

自主性は、世界と自己の運命の主人として、何ものにも従属したり束縛されたりすることなく、自主的に生き発展しようとする社会的人間の属性です。

創造性は、自己の要求に即して目的意識的に世界を改造し、自己の運命を拓いていく社会的人間の属性です。

意識性は、世界と自分自身を把握し改造するすべての活動を規制する社会的人間の属性です。自主性と創造性は意識性によって保障されます。人間は意識をもって自主的で創造的な活動をするという点で、本能によって動く動物と質的に区別されます。

人間が活動する過程は、自主性、創造性、意識性が発現する過程であり、自主的創造的意識的活動は人間の存在方式であるといえます。

世界は物質によりなりたち、物質の運動によって変化発展するということは、マルクス主義の弁証法的唯物論において論証されていました。

世界における人間の地位と役割を解明するためには、物質世界の一般的特徴とあわせて、人間の本質的特性が明らかにされなければなりません。

チュチェ思想の哲学的原理が正当である根拠は、物質のなかでもっとも高度に発達した人間固有の本質的特性が解明されたからです。

チュチェ思想は、人間の本質的特性を解明することによって、人間は世界にたいして主人としての地位を占め、主人としての役割を果たす存在であることを明らかにしました。

人間は社会的本性をもつことによって、世界でもっとも尊く力強い存在となり世界を支配し改造する唯一の存在となります。人間は自主性を実現して生きることを、すなわち世界の主人として自由に生きようとすることを本性的要求としています。

革命は民衆の自主性を実現するための事業です。思想の革命性は、それが人間の自主性をいかに断固として擁護し、それを実現する道をいかに科学的に示すかによって決まります。

チュチェ思想は、社会的人間の生命である自主性を擁護し実現することを革命の究極の目的とし、それを完全に実現するまで、革命を最後までつづけることを要求する徹底した革命思想です。

チュチェ思想は、自主的に生き発展しようとする人間の社会的本性に即して、自然と社会と人間そのものを徹底的に改造して、人々を世界と自己の運命の完全な主人にし、人類の永遠の幸せと繁栄の道を示す革命学説です。

チュチェ思想が人間解放の道をもっとも科学的に解明する革命学説となるのは、何よりもそれが人間中心の世界観にもとづいているからです。

金日成主席は、歴史上はじめて、人間を世界の主人の地位にすえて、世界の本質とその変化発展の合法則性を明らかにする、人間中心の哲学的世界観を確立しました。

人間を中心にして世界を考察しなければならないのは、人間がもっとも発達した物質的存在として、世界において主人の地位を占め、世界の発展と人間の運命開拓で決定的な役割を果たすからです。

物質世界において主人の地位を占めるのは自然ではなく人間です。

物質世界において、人間は唯一の自主的な存在です。動物は自然に順応する方法でのみ生存できるので、自己の運命の主人とはいえません。動物は自然の変化発展の法則によってその運命が決定される自然の一部分ですが、人間は自然の変化発展の法則を科学的に認識し、それにもとづいて自然を自己の要求に即して改造し、それを自分に奉仕するようにしていく世界の有力な主人です。

人間は自然の変化発展の法則に服従して、自然と運命をともにする存在ではなく、人間社会に固有の社会的運動法則にしたがって、自己の運命を自主的に、創造的に開拓していく社会的存在です。

自然を改造する人間の創造的役割が大きくなればなるほど、世界の主人としての人間の地位はさらに高まり、人間の外にある物質世界はいっそう人間に奉仕する世界にかえられていくようになります。

人間は世界を自己の要求に即して目的意識的に改造していく唯一の創造的存在であるため、世界において主人の地位を占めるばかりでなく、世界を改造し発展させるうえでも決定的な役割を果たします。

人間が世界において主人の地位を占め、世界の発展において決定的役割を果たすというのは、人間が生きているこんにちの世界にたいする主体的な見解です。世界がどの程度発展しており、今後どの方向にどのように発展していくかということは、世界における人間の主人としての地位と、世界を改造する人間の創造的役割をぬきにしては理解できません。

人間の運命は世界との関係において決定されることから、人間が世界において主人の地位を占め、世界の発展において決定的役割を果たすということは、とりもなおさず人間が自己の運命の主人として、自己の運命を開拓するうえで決定的役割を果たすということを意味します。したがって、世界における人間の地位と役割を解明するチュチェの哲学的原理は、人間の運命開拓の道を解明する原理となります。

哲学的世界観の根本的使命は、人間の運命開拓の道を解明することにあります。チュチェの哲学的世界観の根本的特徴と優位性も、まさにそれが世界における人間の地位と役割を明らかにする哲学的原理にもとづいて、人間の運命開拓の根本的方途をもっとも科学的に解明しているところにあります。

## 社会歴史発展には主体がある

金正日総書記はチュチェの社会歴史観について、つぎのように述べています。

「チュチェ哲学は人間中心の哲学的原理から出発して、チュチェの社会歴史観、チュチェ史観を確立することにより、従来の社会歴史観の制約を克服し、社会歴史にたいする見解と観点に根本的な転換をもたらしました」(「チュチェ哲学は独創的な革命哲学である」一九九六年七月二六日)

民衆が主人として登場した自主時代においては、人間を中心に社会歴史発展を解明する理論が求められています。

チュチェ思想は哲学的原理を新たに独創的に解明し、それを社会歴史に適用する形でチュチェの社会歴史原理を解明しました。

「社会的運動はそれに固有な合法則性にしたがって変化発展します。

社会的運動は、世界を支配し改造する人間の運動です。人間は客観的物質世界を支配し改造するために自然を改造する活動をおこないます。人間は自然を改造して物質的富を創造し、自分の物質的生活条件をつくりだします。自然を改造して物質的富を創造する活動は、人間の社会的需要を充足させる活動であり、それは人間の社会的協力を通じてのみ実現されます。人間は社会的協力関係を改善し完成するために社会を改造する活動をおこないます。自然を改造するのも人間であり、社会を改造するのも人間です。人間は自然と社会を改造する活動の過程で自分自身をたえず改造し発展させます。人間による世界の支配と改造は、結局、自然改造、社会改造、人間改造をとおして実現されるのであり、その主体は民衆です。民衆によって社会のすべての物質的文化的財貨が創造され、社会関係が発展します」(同右)

社会的運動は自然の運動と区別される固有の合法則性をもちます。

社会は、人間と人間が創造した社会的富とその相関関係で構成されており、その基本は人間です。すなわち社会的運動は人間の運動といえます。

人間は自然を改造して物質的富を創造し、自己の物質的生活条件をつくりだします。

自然を改造して物質的富を創造する活動は、人間の需要をみたすための活動であり、人間の協力をとおしてのみ実現されます。人間は協力関係を改善し完成するために、社会をさらに改造しなければなりません。

人間の活動は協力をとおしてなされていき、協力関係を改善するためには社会変革が必要になります。

自然を改造するのも人間であり、社会を改造するのも人間です。人間は自然と社会を改造する活動の過程で、自分自身を変革していきます。人間自身の変革に相応して自然改造と社会変革がすすむのです。

人間による世界の変革は、結局、自然改造、社会変革、人間革新をとおして実現されていきます。

「社会的運動は民衆を主体とする運動であって、自然の運動とは異なる自己の特性をもっています。自然の運動は客観的に存在する物質の相互作用によって自然発生的になされますが、社会的運動は主体の能動的

作用と役割によって発生し発展します」（同右）

「歴史の主体に関する問題は社会発展、革命発展を主体的な観点と立場で理解するための基礎的な問題であります。金日成同志が述べているように、民衆は歴史の主体であり、社会発展の原動力であります。自然と社会の改造をめざす民衆の闘争によって歴史は発展します。歴史が発展するというのは、すなわち歴史の主体としての民衆の地位と役割が強まることを意味します」（「チュチェ思想について」）

自然改造、社会変革、人間革新の主体は民衆です。民衆によって社会のすべての物質的文化的富が創造され、社会関係も発展するようになります。

社会的運動は民衆という主体の能動的な作用と役割によって発生し発展します。したがって、チュチェ思想の社会歴史観で重要なのは、民衆の能動的な作用と役割を高めるための活動になります。

「社会の発展は民衆の自主性、創造性、意識性の発展過程であり、民衆の自主性、創造性、意識性が強まり、その要求に即応して社会制度が完成されれば、社会はますます民衆の目的意識的な活動によって発展するようになります。これは、主体の能動的な作用と役割によって変化発展する社会的運動に固有な合法則性が全面的につらぬかれるようになることを示しています」（「チュチェ哲学は独創的な革命哲学である」）

社会の発展は人間の自主性、創造性、意識性の発展を意味します。

社会の法則は人間の自主的で創造的で意識的な活動を通じて作用していきます。

「社会法則が人間の活動を通じて作用するからといって、社会法則は客観的性格をおびないとか、社会的運動には自然発生性がありえないとかということを意味するのではありません。一定の社会経済的条件がつくられれば、必然的にそれに相応する社会法則が作用し、したがってそれは、自然法則のように客観的性格をおびます。社会的運動に自然発生性が作用するのは、人間の自主性、創造性、意識性の水準が高くなく、また、それを十分に発揚させうる社会制度がうちたてられていないからです」（同右）

人間の自主的創造的意識的活動が強まれば強まるほど、自然発生的な作用の比重は小さくなっていきます。人間の自主性、創造性、意識性が発展すれば社会は発展します。社会が発展しているということは、人間の自主性、創造性、意識性が発展しているということを意味します。

金正日総書記は、「チュチェの社会主義社会は、人間の自主的要求が実現された社会、人間の創造的要求が実現された社会、人間の意識的要求が実現された社会、人間の集団的要求が実現された社会」であると述べています。

すべての人がたがいに助けあう、一つの家族のようなあたたかい社会を人類は長いあいだ念願してきました。

マルクス・レーニン主義は、労働者階級が生産手段と政治権力を掌握することによって社会主義が実現することを明らかにしました。マルクス・レーニン主義は人間が解放される政治的経済的条件について主に明らかにしたといえます。

チュチェ思想は人間の本性にもとづいて社会主義社会を明らかにしています。

チュチェ思想は社会主義社会について、一人はみんなのために、みんなは一人のためにという集団主義の原則がつらぬかれ、人々が同志愛で結ばれ、社会全体が一つの家族のような社会であることを明らかにしました。

チュチェ思想は、人間は民衆のために生きてこそ生きがいがあり、いっそう輝きをまし、力を発揮するようになること、すなわち人間は集団主義的に生きれば生きるほど、いっそう主人として誇らしく生きることができることを明らかにしています。

社会主義は本来、資本主義を否定したうえになりたつ社会です。

従来の思想は、社会主義は資本主義の胎内から生まれるとみました。従来の思想は、生産力が発展することによって社会主義に移行するというように、新しい社会への移行も社会発展の尺度も経済を基本にみたのです。

チュチェの社会の重要な特徴、優位性は資本主義の延長上から生まれるものではなく、資本主義の残滓《ざんし》を一掃するとともに、人間の社会的本性を実現することによって発揮されます。

チュチェ思想に導かれる新しい社会主義社会は、人間の自主性を完全に実現する社会を意味します。

チュチェ思想は、民衆が自己の本性的要求にめざめて団結して新しい社会の実現のためにたたかうならば、社会主義を実現できることを明らかにしました。

## チュチェ思想を実践に活かす

チュチェ思想は実践のための思想です。

チュチェ思想は金日成主席が歩んだ革命の道のりに息づいています。

主席が、実践的にきり拓いた抗日革命闘争の道のり、中国とソ連にはさまれながら朝鮮独自の道を確立していくたたかいの道のりがチュチェ思想であるといえます。

チュチェ思想はチュチェ思想の原理だけを学べばよいのではなく、実践的なたたかいの道のりに学ぶことが重要です。

主席は「社会主義偉業の継承完成のために」（一九九二年三月一三日、一九九三年一月二〇日、三月三日）のなかでつぎのように述べています。

「わたしは朝鮮革命の要請と新しい自主時代の人民の志向を反映してチュチェ思想を創始し、それを指針として革命と建設を指導してきましたが、チュチェ思想の原理を総合し体系化することについては別段考えませんでした。この問題は、金正日同志によってりっぱに実現されました」

チュチェ思想は、金正日総書記が、後に一つの理論体系としてまとめあげ広く世界に普及されるようになります。

金正日総書記は一九九六年に、一部の社会科学者がチュチェ思想を理論面だけで語り、現実や実践からかけ離れて展開するようになっている事情をふまえ、つぎのように述べています。

「一部の社会科学者がチュチェ哲学についての解説、宣伝で偏向をおかした主な原因の一つは、哲学的問題を革命実践の要求から出発して探究しなかったところにあります」（「チュチェ思想は独創的な革命哲学である」）

「理論は実践にもとづき、実践に奉仕しなければなりません。実践とかけ離れた理論は真理を正しく解明することができず、何の意味もありません」（同右）

「革命実践は民衆の自主性を実現する闘争であり、その担当者は民衆であるので、哲学的探究においても重要なのは、民衆の要求と志向を正しく反映し、民衆の闘争経験を一般化して理論を展開し、それを民衆自身のものにさせることです」（同右）

金正日総書記は、チュチェ思想を学ぶことについて、各国の現実や実践と結びつけて学んでこそ意義があると述べています。

日本において、チュチェ思想を日本の実情に即して学ぶことが重要です。

チュチェ思想はマルクス・レーニン主義の単純な継承発展上に明らかにされた思想ではなく、まったく新たに解明された哲学的原理で一貫した独創的な革命思想です。

このことは、マルクス・レーニン主義のたたかいを忘れることを意味しません。歴史的に多くのマルクス・レーニン主義のたたかいの成果のうえに、金日成主義のたたかいがあることをふまえることが大切です。

チュチェ思想を学ぶうえで重要な一つは、従来の思想を正しく評価し、そのうえで新しい革命運動は新しい革命思想によってのみ勝利的にきり拓かれることをとらえるということです。

チュチェ思想を学ぶうえで重要な二つは、チュチェ思想の歴史的普遍的意義をとらえるとともに、チュチェ思想は朝鮮で創始された思想であることをふまえる必要があるということです。

チュチェ思想は、日本の変革のために日本の実情に創造的に適用しなければなりません。

日本においては、チュチェ思想に学びながら、日本の実情に応じて、広範な日本人民に依拠して運動していくことが重要です。

# 自主時代の道しるべ

二〇一四年一月一二日

金正恩第一書記は二〇一四年一月一日に「新年の辞」を発表しました。

金正恩第一書記は、「新年の辞」のなかで二〇一三年をふりかえり、全党、全軍、全人民が新たな並進路線をかかげて総攻撃戦を展開し、社会主義強盛国家建設と社会主義防衛戦で輝かしい勝利をおさめた一年であったと総括しています。

朝鮮民主主義人民共和国では、金日成主席によって、重工業を優先させて軽工業と農業を同時に発展させる路線、経済建設と国防建設をともにおしすすめる路線などの並進路線が実施されてきました。

金正恩第一書記のうちだした並進路線は、核軍事力を基本にして人民生活を向上させるというものです。

金正恩第一書記の思想と指導の特徴は、一貫して人民第一主義です。

第一書記の指導によって人民尊重、人民愛の政治がくりひろげられたことにより、党と民衆の血縁的つながりが高い段階に達しました。

社会主義を発展させるためには、社会主義を建設する主体を強めなければなりません。社会主義建設の主体は、指導者、党、大衆の統一体です。

朝鮮人民は指導者と党のまわりに思想的組織的にかたく団結することによって、革命の主人としての役割をりっぱに果たしています。

金正恩第一書記は、「新しい年二〇一四年は、社会主義強盛国家建設のすべての部門で新たな飛躍の熱風を強くまきおこし、先軍朝鮮の繁栄期を拓く壮大な闘争の年、偉大な変革の年です」と展望をさし示しています。

金正恩第一書記は、二〇一四年のたたかいを人民の美しい理想と夢を早く実現するための張り合いのあるたたかいととらえ、闘争課題は最終的なゴールではなく、その先にある理想にむかって当面の課題を達成しようと呼びかけています。ここにも希望に満ちた第一書記の思想があらわれています。

金正恩第一書記は、農村で思想革命、技術革命、文化革命をおしすすめて、農業生産に画期的な転換をもたらし、農業を主要攻略部門として位置づけて、人民が豊かな食生活を享受《きょうじゅ》できるようにしようと、かたい決意を表明しています。

金正恩第一書記は、朝鮮統一は民族の利益と要求に即してこそ自主的に実現できる、民族同士が誹謗《ひぼう》し反目するのは統一を望まない勢力に漁夫の利をあたえるだけであり、和解と団結をさまたげることはやめようと訴えています。

「新年の辞」には、金正恩第一書記の思想と指導がつらぬかれており、第一書記に導かれる朝鮮人民のたたかいの前途には明るい未来が約束されています。

「新年の辞」は、朝鮮人民だけでなく世界の人民にたいして、自国のために果敢にたたかうことが民衆の幸せにつながる張り合いのある人生であることを教えています。

## 一、人類思想史発展における最高の革命哲学

金日成・金正日主義の呼称は、二〇一二年四月六日の金正恩第一書記の著作「金正日同志をわが党の永遠なる総書記として高くいただき、チュチェの革命偉業をりっぱになしとげよう」のなかではじめて明らかにされました。

金正恩第一書記は、金日成主席と金正日総書記の革命思想はたがいに分けることはできず一つのものであるとして、金日成・金正日主義と定義づけました。

金正恩第一書記は、金日成・金正日主義はチュチェの思想、理論、方法の全一的体系であると明らかにしました。

金正恩第一書記が、金日成・金正日主義はチュチェ時代を代表する革命思想であると位置づけたことは、歴史的意義があります。

## 従来の哲学における根本問題

歴史上はじめて科学的な哲学であるマルクス主義哲学が創始されてから、すでに一世紀半もの年月が経過しています。

マルクス主義哲学は一九世紀に、イギリスの産業革命を契機として資本主義が生成発展する時代の要求を反映して創始されました。

マルクスが活躍した当時、すでに労働者階級は誕生していましたが、多くのヨーロッパ諸国では封建性を色こくのこしていました。

当時、人々の生活に影響をおよぼしていた思想は、自然崇拝やキリスト教などの神を崇拝する思想でした。それゆえ哲学では、世界は絶対精神などによって支配されており、民衆の境遇は永遠にかわらないと主張する観念論と形而上学が主流となっていました。

時代は、資本主義の滅亡と社会主義の勝利を明らかにする革命的な哲学を要求していました。

哲学が時代と人々の要求にこたえるためには、物質と意識の関係、存在と思惟との関係問題に科学的解答をあたえなければなりませんでした。

マルクスは、おもにヘーゲルの弁証法とフォイエルバッハの唯物論を批判的に継承して、弁証法的唯物論を明らかにしました。

弁証法的唯物論は、哲学の根本問題を物質と意識の関係問題におきました。当時、物質が一次的か、意識が一次的かについて哲学者のあいだで論争がつづいていました。

マルクスは、物質が一次的であること、世界は物質で構成されており変化発展することを論証しました。

マルクス主義哲学によって、物質世界の一般的特徴が科学的に明らかになり、人々は宗教や迷信などから解放され、新しい哲学的世界観をもって生活できるようになりました。

## 社会主義移行の必然性を解明

マルクスは、哲学者は世界を解釈するにとどまってはならない、哲学は世界を変革することに寄与しなければならないと述べています。

マルクスは、弁証法的唯物論を社会歴史に適用して史的唯物論を明らかにしました。

史的唯物論は一口でいって、生産力の発展が先行して資本主義社会から社会主義社会へ移行するということを明らかにしています。

マルクスは、資本主義社会の社会構造と変化発展の法則について解明しました。マルクスは、社会は経済を土台にし、法律、政治、文化などを上部構造として構成されているととらえ、経済を変革することによって上部構造を変革できるとみました。

資本主義制度のもとでは生産力が発展するにつれ、一部の資本家と圧倒的多数の労働者に分化していきます。マルクスは両者の矛盾が大きくなるとともに、発展する生産力にみあった新しい生産関係を実現するため革命がおきると論証しました。

マルクスは資本主義の矛盾を解明し、労働者階級が生産手段と政治権力を掌握することによって、社会主義が実現することを明らかにしました。

史的唯物論は搾取階級、搾取制度とのたたかいに立ち上がった労働者階級の解放闘争の指針となりました。ここにマルクス主義が社会変革のための哲学、革命哲学といわれるゆえんがあります。実際、レーニンはマルクス主義をかかげてロシア革命を勝利に導き、その後、マルクス・レーニン主義は世界の進歩的運動に大きな影響力をもつようになりました。

しかし、ロシア革命が勝利してから一世紀たったこんにち、マルクス・レーニン主義にそって社会主義を建設している国や党はほとんどありません。

マルクス・レーニン主義の歴史的功績を評価し、マルクス・レーニン主義の階級的理念を継承し発展させて社会主義建設をおこなっている国は、世界で朝鮮だけといえるでしょう。

ロシア、中国、ベトナムなどでは革命を勝利させた後、市場経済を導入することによって生産力を高めようとしました。しかし、新たな特権層が生まれて貧富の格差が拡大し、弱肉強食の論理によって支配される資本主義とかわらなくなっています。

社会主義革命に勝利したのち、ひきつづき社会主義建設をおこなうためには、民衆が主体となる社会をきずくための新しい指導思想が不可欠であることを示しています。

## 人間を世界の主人におしたてる

現時代は民衆が社会歴史の主人として登場している自主時代です。

自主時代においては、弁証法的唯物論を基礎にしつつも、物質のなかでもっとも発達した人間と人間以外の物質との相互関係を明らかにすることが提起されてきました。

世界はすべて物質によってなりたち、変化発展するという無機物質や動物にもあてはまる概念規定は、もっとも発達した物質である人間にとっては重要な意味をもちません。なぜなら哲学は人間が人間の運命を開拓するために必要とされているからです。

チュチェ思想は、人間と世界の関係問題を哲学の根本問題として提起し、「人間があらゆるものの主人であり、すべてを決定する」という哲学的原理を史上はじめて解明しました。

人間があらゆるものの主人であるということは、世界における人間の地位を明らかにし、人間がすべてを決定するということは、世界における人間の役割を示しています。

チュチェの哲学的原理を解明したことによって、チュチェの社会歴史原理が明らかにされました。

チュチェの社会歴史原理は、自然と社会を変革する民衆が歴史の主体であること、社会歴史的運動は、民衆の自主的創造的意識的運動であることを内容としています。

岩がくだけて石となり、さらに小さくなって砂になる自然の変化には主体はありませんが、社会歴史の発展には主体があります。

経済や政治はおのずと発展するのではなく、民衆の運動によって発展していきます。

チュチェの社会歴史原理が明らかになることによって、社会主義理論をはじめとして革命闘争で提起されるすべての問題に科学的解答をあたえる理論が解明されていきました。

チュチェの哲学的原理と社会歴史原理の解明は、人間は自主性、創造性、意識性を本性とする社会的存在であるという人間の本質的特性が史上はじめて明らかにされたことにもとづいています。

人間は自主性を生命とする社会的存在であるがゆえに、もっとも高度に発達した物質として周囲世界にたいして主人としての地位を占め役割を果たすのです。

## 二、現代帝国主義に反対し世界を自主化するための指針

こんにち世界は一見、複雑な様相を呈しています。

アメリカやヨーロッパ、日本などの発達した資本主義諸国は歴史上かつてない経済的危機におちいっています。

資本主義諸国は長期にわたって停滞する経済からぬけだすために大量の資金を市場に放出しています。大量に放出された資金は生産部門にはつかわれず、株式やデリバティブ取引などマネーゲームに投じられています。

実体経済は発展しないにもかかわらず信用経済だけが膨張し、圧倒的多数の労働者は貧困化するのに、一部の富裕層のみがうるおうという末期的現象が資本主義諸国をおおっています。

現在、世界では、アメリカ帝国主義を中心とした従属的同盟関係が形成されています。

アメリカ帝国主義に同調しているいくつかの国は、自国の延命をはかるために心ならずも従属の道を選択しています。

自主性は国家と民族、人間において何よりも貴重な生命であり、誰もが自主性を擁護して生きることを求めています。

朝鮮は、アメリカをはじめとする大国の圧力に屈せず、二〇一三年、三回目の核実験にふみきるなど断固とした態度を世界に示しました。

朝鮮がみずからの生存権と自主権を確固と守り、帝国主義に打撃をあたえ勝利していることは、自主性を擁護してたたかっている世界人民に大きな励ましをあたえています。

日本は実際は軍事同盟である日米安全保障条約の名のもとに、戦後一貫してアメリカに従属してきました。日本政府と政府に追随するマスコミの影響により、日本人はめかくしされ真実が見えにくくなっています。オスプレイの配備、普天間《ふてんま》基地の辺野古《へのこ》移設問題をはじめ、人々の一致した平和を求める長いあいだのたたかいをふみにじり、在日米軍基地は強化されつづけています。自主性を堅持しなければ、国の尊厳も平和もおびやかされることは明らかです。

安倍晋三首相は現役の首相としては七年ぶりにA級戦犯を祀《まつ》っている靖国神社を参拝しました。靖国参拝をめぐってアメリカ国務省やアメリカのメディアは、日本の政治的指導者や国粋主義者たちが自分の信念だけを露出していることに警戒心を高めています。

ヨーロッパやアジアの国々も孤立する日本にたいする不信を強めています。

現代は自主勢力が勝利する新しい時代です。

民衆は帝国主義に真正面からたちむかい、自国と世界の自主化を早めるための指導指針を求めています。いま金日成・金正日主義は、反帝自主のたたかいを勝利に導く確固たる担保、威力ある思想的武器になっています。

金日成・金正日主義を研究し普及する活動は、自国を自主化し世界を自主化するための先行課題となります。

自主性を堅持し、帝国主義にたいするたたかいを勝利させていくうえで決定的に重要なのは、民衆の利益を実現する指導者の存在です。革命と建設の成否は卓越した民衆の指導者にかかっています。

帝国主義者は、自主をかかげ民衆を団結させてたたかいを勝利に導く指導者を何よりもおそれています。

帝国主義者は、これまで金日成主席を、また金正日総書記をおそれていましたが、いまは金正恩第一書記をおそれています。それゆえ、こんにち帝国主義者は朝鮮の指導者に攻撃を集中しており、なりふりかまわず誹謗中傷を強めています。

自主・平和の道を前進しようとする世界人民は、金正恩第一書記について正確に理解して、朝鮮人民とかたく連帯するたたかいをおしすすめていくことを切望しています。

## 三、民衆主体の社会主義を樹立し完成させるために

社会主義制度の樹立は、社会主義社会建設の第一歩を意味しています。

社会主義制度が樹立されても、社会主義はおのずと発展するわけではありません。

社会主義制度樹立後、社会主義建設を継続しておしすすめ社会主義を高い段階に発展させるためには、正しい指導思想が不可欠です。

金日成・金正日主義は、社会主義制度を樹立したのち、社会主義を高い段階に発展させるたたかいを正しく導く唯一の指導思想です。

社会主義建設をおしすすめるためには、まず資本主義の残滓《ざんし》をなくすための闘争に勝利しなければなりません。

社会主義制度を樹立しても、人々の思想や社会には資本主義の影響が根強くのこっています。そのため資本主義の残滓をとりのぞくための闘争が提起されます。

また社会主義制度樹立後も、帝国主義は社会主義を内部から崩壊させようとして思想的文化的に、また軍事的に攻勢をかけてきます。そのため内外反動とのたたかいなくして社会主義を高い段階に発展させることはできません。

つぎに社会主義制度樹立後、社会主義を低い段階から高い段階へと発展させるためには継続革命が必要になります。

社会主義制度の樹立によって、民衆は資本家階級による政治的隷属からは解放されても、おのずと真の主人になるのではなく、ましてや自然の束縛、古い思想と文化の制約からは解放されていません。

二〇一三年末、金正恩第一書記は、革命と人民をうらぎって国家を転覆《てんぷく》させようとした反革命分派分子を粛清《しゅくせい》しました。彼は、権力を手中にする野心をもって分派活動をおこない、高い地位を利用して特権を行使したことにより、朝鮮人民の審判をうけることになりました。資本主義の思想的残滓と大国の支配主義が結合して朝鮮内部の統一団結を破壊しようとする策動は、金正恩第一書記の指導と決断によって阻止されました。

金正恩第一書記は分派分子を粛清したことにより、朝鮮の一心団結が強化され、党の戦闘的機能と役割が強まり、人民のために奉仕する党としての使命を果たせるようになったと述べています。

資本主義諸国はいうまでもなく、多くの国々では汚職や政治的腐敗が日常化し、民衆の利益に反することをしても断固たる措置をとることは容易ではありません。

今回の事件によって、朝鮮の指導者と人民は腐敗を絶対に許さないという意思と力を明示しました。

金正恩第一書記は、党、国家、軍の最高指導者に就任してまもないにもかかわらず、複雑な問題を短期間で解決し、朝鮮の革命と建設をはやいスピードで大胆にすすめています。

一連の事実は、金正恩第一書記が党と国家の最高指導者としての卓越した資質と能力をそなえていることを実証しています。

金正恩第一書記は金日成主席と金正日総書記の革命思想、その指導と業績をそのまま継承して完遂することをめざしています。

金正恩第一書記の思想と指導のなかに金日成主席と金正日総書記はいまも生きつづけています。

金日成・金正日主義は金正恩第一書記の著作や談話、具体的指導にもとづく朝鮮の現実から学ぶことができます。

金正恩第一書記の著作は、二〇一三年末までに公表されているものだけでも二〇余編にのぼっています。

二〇一四年一月八日、金正恩第一書記の誕生日に際して『金正恩著作集』が発行され、その後、沖縄で出版を記念するチュチェ思想全国セミナーと祝賀会が盛大に開催されました。

『金正恩著作集』は、金正恩第一書記の思想と指導について学ぶ最良の教科書になっています。

『金正恩著作集』は、論文に加えて豊富なグラビアを掲載しています。グラビアは、金正恩第一書記が金日成主席と金正日総書記に忠実に、チュチェ偉業を人民とともに完遂しようとする生き生きとした姿を描いています。

『金正恩著作集』を普及することは、金日成・金正日主義を広範な人々のなかに根づかせるうえで重要な契機になるでしょう。

金日成・金正日主義に学びながら自国と世界を自主化し、人間の自主性を完全に擁護する理想社会を実現するための闘争は日ごとに発展していくでしょう。

# 新しい時代の指導者

―金日成・金正日主義研究東海連絡会結成の集いにおける報告文―

二〇一四年九月二三日

本日、金日成・金正日主義研究東海連絡会が結成されることになったことを心からお祝い申しあげます。結成にむけてご尽力された静岡の鈴木敏和世話人代表をはじめ、長いあいだ東海地区で活動してこられたみなさまに感謝いたします。

わたしは、これから金日成・金正日主義研究東海連絡会結成に際して、金日成・金正日主義と金正恩第一書記の関係についてお話します。

## 一、時代を導く指導思想の定式化

金日成・金正日主義は、金日成主席が創始した革命思想と金正日総書記が発展豊富化した革命思想の総体を統一的に表現したものです。金日成主席と金正日総書記の思想と理論はたがいに分けることができないため、統一して金日成・金正日主義と呼ばれています。

金日成・金正日主義は、チュチェ思想とチュチェ思想にもとづく理論、方法の全一的体系となっています。チュチェ思想は、人間があらゆるものの主人であり、すべてを決定するという哲学的原理を基礎としています。金日成・金正日主義にはチュチェ思想が、思想、理論、方法のすべてにわたってつらぬかれており、体系化されています。

二一世紀は、民衆の時代、自主時代と呼ばれています。自主時代ということは、かつて帝国主義の支配下で呻吟《しんぎん》していた民衆が歴史の主人として堂々と登場している時代であり、民衆の力によってきり拓かれていく時代であるということです。

世界の進歩的人士は金日成・金正日主義が自主時代の最高峰の革命思想であると述べています。

金日成・金正日主義と命名したのは、金日成主席と金正日総書記の革命偉業を継承完遂しようとする新しい指導者、金正恩第一書記です。

時代を牽引《けんいん》する指導思想を定式化することは誰もができることではありません。先代の指導者に忠実な継承者であってこそ、新しい時代を導く指導思想を正しく規定することができます。

一九七四年二月一九日、金正日総書記は、朝鮮労働党第三回思想活動家大会において、「全社会をチュチェ思想化するための党思想活動における当面のいくつかの課題について」と題する演説をおこない、そのなかで金日成主席の革命思想を金日成主義と定式化しました。

金日成主義と定式化した根拠としては、まず、金日成主席の創始した革命思想は、従来の思想を包摂しつつも、まったく独創的な革命思想であるからです。

また、金日成主義は現代と共産主義の未来を代表する唯一の科学的な革命思想であり、民衆が社会主義を建設していくためのもっとも正確な指導指針であるからです。

世界の思想史では時代をきり拓くうえで貢献した思想は、マルクス・レーニン主義などのように創始した人の名前がつけられています。

それゆえ、民衆が主人として登場する自主時代をきり拓くことを可能にした思想は、金日成主席の尊名をもって金日成主義と呼ぶのがふさわしいといえます。

全社会を金日成主義化するということは、金日成主義を唯一の指導指針として革命を前進させ、金日成主義にもとづいて共産主義社会を建設していくことを意味します。

金正日総書記は、全社会のチュチェ思想化が朝鮮労働党の最高綱領であると規定しました。全社会のチュチェ思想化が党の最高綱領になるということは、党の最終目的が全社会のチュチェ思想化であるということです。

金正日総書記が金日成主席の思想を金日成主義と定式化し、全社会をチュチェ思想化する方針をうちだしたことは、主席の革命思想がいかに偉大であるかを示しています。また同時に金正日総書記は主席の革命思想の継承者であり、後継者としての資質、能力をもっていることを明らかにしたといえます。

金日成主席が健在なときは、主席は自己の名前を冠した金日成主義化という表現に反対されたため、チュチェ思想化といわれていました。

金日成主義とチュチェ思想は同じ意味でつかわれることもありましたし、金日成主義の思想的基礎はチュチェ思想であると表現されることもありました。

一九九四年七月に主席が逝去《せいきょ》された後、金正日総書記は金日成主義という表現を多用するようになりました。

金正日総書記は金日成主席が健在なときは主席とともにたたかい、主席が亡くなって以降一七年間、朝鮮において最高指導者として革命を導いていきました。

しかし、金正日総書記は、自身が新たに発展豊富化させた革命思想を金正日主義と呼ぶことに反対し、最後まで金日成主義という言葉をもちいました。

二〇一一年一二月、金正日総書記が逝去されるのにともない、金正恩第一書記が新たな指導者となり、金日成主席と金正日総書記の革命思想を金日成・金正日主義と宣布しました。

二〇一二年四月六日、朝鮮労働党中央委員会の責任幹部にたいして、「金正日同志をわが党の永遠なる総書記として高くいただき、チュチェの革命偉業をりっぱになしとげよう」と題する談話がおこなわれました。そのなかで、金正恩第一書記は、「金日成・金正日主義は、チュチェの思想、理論、方法の全一的な体系であり、チュチェ時代を代表する革命思想です」と述べています。また、全社会の金日成・金正日主義化を朝鮮労働党の最高綱領であると規定しています。

二〇一二年四月一五日、金正恩第一書記は、金日成主席生誕一〇〇周年を記念して世界各国の人士が集まった場で演説をおこない、金日成・金正日主義という呼称を全世界にむけて発表しました。

金正恩第一書記は、朝鮮労働党第四回代表者会と最高人民会議第一二期第五回会議で、金正日総書記を朝鮮革命の永遠の領袖に、朝鮮労働党の永遠の総書記に、朝鮮民主主義人民共和国の永遠の国防委員会委員長に推戴《すいたい》したことについて報告した後、これは、金日成・金正日主義の旗じるしを高くかかげ、白頭《ペクトゥ》できり拓かれたチュチェの革命偉業を寸分たがわず、一歩も譲歩せず、ひたすら主席式、総書記式に最後まで継承完成させようとする朝鮮労働党と軍隊と人民の確固不動の意志のあらわれであること、金日成主席と金正日総書記がきり拓いた自主の道、先軍の道、社会主義の道をまっすぐにすすむところに、朝鮮革命の一〇〇年大計の戦略があり、最終的勝利があることについて述べました。

金日成・金正日主義について学ぶということは、すなわち金日成・金正日主義を宣布した金正恩第一書記について学び、深く理解することにつながっていきます。

## 二、先代の指導者の業績を輝かす

金日成主席の偉大さは、主席自身の偉大さであるとともに、後継者の偉大さと密接に結びついています。金日成主席自身はみずからのことについては語られないため、世界の人々は主席の偉大さを、主席にもっとも忠実な後継者によって多く知るようになりました。

金日成主席が歩んだ現地指導の道のりは朝鮮全土におよび、いつも主席の姿は朝鮮人民とともにありました。

同時に主席はチュチェ思想が実現された朝鮮に学ぼうと世界各国から訪れる多くの人々に会い、あたたかい言葉をかけたり、助言をあたえたりして励ましていきました。主席は朝鮮だけでなく世界の人々に責任をもつ人生をまっとうされたという点でも偉大な方でした。

金正日総書記は、金日成主席が人民に会うために国内を移動したり、世界の人士が主席と接見できるようにしたり、さまざまな手配をしていました。また、金日成主席の著作を海外に紹介することをとおして主席の偉大さを明らかにしていきました。

金日成主席にお会いしたときに、わたしは金正日総書記はどのような方ですかと質問したことがあります。主席はそのときに、〝金正日総書記は謙虚な人なのであまりみなさんのまえにでませんが、わたしの仕事をりっぱに補佐してくれています。そのおかげでわたしはこうしてみなさんとお会いすることができるのです〟と話してくれました。

金日成主席はりっぱな革命家であり大きな業績をつみましたが、それを保障したのは金正日総書記です。

金正日総書記は、自分は金日成主席のたんなる一兵士にすぎないと言いながら、自分の名前をださず、ただひたすら主席に服務していきました。

世界の多くの人が、主席はりっぱな指導者であることを知ることができたのは、総書記のおかげであるといえます。

金日成主席逝去後、ソ連東欧社会主義が崩壊し、朝鮮では未曾有の自然災害がたびたびおこりきびしい状況がつづいていました。金正日総書記は困難に屈することなく、朝鮮人民を一つに団結させたたかっていきました。

しかし、当時総書記について世界に正しく伝える人はおらず、総書記も自分について宣伝することはひかえさせました。西側諸国のメディアが金正日総書記を誹謗《ひぼう》中傷することにたいし、総書記の姿を正しく伝えるものは世界に誰もいませんでした。

金日成主席が逝去された後、朝鮮を崩壊させる絶好の機会ととらえた帝国主義者は、朝鮮を武力で制圧しようとしました。金正日総書記は祖国を守るために先軍の旗じるしを高くかかげ、朝鮮人民軍を何度も現地指導して自衛力を高めていきました。

金正日総書記は二〇一一年一二月、寒い日に現地指導の途上でおしくも逝去されました。

金正恩第一書記は、金正日総書記を失った誰よりも深い悲しみにたえ、最高指導者として準備する期間も十分にないなかにあって、朝鮮労働党第一書記、国防委員会第一委員長に就任しました。

就任後、金正恩第一書記がまずおこなったことは、金正日総書記がいかに偉大な革命家であるかについて正確に知らせることでした。

金正恩第一書記によって、わたしたちは金正日総書記の偉大さについて、総書記が健在なときには知りえなかった多くのことを知るようになりました。

金正恩第一書記は、金正日総書記と同じように自分自身について宣伝することに反対しています。第一書記の関心事は、人民に忠実に生きることと先代の指導者に忠実に生きることの二つだけであり、それ以外にはありません。

いま世界の人たちは金正恩第一書記について関心をもち、深く知りたいと考えています。

わたしは金正日総書記の永訣式に参加した直後から、朝鮮の幹部たちに金正恩第一書記に関する資料や著作を発表してほしいと依頼しました。

朝鮮労働党宣伝部長の金己男《キムギナム》書記に『金正恩著作集』を発行することを伝えると、書記はできるかぎり協力すると約束してくれました。

金正恩第一書記について多くの人に知らせるため著作集に写真をたくさん掲載したいと考えました。

金正恩第一書記がわたしたちの願いを聞きいれ、紹介することを許可してくれたことは、世界人民にたいする第一書記からの贈り物といえるでしょう。

二〇一四年一月、金正恩第一書記の誕生日を祝賀する思いをこめて『金正恩著作集』を発行しました。『金正恩著作集』に掲載された最初の著作は、金正日総書記が逝去された年の一二月の談話である「金正日総書記を永遠に高くいただき総書記の遺訓を貫徹しよう」となっています。

金正恩第一書記が金正日総書記について明らかにしたいくつかの著作をとおしても、第一書記が先代の指導者にたいする忠実性、チュチェ革命偉業を完遂しようとする責任性、朝鮮人民にたいする献身性を兼備されている方であることがわかります。

## 三、金日成・金正日主義研究会結成の動き

金正恩第一書記は、帝国主義が存在し世界を武力で支配しようとしているなかにあって、朝鮮人民と世界人民の利益を守り、自主性を擁護することについて毎日思いをめぐらせています。

世界では、金正恩第一書記が明らかにした金日成・金正日主義について関心が高まり、第一書記の民衆にたいする透徹したあつい心に学びながら活動する人たちが多くなっています。

二〇一四年に開催された海外でのチュチェ思想研究セミナーとしては、四月にピョンヤンで金日成・金正日主義と世界の自主偉業に関するセミナー、五月にはローマでヨーロッパを自主化するためのチュチェ思想セミナーが、八月にはネパールでアジアの発展と教訓に関するチュチェ思想セミナーが開催されました。

日本では、二〇一二年、金日成・金正日主義研究地区連絡会が沖縄、福島、群馬で結成されました。二〇一三年五月に東京、神奈川、埼玉が合同して金日成・金正日主義研究関東連絡会が、六月に大阪、兵庫、京都が合同して金日成・金正日主義研究関西連絡会が結成されました。

二〇一四年二月一五日、三つの地区連絡会、二つの地域連絡会が一つになり、金日成・金正日主義研究全国連絡会が結成されました。

いま、各地区で金日成・金正日主義研究会を結成していく動きがおきています。

金日成・金正日主義研究会を結成することは、新しい時代の指導思想を研究し普及するうえで重要な意義があります。

チュチェの祖国、民衆主体の社会主義国としての朝鮮を正確に理解するうえで金日成・金正日主義に学ぶことは必須であるといえます。

また、金日成・金正日主義研究会を結成することは、日朝友好連帯運動をおしすすめるうえでも重要です。

安倍政権による反動的政策のもとで、日本と朝鮮のあいだには複雑な問題が横たわっています。マスコミによる朝鮮バッシング、在日本朝鮮人総聯合会にたいする弾圧や民族教育にたいする圧殺政策などが後をたちません。朝鮮学校に通う児童生徒にたいしても、日本政府の朝鮮敵視政策や同化政策による影響が日常的におよんでいます。

日朝友好連帯を願う心ある人々がチュチェ思想の研究普及活動をおこなうことは、たがいの絆を強めるとともに、日本の運動にも大きな影響をおよぼしていくことでしょう。

本日、金日成・金正日主義研究東海連絡会が結成されることは、内外で金日成・金正日主義に学び、自国を自主化しようとたたかっている人々にとって大きな励ましとなります。

金日成・金正日主義研究東海連絡会のますますのご発展とみなさまのご活躍を祈念いたします。

# チュチェ思想は青年の未来を照らす

講師　尾上健一
チュチェ思想国際研究所事務局長

司会　ラモン・ヒメネス・ロペス
ラテンアメリカ・チュチェ思想研究所書記長（現理事長）

―メキシコ金日成主義研究委員会青年支部主催のチュチェ思想に関する懇談会―

二〇一〇年一月一〇日

新しい年を迎えたばかりの二〇一〇年一月一〇日、メキシコ金日成主義研究委員会青年支部の主催によりチュチェ思想国際研究所の尾上健一事務局長を招いてチュチェ思想に関する懇談会が開催された。懇談会はメキシコシティの静かな通りに面したホテルの会議室でおこなわれた。

二〇〇八年の懇談会から二年間、メキシコのチュチェ思想研究者たちは、地道なチュチェ思想研究活動をおしすすめてきた。

メキシコのチュチェ思想研究者は数倍に、メキシコ金日成主義研究委員会の支部やその他のチュチェ思想研究組織も多数結成されて大きく発展している。

さまざまな困難をのりこえ成果をもって懇談会を迎えたチュチェ思想研究者たちの表情は明るく誇りにみちていた。

チュチェ思想国際研究所事務局長はメキシコのチュチェ思想研究者に声をかけ、一人ひとりとの再会を心から喜んだ。とりわけ二年前にも参加していた青年の成長を喜び、今後も誇りある幸せな道を歩きまっすぐに成長するようにと励ました。

懇談会はラテンアメリカ・チュチェ思想研究所のラモン・ヒメネス書記長（現理事長）の司会ですすめられ、長時間にわたり熱心な質疑応答がおこなわれた。

**司会**

みなさんお集まりのようですので、さっそく懇談会を始めていきたいと思います。

メキシコ金日成主義研究委員会青年支部の責任者は、本日の会場となったホテルのある地域を担当しています。ホテルのオーナーは青年支部の責任者といっしょにチュチェ思想を学んでいるメキシコ金日成主義研究委員会の会員です。本日はわたしたちにりっぱな会議室を提供してくれました。ありがとうございます。

本日、参加してくださいました来賓の先生方を紹介します。

チュチェ思想国際研究所事務局長の尾上健一先生です。

エクアドルからお越しいただきましたラテンアメリカ・チュチェ思想研究所副理事長のミルトン・ブルバノ先生です。ミルトン・ブルバノ先生は夫人とともに参加されています。

ベネズエラからお越しいただいたラテンアメリカ・チュチェ思想研究所副理事長のオマール・ロペス先生です。

それではチュチェ思想国際研究所事務局長、尾上健一先生からのご講演に移りたいと思います。

この懇談会に参加しているみなさんはチュチェ思想国際研究所事務局長のお話をとても楽しみにしています。

## 国際研究所事務局長

わたしは、二〇〇八年につづいて、今回二回目のメキシコシティ訪問になります。会場には二年前のセミナーでお会いしたことのある方々もみえており、なつかしい気持ちでいっぱいです。当時は中学生で少年の面ざしをのこしていた人も、きょう再会してみるとりっぱな青年に成長しています。

この二年のあいだに、メキシコにおけるチュチェ思想研究普及活動は全般的に大きく発展しています。ラテンアメリカ・チュチェ思想研究所のラモン・ヒメネス書記長は下院議員となり、社会的にいっそう大きな役割を果たされています。

一昨日は、金正日総書記誕生六八周年を記念し、「チュチェ思想の旗のもと、よりよい世界の建設を」というテーマでセミナーを開催しました。セミナーには、議員、学者、政党関係者、労働者、女性、青年学生など一五〇余名が集まり、みなさんが熱心に参加していたのが印象的でした。

このたび、わたしはラモン・ヒメネス書記長をはじめ、みなさんにお会いするためにメキシコを訪問しました。また、ラテンアメリカ・チュチェ思想研究所の事業について、研究所理事会三役の方々と協議する目的もありました。

きょうはこうして、みなさんと親しくたがいに関心のある問題について話しあえることをたいへんうれしく思っております。

たくさん話しあいたいことがありますが、はじめにわたしが報告し、後でみなさんと意見交換したいと思います。

きょうは二つのことについて簡単に話します。

一つは、最近の世界の動きです。二つは、チュチェ思想にもとづく活動、とりわけ組織活動についてです。

## 自国の利益を守り自国人民のために生きる

世界各国のＧＤＰ（国内総生産）をみると、北アメリカ諸国は全般的に減少しています。とくにアメリカは毎年、確実に減ってきています。二〇〇〇年頃までは世界一九〇か国のうち、アメリカ一か国で世界のＧＤＰの三分の一程度を占めていましたが、いまでは四分の一に激減しました。

ラテンアメリカをみると、メキシコのＧＤＰは増減をくりかえしており結果的にはあまりふえていません。ブラジルは増加しています。アジアでは毎年、中国とインドがふえているのにたいし日本は減っています。ヨーロッパも増減をくりかえしていますが、ロシアはふえています。アフリカは世界に占める割合は低いものの、年々少しずつふえています。

各国のＧＤＰの動きは、世界経済における一般的傾向を表現しています。

アメリカは世界における地位を低め、アメリカに追随している国々は日本をはじめとして経済が低迷しています。メキシコも親米政策をとっているため発展が阻害されているといえるでしょう。

一方、自国の自主性を堅持して、自主の道を歩む国々は確実に発展の道をすすんでいます。このような傾向は今後もしばらくつづくでしょう。

アメリカは世界に一五〇万人の膨大な数の米兵を配置しています。一五〇万人のうち一〇〇万人はアメリカ本土の防衛にあたり、五〇万人はアメリカの武力支配のために世界中に配置されています。

米兵は、ヨーロッパに約一〇万人、アジアに約一〇万人、中東に約二〇万人配置されています。世界でもっとも多く米兵が配置されている国はイラクで、一五万人もの米兵が駐留しています。二番目はアフガニスタンで、二〇一〇年の夏までに増派が決まり一〇万人の兵力となる予定です。三番目に多いのは日本の約五万人、四番目に韓国の三万人です。

イラク、アフガニスタン、日本、韓国に多くの米兵を配置する目的はアメリカがそれぞれの国を守るためではなく、世界を武力支配するためであることは明らかです。アメリカの武力による世界の一極支配は、自主・平和をめざす世界人民の闘争によって破綻《はたん》を余儀なくされています。

アメリカはまた、世界における政治的な影響力をいちじるしく弱めています。国連においても影響力の低下は顕著になっています。

二〇〇九年一二月、デンマークのコペンハーゲンで第一五回気候変動枠組条約締約国会議（ＣＯＰ15）が開催されました。アメリカはこの間、実効力をもつ京都議定書に加盟せず、自分たちの経済的利益だけを考えて地球を汚染してきました。アメリカはＣＯＰ15で指導力を発揮できなかったばかりか、利己的な姿勢に終始して世界の非難をあびました。

アメリカはいま国際的な影響力を弱めているばかりか、国内もかつてなく混乱をきわめています。アメリカ政府の発表によると、食糧が不足している人たちは三〇〇〇万人以上にのぼり、政府が食糧補助をおこなっているとのことです。また四〇〇〇万人以上が医療保険に加入していないため、病気になっても治療をうけられないまま亡くなってしまう人が多くいます。

アメリカの人口に占める白人の比率が相対的に少なくなっている状況を反映して、二〇〇九年、共和党政権にかわり民主党オバマ政権が成立しました。

オバマ大統領は黒人出身であるために、当初は多くの人たちの期待を集めました。オバマ大統領はまずアメリカの経済をたてなおし、公的医療保険制度を確立すると明言しました。またイラクから米軍を撤退させると公約しました。

ところがアメリカの経済危機はいまだに脱却の糸口も見えていません。医療保険制度改革法案も下院では可決されたものの、上院は制度改革そのものに反対しているため暗礁《あんしょう》にのりあげています。オバマ政権は深刻な危機に直面しているのです。

アメリカはアフガニスタンをベトナムやイラクのようにしようとしています。アメリカは自国の政治的経済的危機を、軍需産業に力をいれ、ふたたび世界戦争をひきおこすことによって乗りきろうとしているのです。

二〇〇九年四月、チェコが社会主義から資本主義へ移行した二〇周年を記念して、オバマ大統領はプラハで演説しました。オバマ大統領は、核のない世界をつくる旨の演説をおこない、実際は何もしていないオバマ大統領にノーベル平和賞が授与されました。

ところが、発表されたプラハ演説を読んだ世界の人たちはオバマ大統領の真意を知りおどろきました。オバマ大統領は〝核のない世界は自分が死んだ後にできる〟とし、さらに自分の任期中は核戦略を強めると断言しています。

プラハ演説後、アメリカとロシアは戦略核兵器の削減に動きました。両国は多くの核兵器を維持する財政的負担を軽減するために核兵器削減にむかわざるをえなかったのです。

核兵器を大量に保有している国は、国連安全保障理事会常任理事国です。オバマ大統領はアメリカ、イギリス、フランス、ロシア、中国の核兵器保有大国は核兵器をもちつづけてよいが、それ以外の国はもつことは許さないと主張しました。

とりわけイランと朝鮮民主主義人民共和国を名指しで非難し、武力行使も辞さないと強硬な発言をおこないました。

世界では常任理事国以外にも、イスラエル、インド、パキスタンなどが核兵器をもっています。オバマ大統領は核兵器を保有している親米国については黙認したままです。

オバマ大統領のプラハ演説は相矛盾する内容になっています。

オバマ大統領はどのような詭弁《きべん》で、強い国は核兵器をもってよいが弱い国はもってはいけないと主張したのでしょうか。彼は強い国はよい国であり、弱い国は悪い国であり核兵器をもたせるのは危険だと説明しました。

アメリカがつかう戦争の口実はテロリズムです。二〇年前までは社会主義や共産主義は悪だから社会主義共産主義に対抗するために武力が必要だと主張していました。現在ではテロリズムが悪だから、テロリズムに対抗するために核兵器が必要だと言い方をかえています。

イラク戦争をひきおこすとき、アメリカはイラクに核兵器をふくむ大量破壊兵器があると主張しました。しかし、イラクを廃墟《はいきょ》にし多くの人々を虐殺したあと、アメリカみずからがイラクに大量破壊兵器はなかったと公表しました。

アフガニスタン攻撃に際しては、テロリズムのリーダーであるビンラディンがひそんでいると宣伝しアフガニスタンを焦土にしました。しかし、アフガニスタンにビンラディンはいませんでした。

アメリカは〝テロリズムは目に見えないものだ、見えないけれどもあるのだから信じなさい〟と詭弁を弄《ろう》しています。

結局、アメリカは武力で世界を支配することによって利益を得ようとしているにすぎません。アメリカは自国だけの利益を貧しく弱い国の人々を虐殺することによって実現しようとしているのです。

アメリカは市場原理主義を世界中におしつけてきました。市場原理主義とは利潤の実現が経済活動の最高目的であり、教育も医療も福祉もすべて利潤の実現のためにあるということです。そして利潤の実現は自由競争によってのみ保証されるということです。

二〇歳の大人と二歳の子どもが同じ条件で走る競争をすればどちらが勝つでしょうか。大人が子どもに勝つのは最初から明白なことです。

自由競争は強い国が小さい国を滅ぼしていくための方法です。アメリカの言うとおりに国営企業を民営化し関税を撤廃して経済を自由化していくなら、外国の強い企業に国内の弱小企業は合併され倒産していきます。

オバマ大統領が推進しようとする政策をみると、彼は黒人のことも世界の貧しい人たちのことも考えてはおらず、アメリカの一握りの反動支配層、富裕層の利益を代表していることが明らかです。

アメリカの政策を支持する政治家がメキシコにいるとすれば、そのような政治家はメキシコ人民の利益を守る人ではなく、アメリカの富裕層の利益を代弁する人だといえます。

なぜ、メキシコ人でありながらアメリカの言うことを聞いてアメリカの利益を実現しようとする人がいるのでしょうか。彼らはアメリカの利益を代弁することによって、アメリカからたくさんの金を手にすることができるからです。彼らは自国をうらぎりながら外国に雇われている反動支配層といえます。

メキシコの政治家は、自国人民のために強い信念をもってたたかっていくことが求められます。

## 民衆を愛し一つの心で活動する

つぎにチュチェ思想にもとづく活動についてお話したいと思います。

チュチェ思想は、民衆と主体をもっとも重視する思想です。

チュチェ思想にもとづく運動の特徴は、敵にたいする怒りを基本にするのではなく、民衆の要求と力を高めることを重視する運動であるといえます。

敵を憎む思想が強い人よりも民衆を愛する思想を強くもった人がチュチェの活動家にふさわしい人だといえます。

また、チュチェ思想は自主性と創造性、意識性を重視します。

自主性は、民衆が国の主人、革命の主人として生きようとする要求です。

創造性は、平和で豊かな社会をつくろう、悪い社会はかえ革命をおこなっていこうという要求です。

意識性は、昨日の自分を今日はもっと大きな自分にかえていくための思想変革をしよう、新しいタイプの人間を育成しながら目的意識的に活動していこうという要求です。

チュチェ思想は、自主性、創造性、意識性が人間の本性であることを明らかにしています。

チュチェ思想はまた、人間が社会的存在であることを明らかにしています。

人間が社会的存在であるということは、人間は目的意識的に社会的関係を結んで生きる存在であるということです。

生まれたときは人間も動物とかわりありません。人間は社会的関係をもって社会的教育をうけることによって社会的存在になっていきます。

人間は一人ひとりばらばらでは生きていくことはできず、みんなが手をつないで助けあってこそ生きていける存在です。

以前、団結の重要性と関連して、労働者は一人ひとりでは弱いが、みんなが集まれば強くなるといわれていました。一本の矢は折れるけれども、三本があわされば折ることがむずかしい、だから労働者は団結してたたかわなくてはならないといわれていました。

人間が社会的存在であるということは、人間はなぜ団結するのかということを深く教えてくれます。

人間は団結して力をもつだけではなく、団結してこそ真の人間になることができるということです。人間は孤立して一人で生きるならば、悲しくさびしく弱いものです。団結して人を愛し信頼し助けあったときに、人間は人間として輝き幸せな人生をおくるようになります。

団結するということは組織をつくることです。組織は敵とたたかうためだけにあるのではありません。人間が人間らしく生きるため、人間らしく輝くために組織が不可欠になります。人間を大切にする組織に所属する人は、組織のなかで真実の愛を知り、集団の強さを知り、未来を信じることができるようになります。

組織から離れては明るい未来を思い描くことはできません。団結を強め、組織を大きくしていく過程で、未来は自分たちがつくることができると確信するようになります。

人間の組織は民衆を愛するあたたかい心があふれる一つの生命体でなくてはいけません。

物質世界には化学薬品などの有機物質があります。人間の組織はたんなる有機体ではありません。人間の組織は人間の心がかよう生命体でなくてはならないのです。

人間には、脳髄もあり、心臓もあり、手足もあります。かつて心は心臓にあるといわれたことがありますが、こんにち人の心は心臓ではなく、脳髄にあることが明らかになりました。人間の組織は、脳髄を中心に団結しなければいけないのです。

組織には、民衆を愛し民衆を導く指導者が必要です。指導者は、人間の脳髄の役割を果たします。脳髄は人間の心臓や肝臓などと単純に区別される一つの物質ではなく、からだ全体と不可分に結びついた存在です。指導者は組織の成員と大衆を愛し信じ、組織の成員と大衆は指導者を愛し信じる関係で結びついています。指導者を政治思想的に守り指導者のまわりに組織を広げ、大衆を結集させることが重要です。指導者を中心に組織を広げ大衆を結集させる組織活動をたゆまず継続的におこない、民衆の要求と力を高めていけば、新しい国、新しい社会を実現できるでしょう。

わたしはみなさんが、ラモン・ヒメネス書記長を自分の命のように大切にし、ラモン・ヒメネス書記長のまわりにかたく団結しながらメキシコ中にチュチェ思想を広め、新しい組織、新しい運動、新しい社会をつくっていくものと確信します。

**司会**

尾上健一事務局長ありがとうございました。

**大学教授**

事務局長先生、貴重なお話をありがとうございました。

世界情勢をどのようにみていくのかという新しい観点を教えていただきました。とりわけアメリカがどのような状況にあるのか、またオバマ大統領がどのような人物なのかを知ることができました。

世界に配置されているアメリカの軍事基地について興味をもちました。

最近、コロンビアにアメリカの基地が七か所建設されたようです。

コロンビアのアルバロ・ウリベ・ベレス大統領はアメリカの軍事基地を利用して、ブラジル、ベネズエラ、エクアドルに攻めいろうとしています。

コロンビアの動きによっては、ラテンアメリカの一部の国は第二のベトナムになる可能性があります。ブラジル、ベネズエラ、エクアドルなどは、自国の資源や利益を守るためにアメリカ帝国主義の介入に反対しています。自国を愛し自国人民のためにすすもうとする自主的な国の政権をたおし、アメリカに賛同する政権をつくろうとする勢力があります。

たとえば「メリダ・イニシアチブ」と呼ばれる政策があります。この政策はアメリカが各国の組織犯罪、麻薬取引に対処するための援助をおこなうというものです。これはコロンビア計画とよく似た内容です。アメリカ麻薬取締局（ＤＥＡ）の事務所をメキシコにおくという内容がふくまれています。ＤＥＡの事務所をつくる目的はマフィア鎮圧のためであるといわれていますが、実は進歩的な社会運動を弾圧するためのものです。反帝国主義をかかげて社会運動をおこなっている団体にとっては危険なことです。

事務局長先生、貴重なお話をほんとうにありがとうございました。

**大学院生**

事務局長先生、ありがとうございました。一つだけ意見を述べたいと思います。

ラモン・ヒメネス書記長は若い世代の指導者です。わたしたちのなかまの約五〇％はまだ青年です。わたしは最近、個人としてではなく団結して現実をかえていかなければならないということに気づきました。現在、若い世代をはじめとしてメキシコ人民はきびしい状況におかれています。

わたしたちのたたかいは、主に思想闘争であると理解しています。今後も現実をかえていくために努力をしていきたいと思います。

現在、わたしたちが生きている不平等な社会は、わたしたちを極度な貧困におとしこめています。

事務局長先生の講演で得ることのできた情報と知識は貴重なものです。わたしたちの国の今後の課題を認識し克服するためにも参考にしていくべき内容でした。

今後はさらに青年の活動を発展させていきたいと考えています。青年たちのためのチュチェ思想研究活動について何か助言をいただきたいと思います。

## 国際研究所事務局長

こんにち世界中にチュチェ思想を研究している人たちが広がっています。ラテンアメリカ・チュチェ思想研究所書記局はメキシコシティに、ヨーロッパ・チュチェ思想研究学会書記局はローマに、アフリカ・チュチェ思想研究委員会書記局はキンシャサ（コンゴ民主共和国の首都）に、アジア・チュチェ思想研究所書記局はデリーにあります。

すべての国で、社会的な地位が高く影響力のある人が重要な役職についています。また、各地域研究所の活動を担っている人たちのなかでは青年たちが多く活躍しています。

チュチェ思想を研究普及し世界を自主化していくという歴史的偉業は、短期間で実現できるものではありません。各国を自主化し世界を自主化していくためには何十年もかかり、チュチェ思想研究普及活動は長期性をおびるでしょう。

現在は年長者がチュチェ思想研究普及活動をリードしていますが、将来的には青年たちが活動を主導するようになるでしょう。国や未来社会をよくするためには青年をどのように育てるのかが決定的に重要です。世界各国において、チュチェ思想を研究している青年たちの組織が数多くあります。

二〇〇九年八月、日本の青年たちは朝鮮を訪問し、二週間にわたってチュチェ思想の学習をおこないました。次回、メキシコを訪問する際には日本の青年たちもいっしょに来るようにし、みなさんと交流するようにしましょう。

青年は、年長者といっしょにチュチェ思想を学ぶ機会をもつことも大切ですし、青年だけで学んでいくことも重要です。青年の集まりでは学習だけではなく、みんなで歌をうたったり、スポーツをおこなったりするなどのさまざまな楽しい企画と結合することがよいと思います。

懇談会に参加されたみなさんが青年の組織化をりっぱにおしすすめていかれることを期待します。

## 自主性を堅持し協調してすすむ

**大学教授**

このような交流の場を設けていただいてほんとうにありがとうございます。

現在、世界は歴史的な経済危機におちいっていますが、アメリカのＧＤＰはいくつかの国のＧＤＰをあわせても追いつけないものです。ただし、そのアメリカの利益は、他国の犠牲によってなりたっているものです。

事務局長先生が述べられたように、アメリカは他国にたいして武力による不条理な支配をつづけています。アメリカは世界の国々の一番の敵であり、世界一のテロリストであると思います。またアメリカは世界一の軍事国家です。世界中に配置したアメリカの軍事基地の数はもっとも多く、自国民をつぎつぎと戦争におくりこんでいます。他国への軍事介入は世界一ですし、アメリカの経済は戦争によってなりたっているといえます。アメリカの国家予算における軍事予算の割合は世界でもっとも高くなっています。

オバマ大統領はノーベル平和賞を受賞したにもかかわらず、アフガニスタンへ米兵を増派し戦争をおこなうと発言しています。アメリカ帝国主義に対抗するために世界がとるべき有効な戦術はどのようなものでしょうか。

**国際研究所事務局長**

アメリカ帝国主義に反対する闘争でわたしたちが参考にできるのは、朝鮮人民のたたかいです。

朝鮮は国土もせまく、人口もわずか二四〇〇万人です。経済力も大きくありません。以前、アメリカは朝鮮を小さく弱い国であるとみなし、戦争をしかければ簡単にうち負かすことができると考えていました。

アメリカがアフガニスタンに武力を行使したのは、アフガニスタンは弱いためすぐに支配できると考えたからです。実際、戦争を開始するとアメリカの思惑どおりアフガニスタンの政権はすぐに崩壊してしまいました。

アメリカは日本に五万人、韓国に三万人の米兵を配置し、朝鮮を四方から包囲して武力でつぶそうと何度もこころみていますが、すべて失敗に終わっています。現在にいたってアメリカは朝鮮を武力でつぶすことができないとさとり、話し合いの戦術に転換しつつあります。

アメリカはイラン、ベネズエラなども武力でつぶしたいと考えていますが実行できずにいます。

アメリカがもっとも警戒している国は自主性が強い国です。自主性が強い国とは、人民が自国に誇りをもち指導者を中心にかたく団結した国です。自主性が強い国はアメリカをこわがることはありませんし、アメリカに幻想をもつこともありません。

帝国主義に反対する闘争でもっとも重要なことは、精神的思想的なものです。自分の国に誇りをもてず、アメリカがすばらしいと考えているかぎり反帝闘争には勝利しえません。

金正日総書記は二〇〇九年六月の著作でつぎのように述べています。

「革命と建設で思想が基本であり、民衆の思想精神力がすべてを決定するというのはわが党が明らかにした思想論の原理です。われわれがいう精神力とは民衆がみずからの自主性を実現し、国と民族の自主的発展と繁栄を実現するための革命と建設で発揮する思想精神的力を意味します。言いかえると、自分の運命を自分の手でつかみ、自分の力で開拓していこうとする民衆の透徹した自主精神、信念と意思の力がまさに精神力です。人間の精神力は無限であり民衆が強い精神力を発揮するとき、この世にできないことはありません」

ベネズエラ人民もウゴ・チャベス大統領が民衆を教育し団結させて、アメリカ帝国主義と断固たたかい勝利する思想をもってきているようです。

朝鮮では、思想、政治、経済、軍事、すべてにおいて主体が重要であるととらえています。

ロシアと中国は朝鮮と国境を接した大国です。両国は朝鮮にたいして友好的な立場をとっています。ところが友好国ではあっても、大国はときどき小国を自分の思うようにしたいと考えることがあります。朝鮮は中国やロシアにたいしても完全に対等で自主的な立場をつらぬいています。

現在、朝鮮半島の恒久平和を実現するため朝鮮が重視しているのは六者協議よりもアメリカとの直接協議です。アメリカは、朝鮮と一対一での協議をいやがり後ろにかくれ逃げまわっています。

一〇〇年前、世界でもっとも強大な帝国主義はイギリスでした。イギリスは帝国主義の頭目としての地位を失って久しくなりました。いまではイギリスは〝牙をぬかれた虎〟といわれています。帝国主義としての野心はあるのですが、野心を実現する力を失ったのです。

アメリカ帝国主義は世界でもっとも強いように見えますが、実際は弱体化しているのです。

各国が自主性を堅持し、自主性を実現するためにたたかい、たがいに協力すればアメリカの崩壊はそう遠くないでしょう。

## 幸せは自主性実現の道のりにある

**大学院生**

先生のお話は興味深く愛あふれる内容だと思いました。

わたしは、二年前のチュチェ思想セミナーに参加しました。

今日の事務局長先生のお話のなかでとりわけ興味深いと思ったのは、幸せという概念についてです。人間はつねに幸せをさがし求めていますが、かならずしも幸せが見つかるとはいえません。

また、一握りの支配層は経済的利益をむさぼっていると話されました。この二〇～三〇年間、メキシコの政治家たちは民衆を苦しめていたと思います。いまもメキシコ政府は基本的には右寄りです。メキシコの統治者の考え方をどのようにすればかえることができるでしょうか。

**国際研究所事務局長**

「幸せ」という概念を正確に規定することはむずかしいことです。幸せが物質的なことに限定されないことは明白です。人間は食べ物はある程度食べれば十分です。食べすぎは体に害になります。家は一軒あれば十分です。お城のような家を何軒ももっていたら、かえって不便です。

また、幸せは個人的に実現するものでもありません。個人的に自由を実現すれば幸せだと考える人もいますが、青少年が親元から離れて一人立ちし自由になったとしても、社会的な生きがいがなければさびしく悲しいものです。

安逸に暮らすことが人間の幸せではありません。苦難の道を歩んでも幸せがあります。ここに参加されている先生方もそうです。

ラモン・ヒメネス書記長は大学教授であり、国会議員でもある方です。先生はあえて困難な道をすすまなくても、自分一人で十分に楽な生活をおくることができます。

ラモン・ヒメネス書記長が今日のような日曜日にもチュチェ思想に関する懇談会に参加して、労働者や青年たちと会うのはなぜでしょうか。

わたしは、ラモン・ヒメネス書記長はもっとも幸せな生き方をしているのだと思います。ラモン・ヒメネス書記長は自主性、創造性を実現する道を歩んでいるのです。社会的責任を強め、広げ、メキシコ全土と世界に平和の輪をつなげようとしているのです。

幸せは、未来のどこか遠くにあるのではなく人間が社会的本性を実現する道のりにあるといえます。

支配層になり、金や物をたくさんもつことが幸せだと考えるようになると、自分に自信を失っていきます。人間を信じることができなくなるのです。

たとえば依存症という病気があります。アルコールを飲まなければ生きていけない、たばこを吸わなければ生きていけない、銃をもっていなければ怖くて生きていけない、財産がなければ生きていけない、自分に自信がもてず自分以外のものがあってはじめて安心して生きていくことができる、というのは人間として幸せなことだとはいえないのです。

自分と未来にたいして自信をもつことができる人は一般的には若い人であり、いまは何ももっていない人々です。

わたしたちは、若い人や何ももたない労働者たちを意識化し組織化し、その力を強めることをとおして活動をすすめていくことが重要です。

支配層は最後まで、財産や銃やテキーラに依存しようとするでしょう。

民衆の自覚と隊伍が大きくなれば、支配層は敗北、降参するでしょう。メキシコをかえるためには反動支配層のことを心配するより、青年学生をいかに自覚させ組織していくか、また労働者たちの自覚をどのようにうながし彼らを組織していくかに関心をはらわなければなりません。

**大学教授**

事務局長先生の報告のなかにアメリカの力が失われているということがありました。アメリカが力を失い始めたら、世界には不安定な状態が生じるのではないでしょうか。

質問としては、欧州連合（EU）のことと日本のことについてです。

いまEUは多額のユーロをアメリカに投資してアメリカの経済を安定させようとしているようですが、EUはなぜそのような動きをするのでしょうか。

また、二〇〇九年日本で選挙がおこなわれ民主党が勝利したと聞いています。現在、日本の状況はどうなっているのでしょうか。日本は経済的に高度に発展している国だと思いますが、なぜ民主党が選挙に勝ったのでしょうか。その勝利の要因は何だったのでしょうか。

**国際研究所事務局長**

現在の政治には力が作用していることは事実です。しかし、人間の社会は力だけで支配できるものではありません。信頼にもとづいた関係のなかで話し合いがおこなわれ、世界の秩序が正しく維持されていきます。帝国主義が政治の表舞台に登場し、力の政治が一人歩きしているのは古い時代の遺物です。

家庭でも同じですが、力で親子の関係がなりたつものではありません。愛や信頼、話し合いによってなりたつのです。夫婦関係も同様です。力によって支配する家族関係は長くはつづきません。

ヨーロッパが共同体をつくったのは、アメリカの世界にたいする一極支配に対抗することに一つの目的がありました。もう一つは、ヨーロッパ自身が弱いために、たがいに助けあって自分たちを支えようとする意図がありました。

ところが、ＥＵにも矛盾があります。ＥＵ諸国の多くは帝国主義です。アフリカをはじめ、世界を帝国主義的に支配している世界人民の敵だということです。

また彼らは国内の労働者階級や移民労働者を搾取しており、国内的にも反動支配層であるということです。ＥＵ内部においても西ヨーロッパと東ヨーロッパの国々とのあいだに対立があります。ＥＵはアメリカの一極支配に対抗するうえでは一定の役割を果たしたものの、世界の平和と発展にたいしては何の役割も果たしていません。

ＥＵは、自己の経済圏を形成しそれぞれの国の利益を守ろうとして発足しましたが、結局、ＥＵだけで経済を発展させることができませんでした。そこでＥＵはアメリカが歴史的危機に直面しているのに、経済的規模が相対的に大きいアメリカに投資することをとおして自己の延命をはかろうとしています。ＥＵの矛盾と限界は日ごとに鮮明になっています。

つぎに日本のことについてお話します。

日本は二〇〇九年、戦後六〇年以上経ってはじめて民主党が政権をとりました。日本では戦後、自民党が政権党として単独支配してきましたが、二〇〇九年、民主党が政権をとり、自民党と民主党の二大政党時代にはいったかのようにも見えます。

ところが民主党を構成する国会議員の九割は、自民党を離党して民主党をつくった人たちです。自民党時代に幹事長や首相を経験した人たちも民主党内部にはたくさんいます。つまり自民党と民主党はかぶった帽子の色がちがうだけで、本質的に何も異なっていないのです。

民主党は選挙のとき、自民党にうち勝つためこれまで自民党がおこなってきた政策とのちがいを際立たせました。

ところが、民主党は政権についた後、国民に約束した公約をつぎつぎとくつがえしています。

民主党は、これまで自民党がとっていた対米従属路線を転換し、対等なアメリカとの関係をつくると選挙で約束しました。民主党は政権をとってすぐに、沖縄の米軍基地の一部をグアムなどに移してほしいとアメリカに要求していきましたが、いまではアメリカの圧力にあってその主張を弱めています。

また自民党時代には石油の値上がりにともなってガソリン税を値上げし、苦しい財政を補っていましたが、民主党は高いガソリン税である暫定税率はなくすと約束したのです。しかし、いまでは財政難を理由に公約は無視されました。

名称は自民党と民主党というようにちがうのですが、中身は日ごとに一致してきています。

二〇一〇年七月には参議院議員選挙が予定されています。メキシコの上院選挙と考えればよいでしょう。参議院議員選挙まで民主党は、自民党とちがう政策を口では言いつづけ、実際は自民党政権と同じ政策をすすめていくのではないかと危惧されています。参議院議員選挙の終了後は、日本の政界では政党がまた分裂し、再編されることが予測されています。

アメリカのオバマ大統領も選挙にでるまえはよいことばかりを言い、大統領就任後は約束をやぶりブッシュ政権と同じか、あるいはそれ以上に悪い政治をおこなうようになりました。日本の鳩山政権もオバマ政権と同じことをおこなっています。

鳩山政権は発足当時には七〇％以上の支持率がありましたが、最近は五〇％以下にまで下がっています。

日本の人々は、鳩山政権に絶望し新しい政治を求めています。

## 青年は未来の主人公

**高校生**

尾上事務局長先生のお話を聞いて考えていました。

いろいろな作物があります。作物は麦であったり、とうもろこしであったり、稲であったりしますが、そのすべての作物には大地が必要であり、水が必要であり、太陽を必要とします。

人も同じで、人それぞれでいろいろなちがいがありますが、必要なものはいっしょです。大地が必要であり、水が必要であり、そして愛が必要です。

同じ人として、他の人に害をおよぼし、悪いことをしようとする人たちは、自分の存在自体を否定しており、破滅へとむかうのではないでしょうか。

他人を愛することを理解しなければいけないと思います。

**国際研究所事務局長**

すばらしい話だと思います。わたしは二年前にもあなたの話を聞いて感動しました。

わたしは、メキシコにはわずか一三歳の中学生でりっぱな若者がいると世界に紹介しました。メキシコのすばらしい若者の存在を知った日本と世界の青年たちは大きな感銘をうけました。

みなさんはメキシコの未来の主人公であると同時に世界の人たちをも励まし、世界を牽引《けんいん》する開拓者です。

大地やりっぱな水があってこそ木は育ちます。みなさんのお父さん、お母さん、先生、そして同志たちがりっぱであり、みなさんの成長を育んでいるのです。しかし育っていくのは自分自身です。自分が輝かしい美しい未来を見失わないようにするとともに多くの人々を愛することを忘れないで今後も努力してください。

**高校生**

学校の友だちから、人間は元来個人主義で生きる存在だと聞きました。でもわたしはそのときに、チュチェ思想を思いだして人間は社会的存在だと考えました。人間は一人では発展しません。人間の歴史のなかで社会が発展するときは、人が団結したときだと思います。いつも人間は集団性によって社会を発展させてきたのです。

なぜわたしの友人は、人間は個人主義で生きる存在だと考えるのでしょうか。それは資本主義社会がわたしたちに植えつけようとしているあやまった意識なのだと気づきました。

資本主義の支配層は、人が団結して発展すると自分たちの利益をおびやかすと考えています。そのために支配層は個人主義の意識を植えつけようとしています。そうすることによって人間は自分の利益だけを考えて、団結しなくなります。

チュチェ思想は人々をめざめさせるために大いに役立っています。長年、無理に植えつけられた人々の個人主義思想をかえるために役に立ちます。

新しい思想を知りめざめ、これまで歴史的におこなわれてきたさまざまな運動も、同じ方向で発展させていくことが必要です。

世界中でチュチェ思想研究普及活動がおこなわれていることは喜ばしいことだと思いますし、人々に希望をもたらすことです。

多くの人は、資本主義社会はかえられないものとあきらめていますが、人間の思想がかわれば社会をかえられるし、すばらしい未来がわたしたちを待っていると思います。

人間はみずからの自主性と創造性を高めなければいけないと思います。人の自主性と創造性が高くなり、めざめている人が多くなればなるほどよりよい世界の実現が可能になると思います。

## 家族的な愛と社会的愛が結合した真の愛

**国際研究所事務局長**
感動的な話です。

あなたの発言はあまりにもりっぱなために、わたしが補充することは何もありませんが、あなたと両親のことについて一言述べさせてください。

これまであなたは親に育てられた側面が多かったし、あなたにとって親は、個人的なお父さん、お母さんの側面が強かったと思います。

親は、あなたが成長するにつれて子どもであると同時に、同志としてみていくようになります。自分の個人的な子どもとしてだけではなく、社会的に生きる人間として考えていくのです。

あなたが社会のために生きるりっぱな人間に育っていくならば、両親はどんなにうれしく思うことでしょうか。

あなたが両親にならって、社会のことも考え、社会のために生きる人間へと成長していってほしいのです。

また、あなたの親は社会のために生きる誇りある幸せな道を生きていますが、同時に苦労や困難もたくさんあるでしょう。

これからは、両親の苦労をわかちあえる大人に成長していってほしいと願っています。

お父さん、お母さんの娘として育ったがゆえに、誰よりも両親を深く理解することができるのは娘であるあなた方です。家族的愛と社会的愛が結合されると、もっとも強い愛になります。どうかメキシコの未来をきり拓くお父さんの片腕になってください。

また、お会いしたいと思います。

**司会**

懇談会が始まって、すでに三時間半たちました。熱心に意見交換がおこなわれました。すばらしい懇談会だったと思います。

この場をかりて、わたしの意見を述べさせていただきます。

事務局長先生のお話を聞きながら、先生はチュチェ思想国際研究所の尊敬すべきりっぱな事務局長先生であると同時に、人間味あふれる方だと感じましたし、先生のお話に深く感動しました。

懇談会に集まった方々のさまざまな質問にたいしても、すばらしい回答をいただきありがとうございます。

今日の事務局長先生の言葉は、われわれの心に強く、深くきざまれたと思います。

参加された方々、ほんとうにありがとうございます。

すばらしい報告をしてくださったチュチェ思想国際研究所事務局長である尾上健一先生に大きな拍手をお願いします。

# 第二章　民衆主体の社会主義

# 人類史にのこる業績

―太陽節に際して訪朝した各国のチュチェ思想研究者をまえにおこなった講演―

二〇〇八年四月一五日

太陽節を祝賀するために世界各国から参加した同志と友人のみなさん。

わたしは朝鮮の友人から、訪朝したみなさんに金日成主席の偉業について話してほしいという要請をうけました。

金日成主席の偉業について十分な報告はできませんが、わたしが感じたいくつかの点についてお話します。

同志と友人のみなさん。

ピョンヤンはいま春爛漫《らんまん》の季節を迎えています。あんずやれんぎょう、つつじなどの花々が咲きほこり、街並みは美しくいろどられています。ゆきかう人々の顔も楽しそうにほころんでいます。若者には活気があり、そのまなざしは明るい未来を見つめています。

あらゆるものが躍動する朝鮮、ここには金日成主席の思想が息づいています。主席は人民の太陽です。人は太陽の恵みをうけてこそ生命をもち、人として輝き真の人生を歩むものです。

金日成主席の業績について知ることは、ただ金日成主席を回顧することにとどまるものではありません。こんにちの朝鮮の力強さ、世界の明るい前途などを深く理解するうえで、金日成主席がつみあげた業績を知ることが重要になるでしょう。

## 一、自主時代の指導思想、チュチェ思想を創始

金日成主席の業績は何よりもまず、チュチェ思想を創始したことです。

社会変革には正しい指導思想が不可欠です。人類の自主偉業は正しい指導思想によって保証されてきました。かつてマルクス・レーニン主義が指導思想として大きな力を発揮していました。

現時代の矛盾を克服し人々が真に助けあい豊かで幸せな生活をおくるために、また自主的で平和な世界を

きずくために、いま新しい指導思想が求められています。指導思想をもつことなくして人々の苦しみはいやされることはなく、世界が直面する困難に終止符をうつこともできません。二一世紀にはいって、どれほど多くの世界人民が新しい指導思想を見いだせないために、人間の尊厳をうばわれ戦争の犠牲となり苦しんできたことでしょうか。

正しい指導思想は時代とともに、人々の要求とともに発展していかなければなりません。

金日成主席はマルクス・レーニン主義がいまだ威力を発揮していた一九二〇年代において、すでにこんにちのマルクス・レーニン主義の制限性を予見してチュチェ思想を創始し、チュチェ思想にそって革命と建設を導いてきました。

チュチェ思想は、マルクス・レーニン主義だけでは生きたたかっていくことがむずかしいことが明白になった現時代において、いっそうその重要性が証明されています。

社会主義建設においても、チュチェ思想なくして考えることはできません。

社会主義制度がソ連に樹立され、社会主義の波が世界に広がり社会主義陣営を構成するようになりました。そのなかで、金日成主席は早くもチュチェ思想にもとづいて社会主義を建設してこそ社会主義を発展させ最後の勝利をみることができることを洞察しながら、チュチェの社会主義理論を解明し社会主義建設をおしすすめました。

金日成主席がチュチェ思想を創始してりっぱに適用し、多くの業績をつみあげたことによって、いま世界の進歩的人士はチュチェ思想に依拠すれば平和でともに栄え、ともに助けあう輝かしい未来を建設できるという確信をもつようになりました。

金日成主席が創始したチュチェ思想は、世界ではじめて人間があらゆるものの主人でありすべてを決定するという人間中心の世界観を明らかにしました。

人間中心の世界観は、人間が自主性をもった社会的存在であるという人間の本性に関する科学的解明によってうらづけられています。

チュチェ思想が創始されたことによって、人間は人類史上もっとも高い位置におしあげられ、かぎりなく尊厳ある、かぎりなく力ある、世界を唯一変革していく存在であることが明らかにされました。

チュチェ思想に依拠するとき、人々は人間と世界を信じすべてのものを愛し生きたたかっていくことができます。

金日成主席はチュチェ思想にもとづいて、朝鮮革命の主体的な路線と戦略戦術を明らかにしました。

金日成主席は当時、日本の植民地下にあって、もっとも過酷な状況のなかで暮らしていた朝鮮人民を信じ、自己の運命の主人は自分自身であり、自己の運命をきり拓く力も自分自身にあるという真理をあたえ、彼らを団結させ、野蛮で強大な日本帝国主義をうちやぶって朝鮮を解放に導きました。

金日成主席は、解放後のアメリカ帝国主義の侵略にたいして敢然《かんぜん》とたちむかい、一つの世代において二つの強大な帝国主義をうちやぶるという歴史的な業績をつみあげました。

これはひとえに革命の主人であることを自覚し団結した民衆は、どのような難関でものりこえ勝利しうるというチュチェ思想の真理にもとづくものであり、チュチェ思想の真理にそって民衆をめざめさせ、立ち上がらせた結果であるということができます。

チュチェ思想は、ただ理論的にその正当性が証明されているだけではなく、実際の歴史において、また最近のできごとにおいて実証されているのです。

## 二、チュチェの社会主義を建設

金日成主席の業績はまた、チュチェの社会主義を建設したことです。社会主義は長いあいだの人々の念願でした。多くの人たちがともに助けあい、人が人を支配するのではなくみな平等でともに豊かになり、平和のうちに生きていくという素朴な願いは、マルクス・レーニン主義によって科学的な土台にのるようになりました。

マルクス・レーニン主義にもとづいて社会主義制度は樹立されましたが、その後、社会主義の順調な発展を見ることができなくなったのは周知のとおりです。

しかし、社会主義が一時的な困難に直面し挫折したからといって、資本主義に人類の未来を見いだすことができるでしょうか。資本主義は一握りの搾取者が圧倒的な民衆を抑圧し、一握りの支配層のみが豊かな生活を享受《きょうじゅ》し、圧倒的多数の民衆は終生苦労がたえない社会です。

資本主義社会のなかで、民衆が一時的に豊かな生活をおくることができるかのように見えても、それは短い夢で終わってしまいます。いまアメリカをおそっているサブプライムローン問題を見ても、資本主義の行きつくさきに未来がないことは明白です。サブプライムローンでは、住宅の値上がりを喧伝《けんでん》して貧しい人たちが高額の高級住宅を買わされています。結局、彼らは支払いができなくなり、家から追いだされ借金だけがのこされています。

いま市場経済が世界をおおっています。市場では物の売り買いではなく、実際の価値から離れた金融派生商品の取引が主になっています。こうして、世界で動いているお金の大半は実際の貿易額を何倍も上まわる仮想のお金になっています。

共産党の指導に市場経済をプラスすれば社会主義にすすむという考えが一部にあります。市場経済は一握りの富裕な人をさらに富裕にすることはできますが、多くの人たちがますます貧しくなるのは必至であり、国全体が豊かになることは期待できません。

既存の社会主義国だけではなく、資本主義社会も根本的矛盾を露呈してきました。アメリカでおきているできごとは、たんに一つの国の例外的できごとではありません。イギリスでも日本でも同様のことがおきています。

現在、経済が発展している国は新興経済諸国だといわれています。しかし、新興経済諸国も、アメリカを中心とするグローバル経済の影響から自由ではありません。アメリカでおきたことはいずれ、新興経済諸国でもおこることが予想されます。

世界人民が選ぶ道はただ一つ、社会主義の道であるといえるでしょう。社会主義の道を正しくすすむためには、チュチェ思想にもとづかなければならず、朝鮮が建設している社会主義に学ぶことが不可欠です。

もちろん、朝鮮の社会主義を他の国にそのままあてはめる必要はありません。しかし、朝鮮できずかれたチュチェの社会主義は、世界のどの国にも普遍的意義をもつ、人類の未来を示す共通の手本になっているといえるでしょう。

チュチェの社会主義を建設したのは金日成主席です。金日成主席は経済を中心に社会主義を考察したのではなく、人間の本性的要求を実現する社会として民衆主体の社会主義を展望しました。

チュチェの社会主義の基本的特徴は、民衆が社会の主人となっており、社会のすべてのものが民衆によって発展する民衆主体の社会であるといえます。

こんにち、ますます発展する社会主義を確固と展望しながら、社会主義の旗を高々とかかげて、社会主義の勝利を確信してひとすじにたたかっているのは、世界でただ一国、朝鮮民主主義人民共和国だけです。

朝鮮が社会主義の光を世界にはなっています。このことは、金日成主席がきずいた偉業をぬきにしては考えることはできません。

二〇〇八年一月、新年を迎えて発表された朝鮮の三紙共同社説は、金日成主席誕生一〇〇周年を迎える二〇一二年までに、社会主義強盛国家の大門を開くことを明らかにしました。

二〇一二年に社会主義強盛国家の大門を開くと宣布したことは、ひとり朝鮮人民の決心、喜びにとどまるものではなく、世界人民の共通の願いであり、人類の歴史的世紀的念願を実現することを意味します。

## 三、革命の継承問題を解決

金日成主席の業績はまた、革命の継承問題をりっぱに解決したことです。

革命は一世代でおこし勝利することはできますが、一世代で最終的勝利に導くことはできません。これは歴史が証明している事実です。

革命は第一世代から第二世代へ、最初に革命をおこした世代の革命思想と革命業績を、つぎの世代が正しく継承し発展させていく確固たる条件がととのえられてこそ、終局的勝利を保障することができます。

多くの国で革命が勝利し社会主義制度もうちたてられました。しかし、大半の国でその革命を継承することができず、革命闘争が中断を余儀なくされ、古い社会制度に逆もどりするということも見られました。

革命の継承問題は、革命を最終的に勝利させる問題です。言いかえれば、世界の革命化に関する問題であるともいえます。

革命の継承においてもっとも重要な問題は、まえの指導者の思想と指導をつぎの指導者が継承し発展させることができるかという問題です。

朝鮮では、金日成主席の思想、理論、方法をそのままうけ継いだ金正日総書記がチュチェ革命偉業を継承する指導者として推戴《すいたい》されたことによって、人類の自主偉業の終局的勝利の確固たる担保がきずかれるようになりました。

一九九七年一〇月、金正日朝鮮労働党総書記推挙が発表されました。それは、朝鮮革命と世界人民の自主偉業を勝利へと導く新しい指導者が誕生したことを意味し、名実ともに金正日時代の幕開けを宣言するものでした。

金正日総書記の活動は金日成主席なくしてはありえず、また金日成主席の活動は金正日総書記なくして考えることができません。

金正日総書記は金日成主席の思想と指導を完全につらぬき、主席の偉業を輝かすことの一点に集中して活動をおしすすめています。

## 四、反帝自主闘争の勝利

金日成主席の業績はまた、金正日総書記が先軍政治によって反帝自主闘争を勝利に導くようにしたことです。

金正日総書記は、金日成主席の偉業を継承していきましたが、金日成主席が健在のときには経験することのなかった、新たな困難や試練に直面しました。

社会主義諸国が崩壊の危機に直面するなかで、帝国主義諸国はいつにもまして凶暴化し、帝国主義に従順でない自主的な国を武力で崩壊させることを平然とおこなうようになりました。経済的にも、市場経済、グローバリズムが世界各国をおおっていきました。

帝国主義諸国は、とりわけ朝鮮にたいしてその矛先《ほこさき》を集中し、さまざまな口実を設けて朝鮮を武力で崩壊させようと策動しました。世界では帝国主義国のあまりの横暴さに、ひざを屈する国も少なくなかったといえます。

金正日総書記は、強大な帝国主義にひざまずくことなく、先軍政治を実現することによって帝国主義と真正面から対決し、自国の生存と繁栄を保障し、現代帝国主義を自己のまえにひざまずかせるようにしました。

先軍政治は、戦争をひきおこすための政治ではなく、生存権と自主権を守り、平和を実現するための必須の新しい政治方式といえるでしょう。

金正日総書記は先軍政治をとおし対米関係を改善し、世界の平和を保障する政策もおしすすめています。

金正日総書記によっておしすすめられる反帝自主の闘争は、世界人民の闘争を鼓舞し世界の前途を明るく照らしています。

## 五、チュチェ思想国際研究所創立とその意義

最後に、チュチェ思想国際研究所創立と関連した金日成主席の業績について一言述べます。

かつて、一つの国が革命闘争と社会主義建設に勝利したとき、他国がその国のまねをしたり、国際共産主義運動において、一国が他国にしたがうことを強要するという革命の輸出があったりしました。

金日成主席は早くから、革命と建設の主人はその国の民衆であり、それぞれの国の民衆が自国の実情にそって革命と建設をおしすすめなければならないと話されました。

新しい時代を代表するチュチェ思想を学んだ世界の進歩的人士は、チュチェ思想を自国の発展のために活かそうと、チュチェ思想研究普及活動を強め、朝鮮に学ぼうとしてきました。

金日成主席は、各国の人々が自主的創造的に革命を遂行するためにはあらゆる協力をおしみませんでした。

チュチェ思想研究普及活動が世界各国で活発になってきたのは、一九七〇年前後の時期です。一九七五年春、金日成主席は、チュチェ思想はかならず燎原《りょうげん》の火となって世界に広がるであろうと教え、わたしたちを励ましてくださいました。

金日成主席は、各国の人々がチュチェ思想を自国の社会発展に役立たせるためには、政治的中央より学術的中心が重要になる、チュチェ思想を深く研究し普及すること、チュチェ思想を学び適用すること、世界各国人民の意思と力でチュチェ思想国際研究所を創立することなどについて、貴重な助言をしてくださいました。

チュチェ思想を自国で研究普及し、自国の実情にそって適用しようとする世界各国の人々の切なる願いを反映して一九七八年四月、東京でチュチェ思想国際研究所が創立されました。

チュチェ思想国際研究所創立に、世界の進歩的人民は喜びにわきたち、チュチェ思想を世界に普及する活動が強まっていきました。

しかし、一九九四年七月、チュチェ思想を創始され、朝鮮だけではなく世界の進歩的人民を励ましてきた金日成主席はおしくも革命の途上で逝去《せいきょ》されました。

さらに一九九〇年代後半、世界では帝国主義の横暴とあいまって不純分子が台頭し、世界の進歩的運動や社会主義運動に背信行為をするものも生まれました。チュチェ思想研究普及活動においても、不純分子の活動がはいりこみました。

チュチェ思想国際研究所が創立されて二〇年目にして、チュチェ思想研究普及活動は、かつて経験したことのない大きな困難に直面しました。

一九九四年七月二〇日、金日成主席の追悼大会の帰りに、金正日総書記はつぎのような話をされたということです。

〝チュチェの太陽は鼓動をとめたとしても、金日成主席は人民のなかに永遠に生きる。われわれは今後、主席が健在であったときよりも、もっと声を大きくしてチュチェ思想にそって活動していこう〟

朝鮮がきびしい時期にも、金正日総書記は主席の教えにそって、チュチェ思想研究普及活動を世界各国のチュチェ思想研究者とチュチェ思想国際研究所が主人公となって、時代の要求と各国の実情にそって積極的におしすすめるよう教え励ましつづけてくれました。

金正日総書記の教えと励ましによって、チュチェ思想国際研究所は、いまふたたび所期の目的を達成し、本来の事業体系と事業方法を確立するようになりました。それによって、チュチェ思想は世界の進歩的人民の心をいっそう深くとらえるようになり、世界中に普及されるようになってきたのです。

金日成主席の自主偉業は、すなわち金正日総書記の自主偉業であり、世界人民の共通の自主偉業なのです。

二〇〇八年は、チュチェ思想国際研究所創立三〇周年の節目の年にあたります。世界のチュチェ思想研究者は、三月二三日、ニューデリーにおいて開催されたチュチェ思想国際研究所創立三〇周年記念報告会に集い、チュチェ思想を信念としてたたかってきた三〇年間のあゆみを誇らしくふりかえりました。

四月五日には、東京においてチュチェ思想国際研究所創立三〇周年をまえに、チュチェ思想全国フォーラムが二五〇余名の参加のもと盛大に開催されました。

世界のチュチェ思想研究者は、金日成主席の誕生一〇〇周年にあたる二〇一二年までに世界のいたるところにチュチェ思想研究組織を建設していく壮大なたたかいを開始していくことを確認しました。

まさにチュチェ思想は二一世紀に輝く思想であり、人類の自主偉業を終局的勝利に導く思想です。

わたしは各国のチュチェ思想研究者とともに、人類の自主偉業の終局的勝利をたぐりよせる壮大で崇高な活動に、いっそう献身することを誓いながら報告を終えます。

# 自主偉業の継承発展

―追悼文―

二〇一二年一月一五日

二〇一一年一二月一七日、金正日総書記は、現地指導の途上にて急逝されました。

金正日総書記逝去《せいきょ》の知らせは、世界に衝撃をあたえ、わたしたちの胸に深い悲しみをもたらしています。

金正日総書記は、金日成主席がきり拓いたチュチェ偉業を継承し完遂するために、自己のすべてをささげ民衆の先頭に立って活動した指導者です。

金正日総書記は、人民の幸せを実現するために金日成主席を永遠の領袖として輝かせ、みずからは主席の一戦士として、主席の遺訓を実現するために尽力されました。

金正日総書記は、金日成主席誕生一〇〇周年を迎える二〇一二年四月にむけて、より精力的な活動を展開されていました。

一心団結の社会をきずき苦難の行軍をのりこえ、社会主義強盛国家の大門を目前にしたいま、おしくも金正日総書記の鼓動はその動きをとめました。数多く横たわった難関をのりこえ、世界人民を導いた指導者をわたしたちはあまりにも早く失ってしまいました。

わたしたちは、この悲しみをのりこえ、金正日総書記とともに歩んだチュチェの道を心にきざみ、さらに力強く自主の道を歩んでいく決意です。

金正日総書記のご逝去に深い哀悼の意を表し、総書記がつみあげた偉大な業績の一部を概括したいと思います。

## 一、金日成主席健在中の金正日総書記の活動

金正日総書記は一九四二年二月一六日、白頭山《ペクトゥサン》の密営で、金日成主席を父に、金正淑《キムジョンスク》女史を母として誕生しました。

金日成主席は、抗日革命闘士や革命家の遺児との談話「社会主義偉業の継承完成のために」（一九九二年三月一三日、九三年一月二〇日、三月三日）のなかで、自分たちはきびしく試練にみちた革命の道を歩んできたが、革命は数世代にわたって継承されなければならない、同志たちが推薦している金正日総書記は革命を継承するにふさわしいりっぱな指導者だと述べ、抗日革命闘士と革命家の遺児たちが今後金正日総書記の指導に忠実にしたがい、社会主義偉業、チュチェの革命偉業の完成をめざして力強くたたかっていくことにたいする確信を表明しています。

一九六四年六月一九日、金正日総書記は朝鮮労働党中央委員会で活動を開始しました。

一九七四年二月一三日、金正日総書記は朝鮮労働党中央委員会政治委員会委員に選出され、金日成主席の唯一の後継者として推戴《すいたい》されていきます。

金日成主席が健在中、金正日総書記は金日成主席の思想と指導を実現するために献身的に革命を導いていきました。

一九九四年四月一六日、金日成主席は「『ワシントン・タイムズ』記者団の質問にたいする回答」のなかで、つぎのように述べています。

「わが国ではすでに久しいまえから、金正日同志が党と国家、軍事の活動全般をうけもって指導しています。金正日同志のすべての思索と活動はあくまでもわたしの思想と意図を貫徹することで一貫されています。金正日同志の思想と指導はとりもなおさず、わたしの思想であり指導であります」

金正日総書記は金日成主席の思想と指導をつらぬき主席の偉業を輝かすことに集中して活動をおしすすめました。

## チュチェ思想を体系化し発展させる

社会変革には正しい指導思想が不可欠です。

革命の領袖は時代と民衆の要求にそって指導思想を創始し、民衆の前途を明るくさし示していきます。先代の領袖の革命思想を忠実に継承し発展させていくことは、領袖の後継者の重要な役割の一つです。

金日成主席は、朝鮮における革命と建設の過程でチュチェ思想を創始します。

チュチェ思想は、革命の主人は民衆であり、革命をおしすすめる力も民衆にあるという思想です。

金日成主席は一九三〇年六月三〇日、卡倫《カリュン》会議において「朝鮮革命の進路」を発表しました。

「朝鮮革命の進路」において金日成主席は「革命の主人は民衆であり、民衆が立ち上がらなければ革命の勝利は望めません。したがって運動の指導者は当然、民衆のなかにはいり、民衆をめざめさせ、民衆自身が主人となって革命を展開するようにしなければなりません」「朝鮮革命の主人は朝鮮人民であり、朝鮮革命はあくまでも朝鮮人民自身の力で、自国の実情に即して遂行しなければならないという確固とした立場と態度をもつことがもっとも重要です」と述べ、チュチェ思想にもとづいて朝鮮革命の主体的な路線と戦略戦術をうちだしていきました。

金日成主席はチュチェ思想を創始し、チュチェ思想にそって朝鮮革命を勝利に導きました。

金正日総書記はチュチェ思想を体系化し、新しい時代の要求にそって発展させました。

金日成主席は「社会主義偉業の継承完成のために」のなかで、チュチェ思想の体系化について、つぎのように述べています。

「わたしは朝鮮革命の要請と新しい自主時代の人民の志向を反映してチュチェ思想を創始し、それを指針として革命と建設を指導してきましたが、チュチェ思想の原理を総合し体系化することについては、別段考えませんでした。この問題は金正日同志によってりっぱに実現されました。金正日同志はチュチェ思想の根本原理と真髄をなす内容を深く研究したうえで、わが党の指導思想をチュチェの思想、理論、方法の全一的な体系として定義づけました。そして現代と革命発展の要請に即して新しい原理と内容でチュチェ思想をさらに豊富にし、全面的に深化発展させました。また、朝鮮人民をチュチェ思想で武装させる活動とチュチェ思想を対外的に広く宣伝、普及する活動を精力的に展開して、チュチェ思想が名実ともに民衆自身の革命思想になるように導いています。言うなれば、わたしが朝鮮人民という土壌に種をまき育ててきたチュチェ思想を金正日同志が生い茂る森にかえ、豊かな実を収穫できるようにしたといえます」

金正日総書記は、一九七四年二月一九日、全国党宣伝活動家講習会の結語において、金日成主席の革命思想をチュチェの哲学的原理にもとづく思想、理論、方法の全一的体系である金日成主義として定式化しました。

金正日総書記が金日成主席の革命思想を体系化し発展させることによって、チュチェ思想は現時代の普遍的な革命思想として位置づけられるようになりました。

金正日総書記は、一九七六年一〇月二日、「金日成主義の独創性を正しく認識するために」のなかでつぎのように述べています。

「チュチェの思想、理論、方法の全一的体系であるという金日成主義の定義は、金日成主義が内容においてチュチェ思想で一貫しており、構成において思想、理論、方法の体系をなしていることを意味します」

金正日総書記はまた、金日成主席の革命思想を忠実に継承したうえで、チュチェ思想を深化発展させていきました。

金正日総書記は、従来、物質と意識との相互関係であるとされていた哲学の根本問題を新しく人間と世界の相互関係の問題として提起しました。

金正日総書記は、人間は自主性、創造性、意識性を本性とする社会的存在であると規定し、人間の本性についてはじめて科学的解明をあたえました。

金正日総書記はさらに、人間中心の哲学的世界観を明らかにし、それにもとづいて民衆を主体とする社会歴史観、自主性を生命とする社会的存在としての人間の人生観を明らかにしていきました。

チュチェ思想は、哲学的世界観と社会歴史観、そして人生観を統一的に解明した革命思想であり、民衆が世界を変革するうえで威力ある思想といえます。

## 革命の主体に関する理論を解明

金正日総書記は、革命の主体に関する理論を解明し、民衆を革命の主人として力強く登場させています。

従来の理論では、客観的条件や情勢の分析から闘争路線、方法が導きだされる傾向がありました。

金正日総書記は、革命における決定的な要因は革命の主体が強固に形成されることであると明らかにしました。

一九八六年七月一五日「チュチェ思想教育における若干の問題について」において、金正日総書記はつぎのように述べています。

「民衆が革命の自主的な主体になるためには、党と領袖の指導のもとに一つの思想、一つの組織に結束されなければなりません。組織的思想的に統一団結した民衆であってこそ、自己の運命を自主的に、創造的にきり拓いていくことができます」

民衆は、自主的な革命思想で意識化され、革命の指導者と党のまわりに組織化され一つに団結してこそ、革命の主体として自己の運命と歴史をみずからの意思と力できり拓いていくことができます。

革命の主体は領袖、党、大衆の統一体です。

革命の主体を構成する領袖、党、大衆は同志愛と革命的義理にもとづいて結ばれていきます。

人民の領袖は民衆の要求と力を集中的に体現する存在です。

領袖と民衆は、革命の主体として一つの有機体、社会政治的生命体として結合されています。

領袖と民衆は、革命の主体、社会の共同の主人としてともに同じ地位を占めるとともに、領袖は革命の主体、社会政治的生命体において脳髄としてもっとも重要な役割を果たします。領袖はつねに民衆のなかにはいり、民衆に学び、民衆の要求をひきだし、民衆がみずからの力で革命をおしすすめるようにします。

民衆は領袖のなかに自己の要求と力を見いだし、領袖のもとにかたく団結してたたかうことによりかぎりない力を発揮するようになります。

金正日総書記の献身的な活動によって、朝鮮には金日成主席を中心とする強固な革命の主体、社会政治的生命体が形成されるようになりました。

## 反帝自主の旗じるし

金正日総書記は現代帝国主義の滅亡の不可避性を明らかにし、世界人民に自主性のためのたたかいの正当性と勝利の展望をさし示しています。

一九八七年九月二五日「反帝闘争の旗をさらに高くかかげ、社会主義共産主義の道を力強く前進しよう」において、金正日総書記はつぎのように述べています。

「現代はけっして帝国主義に有利な時代ではなく、帝国主義の滅亡が近づいており、世界各国の人民が社会主義の道、自主の道を力強く前進している歴史的な転換の時代です。

現代は世界の革命的人民が滅亡に瀕して狂奔《きょうほん》する帝国主義を決定的にうちやぶり、自主的な新しい世界を創造するたたかいにこぞって立ち上がることを要請しています。帝国主義に反対し、自主性を擁護することは、こんにち、世界の革命的人民に提起されている共同の闘争課題です」

現代帝国主義は国家独占資本主義、アメリカを中心とする帝国主義の従属的同盟関係、新植民地主義の三つをもって世界を支配してきました。

こんにち、現代帝国主義が約半世紀にわたってとりつづけてきた支配方式は破綻《はたん》し歴史的危機に直面しています。二一世紀にはいり、超大国はみずからひきおこした侵略戦争によって没落を早めており、ヨーロッパ、日本などの帝国主義も出口のない経済危機におちいっています。歴史的危機に直面した帝国主義は、各国にたいする露骨な干渉と戦争策動を強め、自主平和勢力との対立が激化しています。

金正日総書記は「反帝闘争の旗をさらに高くかかげ、社会主義共産主義の道を力強く前進しよう」において「反帝自主勢力は、帝国主義勢力とはくらべものにならないほど大きな力をもっています。要は、反帝自主勢力がいかに団結してたたかうかにあります」と述べ、世界の反帝自主勢力が団結してたたかうことにより帝国主義は滅亡することを明らかにしています。

## 二、金日成主席逝去後の金正日総書記の活動

一九八七年一月、金日成主席は会見の席上において「後生可畏」という孔子の教えを例にだしながら、いまの世代よりも新しい世代はもっとすばらしいと述べました。金日成主席は「後生可畏」の逸話をとおして、チュチェ偉業をりっぱに継承している金正日総書記への期待と信頼をこめたといえます。

金日成主席の言葉どおり金正日総書記は、金日成主席逝去後の三年間の活動をとおして、チュチェ偉業の継承者としてのすぐれた資質を明確に示しました。とりわけ主席が逝去した後、金日成主席が健在であったときとかわらず高い至誠と真心をもって活動する総書記の姿は人民の胸に深くきざまれました。

### 金日成主席は永生する

金正日総書記は、金日成主席が永生するために最大限の力をそそぎました。

金正日総書記は一九九四年一〇月一六日、金日成主席逝去一〇〇日中央追悼会のおり、つぎのように述べています。

「推戴事業は金日成主席を生前の姿そのままに永遠にいただく事業をおこなった後にしなければなりません。

主席の霊柩のまえで人民が嗚咽《おえつ》し、その悲憤がまだ胸のなかにそのままのこっているのに、党と国家の指導機関を新しく選挙し、万歳を叫ぶことは戦士の道理にあいません」

金正日総書記は金日成主席の思想と遺訓が朝鮮人民の心に深くのこるようにしていきました。

金正日総書記は一九九四年七月二〇日、追悼大会後の談話において「チュチェの太陽は鼓動をとめたとしても、金日成主席は人民のなかに永遠に生きる。われわれは今後、チュチェ思想の継承者としての高い自覚と誇りをもって、主席が健在であったときよりももっと声を大きくして、チュチェ思想にもとづく活動をおこなっていこう」と述べ、金日成主席はいまもかわらず人民のなかにいることを示しました。

さらに、金正日総書記はチュチェ思想の新たな発展が主席の思想と異なるとか、チュチェ思想が二つあるとかというような誤解をあたえてはならない、チュチェ思想は一つの思想であり、われわれはチュチェ思想をあくまでも継承し発展させていかなければならないと述べ、まっすぐにチュチェの道をすすんでいくことを明らかにしました。

金正日総書記は、金日成主席を永遠の領袖として輝かせ、金日成主席の逝去という民族最大の悲しみを大きな力へと転換していきました。

## 錦繡山記念宮殿の建設

金正日総書記が、金日成主席の永生のために最初におこなったことは、主席を生前の姿そのままに安置することでした。

金正日総書記は、金日成主席が二〇年間執務していた錦繡山《クムスサン》議事堂を錦繡山記念宮殿（現在の錦繡山太陽宮殿）として建設しました。

## 太陽節の制定

金日成主席が人民のなかに永生する事業はまた、チュチェ年号、太陽節を制定する事業としてすすめられました。

一九九七年七月八日、朝鮮労働党中央委員会、朝鮮労働党中央軍事委員会、朝鮮民主主義人民共和国国防委員会、朝鮮民主主義人民共和国中央人民委員会、朝鮮民主主義人民共和国政務院の共同決定書である「金日成同志の革命的生涯と不滅の業績を末永く輝かせるために」が発表されます。

共同決定書では、金日成主席が誕生した一九一二年を元年とするチュチェ年号が制定されています。

また、金日成主席の誕生を祝賀し、民衆の自主偉業にすべてをささげた主席の尊い生涯と業績をとわに輝かすために四月一五日を太陽節とすることを宣言しました。

## 主席の呼称

一九九八年九月五日、国家主席の呼称は永遠に金日成主席だけにもちいるという朝鮮民主主義人民共和国社会主義憲法が修正補足されました。憲法の序文には、「朝鮮民主主義人民共和国と朝鮮人民は朝鮮労働党の指導のもとに、金日成同志を共和国の永遠なる主席としてあおぎ、金日成同志の思想と業績を擁護固守し、継承発展させて、チュチェの革命偉業をあくまで完成していくであろう」と明記されています。

金正日総書記は、金日成主席は全人民の支持によって推戴された共和国の初代主席であり、主席という言葉は、金日成主席の名ときり離しては考えられないものとして全人民の胸にきざまれている、それは世界人民にとっても同様ですと述べています。

金正日総書記は、主席を慕う朝鮮人民の思いを自身の思いとして、朝鮮の歴史にただ一人の主席、最初にして永久にかわらぬ主席として高くいただこうとしました。

## 自主権を守り平和を実現する先軍政治

金日成主席逝去後、朝鮮では予想もしなかった問題に直面しました。

四年つづきの自然災害が朝鮮にもたらした被害は甚大でした。

また金日成主席逝去後、ソ連、東欧で社会主義が崩壊したことによる経済的影響が大きくおよぶようになりました。

さらに冷戦体制崩壊後、超大国が世界で一極支配を強めるために露骨な武力攻撃を始めた時期でした。とりわけ朝鮮にたいして攻撃の矛先を集中させ、さまざまな口実を設けては朝鮮を武力で崩壊させようと策動しました。世界では、帝国主義に幻想をいだき、みずから武装解除することによって政権の崩壊をまねいた国もありました。

金正日総書記は、主席の抗日革命闘争を継承発展させ先軍政治を開始しました。

金正日総書記による先軍政治は、民衆のために、民衆が幸せに暮らせる社会をきずくための政治です。

金正日総書記は、「主席が生前、国が栄えて楽ができるようになったと言われていました。新年からはわが人民の幸せの笑いの花をいっそう満開にしなければなりません」と先軍政治の目的を明らかにしています。

金正日総書記は、人民が生きがいをもって幸せに暮らすために先軍政治があることを世界に示しました。

人民軍は総書記の呼びかけにこたえ、人民のために服務する高い熱意をもって、電力生産、食糧生産、鉄道輸送をはじめ社会主義建設のもっとも困難で重要な部門をうけもちました。

先軍政治はまた、自国の自主権と生存権を守り恒久平和を実現するための政治であるといえます。

超大国の戦争策動が頂点に達した二〇〇六年一〇月九日、朝鮮は核実験を成功させます。

朝鮮の核実験をさかいに超大国は、圧殺から対話へと対朝鮮政策を変更するようになりました。

先軍政治は、超大国が投じた戦争の火種をうちけし、北東アジアの平和を主導し、世界の核廃絶の動きを加速させていきました。

## 社会主義と祖国を擁護

一九九四年一一月一日、金正日総書記は、朝鮮労働党中央委員会機関紙『労働新聞』に「社会主義は科学である」という歴史的な著作を発表しました。

金日成主席逝去後に発表された論文が、「社会主義は科学である」ということに大きな意味があります。

金正日総書記は、朝鮮人民のみならず社会主義を志向する世界人民に社会主義への確信をあたえ、その闘争を力強く導いています。

金正日総書記は一部の国で社会主義が挫折した根本原因を明らかにし、社会主義を再建する展望と方途をさし示して、つぎのように述べています。

「社会主義は科学である。いくつかの国で社会主義が挫折したが、科学としての社会主義は、依然として人民の心のなかに生きている。いくつかの国で社会主義が崩壊したのは、科学としての社会主義の失敗ではなく、社会主義を変質させた日和見主義の破綻《はたん》を意味する。社会主義は、日和見主義によって一時的な胸の痛む曲折を経ているが、その科学性、真理性によってかならず再生し、終局的勝利をなしとげるであろう」

金正日総書記は社会主義の理念について、つぎのように明らかにしました。

「社会主義は自主性をめざしてたたかう民衆の理念であり、革命的旗じるしである。民衆の自主性は社会主義共産主義によって実現する」

従来は社会主義社会を、自由と平等が完全に実現された社会としてとらえていました。

金正日総書記は社会主義社会について、民衆が国家と社会の主人として同志的にかたく結合し、自主的で創造的な生活を営む社会であると解明しました。

社会主義社会は、人間の自主性が擁護され、民衆があらゆるものの主人となり、国家機関と社会のあらゆる分野が民衆に奉仕する社会です。また、すべての人が信頼と愛情で結ばれ、たがいに助けあいながらともに発展する社会ということができます。

金正日総書記によってはじめて、人間の本性と関連して社会主義の理念が解明されました。

二一世紀をまえにしてソ連、東欧の社会主義は崩壊し、一部の社会主義国では市場経済を導入していきました。世界人民が社会主義の前途に不安をもちだした時代に、金正日総書記は資本主義から社会主義への移行の必然性を解明し、社会主義社会を実現するための確かな道しるべをあたえました。

## 社会主義強盛国家の建設にむけて

朝鮮にチュチェの社会主義を建設したのは金日成主席です。

金正日総書記はさらに朝鮮社会主義を固守するだけでなく、政治、経済、軍事のすべての分野でより発展した社会主義強盛国家への道を歩むようにしました。

朝鮮労働党中央委員会責任幹部との談話「今年を強盛国家建設の偉大な転換の年にしよう」（一九九九年一

月一日）のなかで、金正日総書記は社会主義強盛国家について言及しました。

「われわれがいう強盛国家は社会主義強盛国家です。国力が強くすべてが興隆し、人民が満ちたりた生活を営む国が社会主義強盛国家です」

「わが国、わが祖国に一日もはやく社会主義強盛国家を建設して、いかなる敵も侵害できなくし、全人民が何の心配もなく幸せに暮らせるようにするというのがわたしの構想であり、確固たる決心です」

二〇〇八年一月、朝鮮では『労働新聞』『朝鮮人民軍』『青年前衛』の三紙共同社説「共和国創建六〇周年を迎える今年を祖国の歴史にきざまれる歴史的な転換の年として輝かそう」が発表されました。

この共同社説は、金日成主席誕生一〇〇周年を迎える二〇一二年までにチュチェの社会主義強盛国家の大門を開くことを内外に宣布したものです。社会主義強盛国家の内容は、国力が強くあらゆるものが栄え民衆が裕福に暮らす経済的にも豊かな社会です。経済的には先進国の平均的な水準を目標としています。二〇一二年に社会主義強盛国家の大門を開くと宣布したことは、ひとり朝鮮人民の決心、喜びにとどまるものではなく社会主義をめざす世界人民の共通の願いであり、人類の歴史的世紀的念願を実現することを意味します。

## 三、チュチェ偉業を継承し完遂するための活動

民衆の自主性を実現する革命は長期にわたってつづけられます。

革命は古い社会制度をなくし新しい社会制度樹立後も、人間の自主性を完全に実現するまでつづけてこそ完遂することができます。

また、帝国主義が存在するかぎり、民衆にたいする搾取と侵略戦争はつづき民衆の自主性はふみにじられます。

革命は、民衆の自主性を実現することが目的であり、民衆の自主性が完全に実現されるまでおこなわれなければなりません。

それゆえ民衆の自主性を完全に実現するまで、領袖の思想と指導は継承されなければなりません。

革命の継承とは、先代の領袖の思想と指導を正しく継承し遂行していくことを意味します。

革命を継承する問題は金日成主席によってはじめて明らかにされました。

「革命の代をどのようにひき継ぐのか、ということは社会主義の運命を左右する重要な問題です。民衆の自主偉業、社会主義偉業は幾世代にもわたって遂行される長期的な偉業です」

チュチェ偉業を完遂するためには、革命の領袖の後継者問題を解決することが不可欠です。

## チュチェ偉業完遂のための確固たる保証

金正日総書記は金日成主席の思想と遺訓をかたときも忘れず、人民の闘争を導いてきました。

金正日総書記は、自身がチュチェ偉業を継承したように次世代の継承問題をりっぱに解決し革命の前途をゆるぎないものとしました。

二〇一〇年九月二八日、朝鮮労働党は創立六五周年を迎えるに際し朝鮮労働党代表者会を開催しました。代表者会では、まず金日成主席を永遠の領袖として規定しました。

つぎに金正日総書記を再推戴し、総書記を中心とする唯一指導体系の堅持を宣布しました。

さらに、金正恩大将が朝鮮労働党中央軍事委員会副委員長に就任しました。

この三つの重要な決定は統一的に関連しており、チュチェ偉業をかわることなく継承し、最後まで完遂していくという決心、たしかな担保、現実的道すじを明らかにしたものといえます。

## 主体性と民族性を堅持し祖国の統一へ

金正日総書記は一九九七年六月一九日、「革命と建設において主体性と民族性を固守するために」を発表しました。

金正日総書記は、つぎのように述べています。

「革命闘争と建設事業において主体性を堅持するということは、自国、自民族の運命と民衆の運命を民衆自身が主人となって自主的に、創造的にきり拓いていくということであり、民族性を活かすということは自民族固有のすぐれた特性を保存し発展させ、それを社会生活の各分野に具現していくということである」

金正日総書記は朝鮮統一において民族としての立場を優先すべきであると明示しています。

金正日総書記は、朝鮮の統一問題はあくまでも民族の共通の利益にたって、朝鮮人民自身の意思と力によって解決していく立場をさし示しました。

二〇〇〇年六月一五日、歴史的な南北首脳会談が開催され、その後発表された南北共同宣言は、南北朝鮮人民がたがいに力をあわせて統一問題を自主的に解決することをうちだしています。二〇〇七年一〇月四日には、二回目の南北首脳会談が開催され、六・一五南北共同宣言を履行するための宣言が発表されました。六・一五南北共同宣言、一〇・四宣言は、民族の自主性、民族の団結をかかげて全朝鮮人民が平和的統一にむかって前進する道をはっきりと示したものです。

## 各国が自主化し世界が自主化する道を明示

現代は、広範な民衆が国の主人公として登場し、自主的創造的に歴史を開拓する自主時代です。二〇〇八年九月五日、「朝鮮民主主義人民共和国は不敗の威力をもつチュチェの社会主義国家である」が発表されました。

金正日総書記はつぎのように述べています。

「われわれは自主性を志向するすべての国、すべての進歩的な人民との親善、団結を強化し、帝国主義侵略勢力の戦争政策と支配主義的策動を粉砕して平和を守り、世界の自主化を実現するために積極的にたたかわなければなりません」

金正日総書記は、金日成主席が提起した理論を発展させ、各国が自国を自主化することを基本にして世界を自主化するという、世界人民の新たな進路を示しました。

自国を自主化するためには、まず国内を自主化することが重要です。国内を自主化するということは、広範な階層や集団の自主性を擁護し民衆が主人となる社会を実現するということです。

自国を自主化するためには、つぎに対外関係を自主化しなければなりません。

対外関係を自主化するということは、自国の自主性を堅持していかなる国にも従属せず、またいかなる国をも支配せず、他国と他民族の自主性を尊重することです。

各国が自主化し、いかなる国も大国に追随せず自主性を堅持するならば、世界は自主化され世界の恒久平和を実現することができます。

## チュチェ思想国際研究所の発展のために

こんにち、世界各国ではチュチェ思想に学び、自国を自主化し自主の流れを加速させようとする人民のたたかいが強まっています。

世界人民の要求を反映して、一九七八年四月九日、東京にチュチェ思想国際研究所が創立されました。

金日成主席は日本のチュチェ思想研究学術代表団に会見し、チュチェ思想国際研究所の果たすべき役割について、つぎのように述べました。

「いま、世界の人たちがチュチェ思想を要求しています。世界人民は自主的にすすまなければならず、自主性にもとづいて団結しなければなりません。わたしたちは彼らが革命と建設をりっぱにおこなうことのできる思想的基礎をあたえる必要があります。そのためにチュチェ思想に関する国際研究組織をつくることが重要です」

「革命は輸出することも輸入することもできず、またそうしてはいけません。外国の経験をうのみにしてはいけません。しかし、世界の多くの国々は、自国が自主的にすすむことのできる思想的基礎を要求しています。わたしたちはこうした要求にこたえなければなりません」

金日成主席はチュチェ思想国際研究所が学術研究組織としての性格をつらぬくことの重要性について話をしました。

チュチェ思想国際研究所は政治組織ではなく学術研究組織であることに重要な意義があります。

世界には国家的に指導思想を規定している国があります。しかし、どのような指導思想をかかげている国であっても、学術研究活動としてチュチェ思想を研究し普及することは可能です。また、チュチェ思想を深く研究することによって、自国の変革と発展に貢献することができるようになります。チュチェ思想国際研究所は自主的な組織です。各国のチュチェ思想研究普及活動が自主的創造的におこなわれるためには、チュチェ思想国際研究所を中心とした活動体系が確立され、国際研究所と密接に連携しつつ活動することが求められます。

金正日総書記はチュチェ思想国際研究所の活動について、チュチェ思想は朝鮮で創始され実現されてきた思想であるが、チュチェ思想研究普及活動は各国の人民がみずからの利益と要求にもとづいて各国の実情に応じておこなうものであり、朝鮮の記念日にあわせて集まりをもつ必要はないと述べています。チュチェ思想研究普及活動は各国の実情にそって、各国人民にうけいれられるようにおしすすめることが重要です。

世界各国のチュチェ思想研究普及活動は、金正日総書記のあたたかい配慮によって活発におこなわれるようになりました。未来を明るくさし示す指導者と同じ時代に生き、ともに歴史をきり拓いていくことは、世界のチュチェ思想研究者の誇りであり大きな喜びです。

これまで日本と世界でチュチェ思想研究普及活動に青春と半生を投じた多くのチュチェ思想研究者がいます。世界各国のチュチェ思想研究者たちはチュチェの同志としてかたく結ばれ、ともに自主の道をきり拓いてきました。

金正日総書記を亡くした悲しみは消えることはありませんが、いま金正恩同志が自主偉業の継承者としてたたかいの先頭に立たれています。

わたしたちは来る時代を金日成主席と金正日総書記の教えを深く胸にきざみながら、新しい時代の指導者である朝鮮労働党中央軍事委員会副委員長金正恩同志とともにチュチェの道を力強く歩みつづけるでしょう。

日本と世界のチュチェ思想研究者は、チュチェ偉業の導き手である金正日総書記に感謝をささげながら、総書記のご冥福をお祈りするものです。

# 一心団結した国

—金正日総書記生誕七〇周年記念アジアセミナーにおくった書簡—

二〇一二年二月八日

金正日総書記生誕七〇周年を記念するアジア地域セミナーに参加した同志と友人のみなさん。

わたしは、この意義深いセミナーに参加したみなさんに心からの連帯を表明しながら、二〇一一年一二月二七日から二九日にかけて、朝鮮を訪問した報告をおくります。

## 主席の思想と指導を継いだ総書記

二〇一一年一二月一七日、金日成主席にもっとも忠実であった金正日総書記が現地指導の途上で急逝されました。

朝鮮の国家葬儀委員会が外国の弔意代表団はうけいれないと発表していたにもかかわらず、特例的に実現した訪朝は、世界のチュチェ思想研究者にたいする金正恩同志の配慮によるものです。

わたしたちが到着した翌日、一二月二八日に金正日総書記の永訣式がおこなわれました。

永訣式は朝鮮人民とピョンヤンに滞在する各国の大使や大使館の関係者だけが参列しておこなわれました。

わたしたちは永訣式に参加するため、錦繍山《クムスサン》記念宮殿（現在、錦繍山太陽宮殿）にむかいました。

葬送曲が流れるなか、金正日総書記を葬送する隊列は粛然《しゅくぜん》とすすみ、わたしたちの眼前にさしかかりました。

わたしたちは葬送の先頭を歩む金正恩同志の荘厳な姿に息をのみ見つめました。

金正恩同志は総書記の車に左手をそえて右手は人民に敬礼しながら歩んでいました。金正恩同志の姿は、父なる指導者金正日総書記をいたわり守ろうとする思いにあふれるものでした。

わたしたちの胸にはいまも金日成主席を亡くしたときの悲しい思いがのこっています。主席が亡くなったとき朝鮮人民も世界人民もたくさんの涙を流しました。その涙もまだ十分にかわいていないというのに、わたしたちは金正日総書記を失ってしまいました。

金正日総書記の歩んだ直近の一七年間は、金日成主席の遺訓を貫徹するために、人民の幸福のためにすべてを投じた年月であり、自身のためには一日たりとて足をのばして休むことのない苛烈《かれつ》な闘争の日々だったといえます。

帝国主義が包囲し、多くの国が社会主義の変節を余儀なくされるなかで、ただひとり朝鮮だけがチュチェの社会主義を輝かせてきたことも、朝鮮統一のための闘争を前進させ、世界の自主化のためのたたかいをおしすすめてきたことも、金正日総書記が人民のために夜を日についでたたかったがゆえにもたらされました。

金日成主席亡き後、なげき悲しむ人民を励まし、人類史上はじめて社会主義強盛国家の大門を人民自身の手で開くように導いたのは、主席の心をみずからの心とする金正日総書記です。

金正日総書記の金日成主席にたいする至誠と人民にたいする愛の歴史をたどるとき、苦労の道を歩まれた総書記への思いはつのるばかりです。

二〇一〇年秋に訪朝したおり、金正日総書記は歩くとき支えを必要としているように見えました。もともと丈夫ではない身体で、休養をとる時間もなく活動する金正日総書記の体調は万全ではなかったでしょう。

しかし、金正日総書記は健康をとりもどしたかのように精力的な活動を展開していました。中国やロシアを何度も訪問しましたし、毎日のように現地指導をおこなっていました。

金正日総書記は亡くなる前日の一二月一六日も夜遅くまで仕事をし、人民が正月を祝う準備をりっぱにととのえるようメンタイなどの魚を十分に供給する指示をくだしたということです。

しかし、金正日総書記は人民が魚をうけとり喜ぶ姿を見ることなく現地指導にむかう列車のなかで急逝されました。

## 哀悼期間における人民への配慮

正月用の魚を人民に届けようとする金正日総書記の指示をただちに実行したのは金正恩同志です。

金正恩同志は誰よりも深い悲嘆のなかで、何よりも金正日総書記の遺訓を遂行しなければならないと述べ、人民の正月の準備に心をくだきました。

朝鮮では親しい人や肉親が亡くなると昼も夜も、また何日も亡くなった人のそばにつきそう風習があります。

金正日総書記逝去《せいきょ》後、朝鮮全土に多くの弔儀場が設けられました。

朝鮮の冬は非常にきびしく、ピョンヤンでも日中の気温が零下三度、夜中は零下一〇度にまで下がりました。

朝鮮人民は雪の降りつづく酷寒のなかで、昼となく夜となく弔儀場を訪れ金正日総書記をとむらって涙にくれていました。

金正恩同志は、金正日総書記が誰よりも人民を深く愛したことを知るがゆえに、凍える人民を見れば総書記が悲しむだろうと胸を痛めます。そして、せめて弔儀場を訪問するときには帽子も手袋も身につけるように、幹部はあつい湯をわかしてふるまってほしい、お湯だけではなく砂糖や蜂蜜をいれてほしいと頼みます。さらに食べ物も準備し、泊まる人のために仮設の休憩所をつくり、弔儀場に医療班も配置してほしいと話します。

金正恩同志は人民を心配し、朝鮮人民は金正日総書記に心からの礼をつくす、領袖と人民のあいだに流れるあつい思いにわたしたちは強く胸をうたれました。

## 指導者と人民のゆるぎない一心団結

永訣式にむかうときに目にした光景は、金正日総書記がどれほど朝鮮人民から慕われ愛されていたかをものがたるものでした。

一二月二八日は朝から雪が深々と降りつづいていました。

あたりは真っ白に雪が降りつもっているにもかかわらず、錦繍山記念宮殿にむかう道に雪はありませんでした。

金正日総書記の霊柩を待つ朝鮮人民は誰からということもなく、女性たちはスカーフやマフラーをとって、総書記が通る道に敷きつめています。

おばあさんたちはマフラーを広げ、雪がたまると道路のわきにもっていっては捨てています。男性はジャンパーや上着を脱いでいます。そのなかには金日成総合大学の学生たちもいました。若い人たちはほうきをもって、ときには素手で雪をのけていました。

朝鮮人民は金正日総書記がとおる道を雪のないきれいな道にしておきたいと、われさきに雪をとりのぞいていたのです。

金正日総書記がとおる錦繍山記念宮殿につづく永訣の道は、朝鮮人民の総書記への真心がつくりあげたということができます。

金正日総書記を葬送する隊列は錦繍山記念宮殿を午後二時に出発し、約四〇キロの道を三時間かけて行進しながら朝鮮人民に別れを告げました。

深い悲しみのなかにありながら、あたたかな真心でつつまれた国、領袖と人民が一つの心で結ばれた朝鮮の姿をどのように表現すればよいのでしょうか。

朝鮮人民にとって金正日総書記を失うということは、最愛の家族を失ったのも同じです。親が子を、子が親を亡くしたに等しい悲しくつらいできごとです。

あまりにも大きすぎる悲しみのために、朝鮮全土は人民の涙でおおわれていたのです。

わたしは朝鮮人民の統一と団結とはどのようなものかを、今回の訪朝でより強く実感することができました。

統一団結は、反動や敵にたいしてたたかうときにスクラムを組むというようなイメージが一般的です。

朝鮮人民の統一と団結とは、全国家が一つの大きな家庭になっているということです。全朝鮮人民があたたかな血のつながった一つの大家族になっているのです。

## 金正恩同志の指導のもとに前進する朝鮮人民

金正日総書記を亡くした悲しみはたとえようもなく大きいものです。

金正日総書記の永訣式の後、金正恩同志を中心とする朝鮮の新しい指導体制が明らかになりました。

しかし、朝鮮は何一つかわっていません。金正日総書記は逝去されましたが、金正恩同志を中心にかたく団結するという万全の体制がすでにできあがっています。

朝鮮人民のなかで、金正恩同志の若さや実績について話題になることはまったくありません。

金日成主席はわずか一二歳で革命の道にたち、多くの苦労をともないながらも約七〇年間、人民のためにすべてをささげるひとすじ道を歩いてきました。

金日成主席の生涯は、朝鮮人民とともに歩んだ勝利と栄光の道であったといえます。

金正日総書記は一九九七年に最高指導者として公表されますが、すでに青年のころより金日成主席を補佐してりっぱに活動していました。金日成主席や金正日総書記の歩いた道のりを考えるならば、今後、国の未来をきり拓くうえで、若いということが問題になると考える必要はないでしょう。

革命において領袖が果たす役割は決定的に重要です。領袖は何よりも人民の統一と団結の中心です。たとえていえば、領袖は家庭における父や母のような存在です。子どもは父や母がいるから安心して家に帰ることができ、つらいことがあったとしても前進していくことができます。

社会政治的な統一と団結の中心には領袖がいます。もし、領袖をもたない集団や国があればそれは親を失った子どもだけの家庭と同じです。

金日成主席は一生を人民のために生きました。

朝鮮人民も金日成主席を信頼し、慈愛深い父である主席を愛しました。

金日成主席の名前が示しているように、主席は誰をも照らしだす人民の太陽です。人は太陽がなければ生きていくことはできません。

金正日総書記は、金日成主席と同じように人民を愛し、人民のために生きた指導者です。

チュチェ偉業とは、人民の自主性を実現するための偉業です。

朝鮮人民は、自分たちのために休むことなく指導してきた金正日総書記のたたかいをよく理解しています。

いま、朝鮮人民は金正恩同志という新しい領袖をいただいて勇気をだして前進しています。

わたしは、金正恩同志は朝鮮人民の若き領袖であると強く確信しました。

## チュチェ偉業の完遂までともにたたかう

金正日総書記は金日成主席逝去後の三年間、喪《も》に服しました。服喪期間、金正日総書記は公式的な会議を開かず、自身は最高指導者の職責につかないまま、金日成主席の一戦士として遺訓を遂行していく姿勢をつらぬきました。

金正恩同志は一二月二八日の金正日総書記の永訣式の後、二九日には中央追悼大会、三〇日には党中央委員会政治局会議をおこないました。三〇日の党中央委員会政治局会議で金正恩同志は、二〇一一年一〇月八日の金正日総書記の遺訓にもとづいて、朝鮮人民軍最高司令官に就任しました。

二〇一二年一月一日、金正恩同志は錦繡山記念宮殿を訪ねて金日成主席と金正日総書記に挨拶した後、朝鮮人民軍第一〇五戦車師団を訪問しました。

金正恩同志は、金正日総書記を失った後も悲嘆の心をおさえながら、二〇一二年のたたかいを総書記と同じように先軍政治から開始したのです。先軍政治は、軍を先立たせて革命と建設をおこなっていくことを意味します。先軍政治は、金日成主席の抗日革命闘争に始原をおいています。

抗日革命闘争は、日本帝国主義の軍靴に踏みにじられている祖国と人民をとりもどすための闘争でした。金日成主席は朝鮮が帝国主義者の強大な軍事力に支配されているときに志をともにする青年たちで小規模の軍事力を組織しました。金日成主席は戦闘をとおして武器を獲得したり、自力で武器を製造したりしながら武装隊伍をととのえていきます。この小さな軍事力が先軍政治の始まりです。

金正日総書記は先軍政治の威力を決定的に強め、帝国主義の侵略策動を排撃し朝鮮の自主権を確固と保証しました。

いま金正恩同志が先軍政治の陣頭に立ち、チュチェ偉業の完遂にむけて力強く歩み始めたといえます。

金正日総書記を亡くした悲しみは消えることはありませんが、この悲しみを未来をきり拓く大きな勇気と力にかえながら、世界のチュチェ思想研究者は金正恩同志に学び、ともにチュチェ偉業の道をまっすぐにすすんでいくことでしょう。

# 輝かしい二〇一二年

――大阪の新年会における報告――

二〇一三年一月五日

二〇一二年は金正恩第一書記が名実ともに朝鮮人民の最高指導者に推戴《すいたい》され、金日成・金正日主義の旗が高くかかげられた歴史的な年となりました。

金正恩第一書記は金正日総書記を失った悲しみを力にかえて、人民に深く依拠し、人民の偉大な力をもって社会主義強盛国家建設を前進させていきました。

金正日総書記そのままの思想と指導をわたしたちは胸をあつくして学び、チュチェ思想研究普及活動をおしすすめ多くの人たちと強い絆を結んできました。

チュチェ思想研究者は二〇一二年の活動を誇り高くふりかえりながら、新しい年の活動を大きく発展させる意欲に満ちています。

## 一、金日成・金正日主義の旗を高くかかげて

二〇一二年一月、チュチェ革命偉業の新しい指導者金正恩第一書記の誕生日を記念して、「チュチェ思想と世界の自主化に関するセミナー」が沖縄で開催されました。

セミナーはチュチェ思想研究全国連絡会とチュチェ思想国際研究所が共催し、全国各地のチュチェ思想研究者と沖縄の大学教授、議員、労働組合代表など各界人士一二〇余名が参加して盛大に開催されました。

セミナーでは、チュチェ思想研究全国連絡会会長、在日本朝鮮社会科学者協会会長が報告をおこない、会場からは沖縄の国立大学教授や女性活動家などの積極的な発言があいつぎました。

セミナーは日本のなかでもっとも政治的に緊張する沖縄において、チュチェ思想を研究普及する人士が各

界各層におよび積極的に活動していることを示し、集会参加者に励ましをあたえました。

同時に、全国のチュチェ思想研究者が団結して自主時代の指導思想について研究普及することの重要性を胸にきざむ集まりとなりました。

集会後、「金正恩最高司令官生誕祝賀パーティー」が市街を一望できるホテルの最上階でおこなわれました。パーティーでは、国会議員からの祝賀メッセージをはじめ、沖縄の著名人士がチュチェ革命偉業の新しい指導者にたいする心こもる祝賀の挨拶をつぎつぎに述べていきました。

パーティーでは八重山《やえやま》舞踊、アイヌの伝統舞踊、日本舞踊の芸能が披露され、なごやかな祝賀の雰囲気が会場に満ちていきました。

二月には、大阪で「チュチェ思想と日朝関係正常化のためのシンポジウム」とパーティーが一五〇余名の参加者を集めて開催されました。

シンポジウムは、金正日総書記誕生七〇周年を記念して開催されたものでした。

その後、金正日総書記誕生七〇周年を記念してチュチェ思想国際研究所事務局長一行とキムジョンイル著作研究会代表団が訪朝しました。

四月、歴史的な「チュチェ思想世界大会」がピョンヤンで開催されました。

「チュチェ思想世界大会」には、金日成主席生誕一〇〇周年を祝賀してチュチェ思想国際研究所理事長、アジア、アフリカ、ラテンアメリカ、ヨーロッパのチュチェ思想地域研究所の理事長、書記長をはじめ世界六〇か国のチュチェ思想研究組織代表が参加しました。

日本からは、チュチェ思想研究全国連絡会、キムイルソン主義研究会、キムジョンイル著作研究会、チュチェ思想国際研究所事務局の代表団、総勢一八名が参加しました。

金日成主席生誕一〇〇周年を迎えた四月一五日、金正恩第一書記が朝鮮人民の最高指導者として世界人民のまえではじめて演説をおこないました。

演説のなかで金正恩第一書記は、金正日総書記を革命の永遠の領袖に、朝鮮労働党の永遠の総書記に、共和国の永遠の国防委員会委員長に推戴したことを述べ、金日成・金正日主義の旗じるしを高くかかげチュチェ革命偉業を最後まで継承し完成させるかたい意思を表明しました。

チュチェ思想世界大会参加者は高い熱意をもって帰国し、世界大会からわずか二週間後の五月初旬、「金日成・金正日主義研究会結成集会」を東京で開催しました。

短い準備期間にもかかわらず、全国から一二〇余名もの人々が参加し、世界ではじめて金日成・金正日主義研究会を結成する歴史的瞬間を共有しました。

結成集会において大学教授、労働組合代表など著名で幅広い人士で構成された役員体制が決定されました。また結成集会には在日本朝鮮人総聯合会中央本部副議長、朝鮮の自主的平和統一支持日本委員会議長などが参加し、デヴィ・スカルノ夫人などがメッセージを寄せました。

結成集会では金日成・金正日主義研究会結成宣言が満場の拍手によって採択されました。

結成集会後祝賀会が催され、熱心な日朝友好人士であるプロの歌手やラテン・ミュージックの演奏家による芸術公演がおこなわれました。

会場からはチュチェ思想研究活動ひとすじにうちこんできた学者が、生涯を金日成・金正日主義研究にささげ社会的任務を果たす決意を述べるなど、胸うたれる場面がくりひろげられました。

金日成・金正日主義研究会の結成は、金日成・金正日主義というもっとも高くたなびく思想的旗じるしのもとで活動がおこなわれる時代にはいったことを示し、かつてなく広範な人々が結集したことに大きな特徴がありました。

その後、六月に金日成・金正日主義研究沖縄連絡会が、七月に金日成・金正日主義研究福島連絡会が、一一月に金日成・金正日主義研究群馬連絡会が結成されていきました。

地方で結成された金日成・金正日主義研究会は積極的に活動をおしすすめ、とりわけ金日成・金正日主義研究沖縄連絡会は大きな成果をあげています。

沖縄では、佐久川政一沖縄大学名誉教授が四月につづいて七月に二〇名の代表団を編成し、舞踊家、企業家など幅広い人たちで訪朝しました。

また、チュチェ思想研究会を五回おこない、いずれも会員をはじめ多くの人たちが参加しました。

現在、いくつかの地区で金日成・金正日主義研究会結成準備会がつくられており、日本全土に金日成・金正日主義研究会を結成する流れは、大きく広がっています。

また、二〇一二年は著名な学者が参加してチュチェ思想の研究会を数多く開催しました。

外国の学者を招いた研究会では、ロシア科学アカデミーの教授、アメリカ・リンカーン大学の教授が参加しました。

一二月、二〇一二年をしめくくる「金正日総書記を偲ぶ会」が東京で開催されました。

偲ぶ会にはチュチェ思想国際研究所、金日成・金正日主義研究会、朝鮮の自主的平和統一支持日本委員会、チュチェ思想研究全国連絡会、日本朝鮮文化交流協会、在日本朝鮮人総聯合会中央本部、朝鮮大学などから幅広い人たちが参加しました。

金正日総書記が逝去《せいきょ》されてから一年の月日が経ちましたが、総書記はわれわれの心のなかに生きており、金正恩第一書記が金日成主席と金正日総書記の遺志をついで何一つたがえることなく実現しています。

偲ぶ会で参加者に深い感銘をあたえたのは、あつい思いで追悼の挨拶にたった井上周八・チュチェ思想国際研究所名誉理事長の姿でした。

名誉理事長は、八七歳という高齢の身でありながら遠路をいとわず偲ぶ会に参加し、〝チュチェの社会主義でしか生きていくことはできない〟と追悼の辞を力強く述べました。

熱心なチュチェの学徒であり、こよなく金正日総書記を敬愛した名誉理事長の追悼の辞は、集会参加者の胸をうたずにはいられませんでした。

偲ぶ会では在日本朝鮮人総聯合会中央本部国際統一局長が、金正日総書記の業績について報告しました。偲ぶ会は、ただ金正日総書記を追悼するにとどまらず、総書記の思想と指導を日本の実情に応じて実現していこうとする決意があふれるものとなりました。

偲ぶ会につづいて金日成・金正日主義に関する研究会がチュチェ思想国際研究所の主催で開催されました。研究会では、三人の教授による報告がおこなわれ、金日成・金正日主義の深い内容と正当性について討論を深めました。

## 金正恩第一書記の「新年の辞」は綱領的指針

二〇一三年一月一日、金正恩第一書記は朝鮮中央放送を通じて「新年の辞」を発表しました。「新年の辞」は金日成主席が毎年のように人民のまえでおこなっていたものでした。じつに一九年ぶりに直接発表される「新年の辞」は、朝鮮人民のみならず、世界人民の期待と関心を集めるものでした。

「新年の辞」において金正恩第一書記は二〇一二年の活動をふりかえりながら、四月、金日成主席の生誕一〇〇周年を民族最大の祝日として祝い、チュチェ朝鮮の一〇〇年史を誇り高く総括したこと、金正日総書記を朝鮮労働党と人民の永遠なる領袖として高くいただき、領袖永生の大業を実現することにより、金日成・金正日主義の旗のもと、新たなチュチェ一〇〇年代をチュチェの革命偉業を達成するための勝利と栄光の年代として輝かしていくことができるようになったと述べています。

また、朝鮮の科学者、技術者は、人工衛星「光明星3」号2号機の打ち上げを成功させて金正日総書記の遺訓をりっぱに実現し、チュチェ朝鮮の宇宙科学技術と総合的国力を力強く誇示したと高く評価しています。

つぎに、金正恩第一書記は二〇一三年の活動の原則と方向を明示しました。

金正恩第一書記は二〇一三年について、朝鮮の新たな一〇〇年代の進軍で社会主義強盛国家建設の画期的な局面を拓く壮大な創造と変革の年であると、つぎのように述べています。

「わが党と人民がすすむべき不変の進路はひたすらチュチェの道であり、朝鮮革命の百戦百勝の旗は金日成・金正日主義です。われわれは金日成・金正日主義の旗を高くかかげ、自主の道、先軍の道、社会主義の道にそってあくまでまっすぐにすすまなければなりません。わが党は世界でもっともりっぱな朝鮮人民に依拠して朝鮮式、金正日同志式でこの地に社会主義強盛国家、天下一の強国を誇らしくうちたてるでありましょう」

さらに、金正恩第一書記は二〇一三年が朝鮮民主主義人民共和国創建六五周年と祖国解放戦争（朝鮮戦争）勝利六〇周年を迎える記念すべき年であることについて強調しました。

つづけて、二〇一三年の社会主義強盛国家建設において第一義的に提起されるもっとも重要な課題は経済建設であることについて述べ、「宇宙を征服したその精神、その気迫で経済強国建設の転換的な局面をきり拓いていこう！」と力強く呼びかけています。

そのうえで、経済建設の成果は何よりも人民生活の安定と向上にあらわれるべきだと強調しました。

また、人民の生活と直結している部門と単位をもりたて、生産をふやすことに大きな力をいれ、人民の生活により多くの恩恵がゆきとどくようにすべきだと述べています。

金正恩第一書記は新世紀の産業革命の炎を力強く燃えあがらせ、科学技術の力によって経済強国建設の転機を拓かなければならない、新世紀の産業革命は本質において科学技術革命であり、先端突破に経済強国建設の近道があると述べています。

つづいて、社会主義文明国建設にさらに拍車をかけて、二一世紀の新たな文明開化期を大きく拓くことについて明らかにしました。

金正恩第一書記は、朝鮮人民が建設する社会主義強盛国家の内容を、全人民が高い文化知識と壮健な体力、気高い道徳品性を身につけ、もっとも文化的な条件と環境のもとで社会主義的文化生活を思う存分享受し、全社会に美しく健全な生活気風がみなぎる社会主義の文明国であると明らかにしました。

最後に金正恩第一書記は、世界の自主化について述べています。

第一書記は、国際舞台では、主権国家にたいする帝国主義者の干渉と軍事的侵略策動のため、人類の平和と安全に重大な危険がつくりだされている、とりわけ朝鮮半島を含むアジア・太平洋地域は恒常的に緊張し世界最大の戦争発火地域となっていると指摘しながら、あらゆる支配と従属に反対し自主的に生きようとする人類の志向と念願はさらに強くなっており、自主と正義の道へすすむ歴史の流れは何ぴともおしとどめることができないと述べ、今後とも朝鮮の自主権を尊重し、朝鮮に友好的な世界各国との協力関係を発展させ、世界の自主化を実現していくかたい決意を明らかにしました。

## 金日成・金正日主義を指針として新しい日本をきずく

いま、日本を根本的に変革し、民衆主体の社会をきずいていくことが求められています。

日本が自主的な国になり、日本人民が主人となる社会をきずくためには、新しい指導思想である金日成・金正日主義に学び広範な人々に普及することが重要です。

金日成・金正日主義は、金日成主席によって創始された革命思想です。

金正日総書記はチュチェ思想を体系化し、新しい時代の要求にそって発展させました。

金正恩第一書記は、金日成・金正日主義はチュチェの思想、理論、方法の全一的な体系をなしていること、全社会を金日成・金正日主義化することが最高綱領となることを明示しました。

チュチェ思想が創始されることによって民衆中心の世界観が明らかにされ、民衆は世界の主人、みずからの運命の主人としての自覚をもって社会歴史と自己の運命を自主的創造的にきり拓いていくことができるようになりました。

また、金日成・金正日主義は民衆主体の革命理論を確立しています。

民衆主体の革命理論が確立されることにより、民衆が革命的で科学的な理論に依拠して自主偉業をりっぱに達成することのできる道すじが明確に示されました。

民衆主体の革命理論には、民族解放に関する理論、階級解放に関する理論、人間解放に関する理論が包摂されています。

金日成・金正日主義は、革命のための指導方法を歴史上はじめて解明しました。

革命のための指導方法には、チュチェの指導原則、チュチェの活動方法、チュチェの活動作風が含まれています。

チュチェの思想、理論、方法の全一的体系をなす金日成・金正日主義は自主時代の指導思想です。

金日成・金正日主義は、民衆の自主性を全面的に実現するための思想であり、民衆が主人となって民衆のための社会をきずく指針です。

自主性を求める各国、各民族は自主時代の指導思想を切実に求めているといえます。

金日成・金正日主義は自主性を志向する人であれば、誰もが自分のものとしてうけいれることのできる普遍的で生命力のある指導思想です。

指導思想は現時代の要求に即して発展させなければなりません。

チュチェ思想は従来の思想を包摂しています。

マルクスとエンゲルスは史的唯物論によって、発達した資本主義社会の社会主義社会への移行の不可避性を生産力と生産関係の矛盾を根拠に説きました。彼らは、生産力が高度に発展すると、資本主義的生産関係ではこれ以上生産力を発展させることができず、社会主義的生産関係に移行せざるをえないと明らかにしました。

しかし、発達した資本主義社会から社会主義社会に移行した国はありません。むしろ、ロシア、朝鮮、中国をはじめとする経済的にたちおくれた社会から社会主義国が生まれています。発達した資本主義国が社会主義に移行していないのは、資本主義社会で生産力の発展方向を資本家階級がにぎり、経済を軍事化したりギャンブル化したりしていることも関係しています。

マルクスとエンゲルスは、資本家階級が労働者を搾取し、搾取した剰余価値をもって資本を蓄積し、資本主義社会を発展させていくという剰余価値論を明らかにしました。

資本には可変資本と不変資本があります。可変資本は労働力に投下された資本であり、労働をとおして剰余価値を生みだします。不変資本は機械や原料などに投下された資本であり、それ自体が価値を生みだすことはありません。

資本の蓄積過程において不変資本は際限なく大きくなるのにたいし、可変資本は相対的にかぎりなく小さくなっていきます。総資本に占める可変資本の縮小と不変資本の増大は、資本が集積するにつれて剰余価値の生産が相対的に減少していくという資本主義の根本矛盾を露呈していくことになります。

資本主義が発達する要因は搾取にあり、同時に搾取は資本主義の発達を阻害していくものであるといえます。そこから、資本主義が高度に発達した後、さらに経済を発展させていくためには社会主義への転換が必然であるとみました。

しかし、現実には資本家階級は非正規雇用労働者をふやしたり、海外の安い労働力を利用したりして、過酷な搾取と支配を強めています。

チュチェ思想は、発展した社会とは、経済にかぎらず、思想も文化もともに豊かな社会であることを明らかにしています。

また、チュチェ思想は民衆の意識化し組織化された力で目的意識的に社会主義社会をきずいていくことができると明らかにしています。

マルクス・レーニン主義は、民衆の理想社会を実現する指針として長いあいだ大きな影響力をもち民衆のたたかいを励ましてきました。

金日成・金正日主義はマルクス・レーニン主義の歴史的功績を評価しながら、自主時代の要請にそって創始されたまったく新しい指導思想ということができます。

自然の運動には主体がなく自然発生的に変化しますが、社会歴史運動には民衆という主体があります。歴史の発展は、歴史の主体としての民衆の地位と役割が高まることによってうながされます。社会歴史運動にたいする民衆の地位と役割が高まれば高まるほど、社会歴史の発展がはやい速度でおしすすめられていきます。

また、民衆が新しい社会をつくるためには正しい思想と指導を通じて意識化組織化された自主的主体を形成することが重要です。

こんにち、金日成・金正日主義の旗を高くかかげることは、民衆の自主偉業を実現するうえで重要かつ先行的課題となります。

# 二、民衆に犠牲を強いる資本主義社会

## 欺瞞的な選挙制度

二〇一二年一二月一六日に第四六回衆議院議員選挙がおこなわれました。

第四六回総選挙は当初、消費税増税法案を国会で通過させた民主党、自民党、公明党三党の信任を問う目的でおこなわれるものでした。しかし、投票にいたる過程で自民党か民主党かという選択にすりかえられ、争点なき選挙になっていきました。

第四六回総選挙の投票率は五九・三%と国政選挙でもっとも低く、この投票率の低さに民衆の第四六回総選挙にたいする抗議の意思が明確にあらわれたということができます。

自民党は、民衆からの信頼と支持を失ってから久しく、金融独占資本とアメリカ帝国主義の利益を守る政治しかおこなわなくなったために、第四五回総選挙では政権政党から転落し野党にあまんじていました。

民主党は、政権の座について以降、三年前に策定したマニフェストにおける政策をつぎつぎにひるがえし、民衆の失望をかっていました。民主党は消費税を上げないと公約にかかげていましたが、いとも簡単に消費税率を八%、一〇%と段階的に引き上げると発表しました。

二年前にひきおこされた福島第一原子力発電所の事故は人類の生存にかかわる危険なものであり、いまだに多くの人々がきびしい生活を強いられています。民主党は福島第一原子力発電所の事故直後は原発廃止と声高に叫んでいましたが、その後、原発は必要だとして、再稼働、推進に主張をかえています。民主党は政権政党となってわずか三年のあいだに、急速に変質していくのに歩調をあわせ、除名と脱党をくりかえし四分五裂しました。

民主党が自壊した直後におこなわれた衆議院議員選挙は、小選挙区、比例区の総数四八〇議席のうち、民主党が二三〇議席から五七議席に減り、自民党が一一八議席から二九四議席を獲得するという結果となりました。

わずか三年で民主党は政権の座からおり、ふたたび自民党が政権与党となったのです。

議席数だけでみるならば、自民党は圧倒的な議席を占有しました。

しかし、民衆が自民党を評価したということではありません。むしろ自民党を支持する人は減っています。第四六回総選挙における比例区の自民党の得票は一六六二万票です。過去の得票数をみるならば二〇〇五年は二五八八万票、二〇〇九年は一八八一万票であり、これらと比較すると、ここ七年間においてはもっとも少ない得票数です。

この事実を考えあわせると、第四六回総選挙の結果は、民主党が完全に民衆から見放されたこと、しかしまた自民党も勝利しなかったことを示しています。

小選挙区と比例代表の並立制は、一九九四年に導入されました。小選挙区と比例代表の並立制の問題点については、導入された当初から指摘されていました。小選挙区制のもとでの選挙戦は、大きな政党には有利に、小さな政党には不利に作用します。全国で三〇〇の小選挙区がありますが、各選挙区においては一名しか当選しません。そのため大きな政党の議員とマスメディアが宣伝する議員が当選することになります。小選挙区制のもとでは、得票率と議席率に大きな乖離《かいり》が生じるとともに、圧倒的な有権者の票が死票になり政治に反映されません。

自民党の比例区での得票率は三割足らずでありながら、小選挙区での獲得議席数は約八割でした。一方、民主党は、小選挙区での得票率は二二％でしたが、小選挙区の議席はわずか九％にとどまりました。一二もの政党が乱立したため、三〇〇の選挙区のうち、約八割を自民党一党で独占するという異常な結果があらわれました。

第四六回衆議院議員選挙の構図は、自民党対他の野党、あるいは自公対他の野党となっていました。自民党はまがりなりにも結束して選挙戦にのぞんだことが勝因に結びつき、一方、民主党は分裂をくりかえし、野党は協調しないまま選挙戦をたたかい敗北しました。

小選挙区では、五つの党で対決した場合の自民党の勝率は一〇〇％でした。四つの党で対決した場合の自民党の勝率は九〇％、三つの党で対決した場合は七六％でした。たくさんの党の乱立は、自民党に有利になったということを明白に示しています。

第四六回総選挙の結果は、民衆の利益と意思を無視して、一部の政党が選挙制度を操作して自分たちの議席を確保しようと策動することによってもたらされたといえます。

## 平和と協調に逆行する政策

現在の日本の政治は、一握りの経済的支配階級とアメリカ帝国主義の利益を実現するためにおこなわれています。

日本の法律と政策は、反動的支配階級の利益を実現するために機能し、マスメディアは、日本の社会構造の本質を隠蔽《いんぺい》する役割を果たしているということができます。

消費税率の引き上げの理由を社会保障の充実のためとしていますが、その実は反動的支配階級の投資資金を調達するためにおこなわれています。

尖閣諸島、竹島、北方四島などの領土問題についても外交による政治的解決が十分に可能であるにもかかわらず、日本政府は武力行使へと世論を誘導し、経済を軍事化し、侵略戦争の歯止めとなっていた憲法を改悪する動きを加速しています。

アメリカと日本との関係を端的に示す日米地位協定において、日本国内で米兵がおかす犯罪のうち起訴前に身柄引き渡しが認められているのは、殺人罪と強姦罪にかぎられています。

日本と同様に韓国がアメリカと結んでいる米韓地位協定においては、飲酒運転致死罪を含めて一二の事案で起訴前に身柄引き渡しを韓国側が要求できるようになっています。

これは、日韓の対米姿勢に開きがあることを示すものであり、日本の異常なまでの対米従属路線があらわれているということができます。

安倍政権は反動的支配階級のために荒唐無稽《こうとうむけい》な政策を連発しています。

どの国でも中央銀行は政府から独立して金融政策を決めるようになっています。しかし、安倍政権は日銀の独自性を侵害する政治をおこなおうとしています。

安倍晋三首相は前もって日銀に圧力をかけると表明していましたが、選挙後、インフレ率の目標値を二％にするように日銀に露骨な圧力をかけています。

選挙直後の一二月二〇日、日銀は国債買い入れを一〇兆円増額することを決定し、二〇一三年一月にインフレ目標を二％に設定すると発表しました。

物価全体を二％以上あげようとすれば、食料品をはじめとする生活必需品を一〇％以上も上昇させなければなりません。

収入がふえないままで、生活必需品が一〇％以上高くなると、さらに家計は苦しくなり人々は物を買いひかえるようになります。

また、人々が物を買わなくなるために、企業業績は悪化します。業績が悪化すると賃金は下がり、リストラが強まることになりかねません。

安倍政権の強引な政治手法は、日本の反動的支配階級がおちいっている危機的状況を反映しています。

日本の反動的支配階級は、世界の平和と協調に逆行した軍拡路線をひた走っています。

日本政府は日本人のアジア観、とりわけ中国観、韓国観をいちじるしく悪化させる世論操作をおこなっています。

二〇一二年一一月の内閣府が発表した外交にたいする世論調査によると、中国に親しみを感じるという人が史上最低となり一八・〇％となっています。

また、韓国に親しみを感じるという人も三九・二％であり、前回の調査と比較すると二三・〇ポイントも急落しています。

一方、アメリカに親しみを感じるという人が二・五ポイントふえて八四・五％であり、またヨーロッパに親しみを感じるという人は四・二ポイントふえて六八・〇％となっています。

このような世論調査の結果の変化は、アジアを蔑視してアジアの軍事的緊張を強め、欧米にたいしては従属と協調路線をとる二面的な政策のあらわれであるということができます。

アメリカ国防総省は、中国が最新鋭の大陸間弾道ミサイルの発射実験を七月二四日におこなったと発表しました。

〝核なき世界〟を唱えるオバマ政権は一二月五日、ネバダで四回目の臨界前核実験をおこなっています。

日本政府はアメリカの戦争策動には口をつぐみ、自主性を堅持する国にたいしては不当な攻撃をおこなっています。

アメリカの二〇一二年の資料によると、わずか〇・一%の超富裕層の資産は四六兆ドルとなっています。

一方、全世帯の二割にあたる六二〇〇万人が二〇〇九年の時点で資産がゼロかマイナスであり、フードスタンプを配給されている低所得者の数は、二〇一二年は四五八〇万人にも達しています。

一九八三年の資産と二〇一〇年の資産とを比較すると、上位一%の資産は約二倍になり、中間層は反対に二割減少しています。

ヨーロッパでは、南北格差が拡大し、ヨーロッパは一つという状況からはほど遠くなっています。

ヨーロッパの九月の失業率は一一・六%で史上最高となっています。

欧州連合（EU）の発表によれば、スペインが二五・八%、ギリシャは二五・一%、イタリアは一〇・八%となっていますが、実態は発表されている数値の二倍の失業者数であるといわれています。若年層にかぎるとスペインでは失業率が五〇%をこえています。

一方、オーストリアは四・四%、オランダは五・四%、ドイツは五・四%であり、雇用問題だけをみるならば比較的めぐまれた状況にあります。

ヨーロッパの政治的経済的危機は、二〇一三年にはいっそう深刻な事態におちいることが予見されています。

世界は一見して複雑ですが、チュチェの社会主義は前進し勝利した一年であったということができます。

金日成・金正日主義を高くかかげたたたかいはかならず勝利する、これが二〇一二年の総括であり、二〇一三年以降の展望です。

チュチェ思想研究普及活動の先に人類の新しい未来がかぎりなく広がっています。

ともに金日成・金正日主義研究会の活動を力強くおしすすめていきましょう。

# 新しい生命

—群馬で開催された「金日成主席を回顧する集い」における講演—

二〇一四年七月八日

本日は、金日成主席を回顧する意義ある集いに群馬朝鮮問題研究会、ならびに全国のみなさんとともに参加し、報告できることを光栄に思い、深く感謝しております。

金日成主席は自主時代を拓いた革命の領袖であり、人類史に燦然《さんぜん》と輝く偉大な足跡をのこしました。

本日は金日成主席が逝去《せいきょ》されてから、ちょうど二〇年目にあたる日です。

歳月は流れましたが、民衆のために生涯をささげた金日成主席の思想と業績は金正日総書記にひき継がれ、そしていま金正恩第一書記のなかに息づき発展しています。

わたしは幸いにも金日成主席にお目にかかる機会に多く恵まれました。主席からうけた配慮や導きがなければ、わたしは人民のために生きる自主の道を見いだすことはできなかったでしょう。

## 一、金日成主席の心をうけとめながら歩んできた道

### 民衆の幸せのためにささげた金日成主席の生涯

金日成主席の人生は、人民の利益を守り、人民の自主性を完全に実現するために自己のすべてをささげた一生であったといえます。

金日成主席は一二歳のときに祖国をとりもどすために鴨緑江《アムノクカン》を渡り、一九二六年、一四歳で打倒帝国主義同盟(トゥ・ドゥ)を結成し、革命の道にはいりました。以来、主席は志をとげるまで祖国に帰ることはありませんでした。

当時、朝鮮を解放するたたかいは国家的うしろだてもなく、武器をはじめすべて自力でつくりださなければなりませんでした。さらに当時の独立運動は大国に依存したり、民衆から遊離して派閥争いにあけくれたりするなど複雑をきわめていました。主席は古い運動に決別し、青年大衆のなかにはいり、みずから同志を一人ひとり育て新しい運動をはじめていきました。

金日成主席は、二〇年余にわたって、きびしい寒さや食糧難にたえながら雪深い密林のなかで日帝とたたかいつづけ独立をかちとりました。

一九四五年、祖国を解放した金日成主席は建党、建国、建軍の方針をかかげ、広範な大衆に根ざした党と人民政権、正規の革命武力を建設していきます。主席は、人民に依拠し、搾取する地主や資本家がおらず、人民が主人になった社会主義をきずいていきます。さらに民衆が政治、経済、文化の主人となり、すべてのものが民衆に奉仕するチュチェの社会主義を実現するためにたたかっていきました。

金日成主席は一九九四年七月八日、おしくも八二歳の生涯をとじました。

人間の一生はそう長くはありません。しかし、人民の自主性を完全に実現する偉業は短期間で成就するものではなく、代を継いでつづけられなければなりません。

金日成主席は、革命を継承発展させていくために金正日総書記を後継者として育成されました。

人類史にはホーチミン、毛沢東、カール・マルクス、チェ・ゲバラなど、人民のために生涯をかけてたたかった革命の指導者の業績が数多くきざまれています。しかし、そのほとんどの革命家の歴史は一世代で終わっています。これまで革命の継承者問題を革命の関鍵的課題として位置づけ、実践することは誰もできませんでした。

金日成主席は革命の後継者をりっぱに育成することによって、革命の終局的勝利を保障する課題を歴史上はじめて解決しました。

金日成主席は生涯にわたってただひたすら人民の自主性のためにすべてをささげました。主席の一生には一点のくもりもなく人民の運命と一体化した自主的人間の生きざまが記録されています。主席について思うとき、わたしは自己の思想がとぎすまされてくるのを感じるのです。

活動の原点はチュチェ思想、金日成・金正日主義と表現することもできますが、わたしたちにとって活動の原点はまさに金日成主席そのものであり、主席に体現されているといってもよいでしょう。

わたしは、人民の自主性を擁護するたたかいを勝利に導いていくうえで、活動の原点である金日成主席にもどることが重要であると考えています。わたしたち一人ひとりが主席の生き方に学び、主席を永遠に多くの人に知らせていくという意味でこの集いはたいへん意義深いといえます。

## 新生の喜びにみちて

わたしの故郷は離島の貧しい漁村でした。当時村には医者がいなかったため、病気で命をおとす子どもや高齢者が少なくありませんでした。わたしは島をでて働きながら高校を卒業し、その後医学部に入学しました。

大学生活をおくるなかで、わたしは苦労しているのは自分たちだけではなく、多くの人々が階級社会である日本で非人間的なあつかいをうけていることに気づきました。

階級意識にめざめたわたしは大学の勉強をつづけながら、社会運動もおこなうようになりました。

当時わたしは、アルバイトをして得た収入と奨学金でかろうじて大学生活をおくっていました。しかし、学生運動に多くの時間をついやすなかで収入の道はとざされ、わたしは、学生運動と学業を両立させていくことのむずかしさを感じるようになりました。大学をやめて運動に専念していくべきか、大学をつづけ医者になっていくのかの選択をせまられる苦しい日々がつづいていました。

大学闘争が長期におよぶにつれ、正しい指針がもてないまま、深い闇のなかで模索する運動がつづくようになりました。多くの学友は大学にもどり、運動からしだいに遠ざかっていきました。

わたしは、これまでの日本の運動や、学園や地域における闘争を総括しながら、日本でもっとも苦労している人々のなかにはいり、新しい運動をはじめていきました。

その過程でわたしは朝鮮の友人から『金日成伝』を紹介されたのです。

わたしは『金日成伝』を夜を徹して読むなかで、これこそがほんとうに民衆を幸せにするたたかいであり、金日成主席こそが真の革命家であるとさとりました。それがわたしと金日成主席の最初の出会いとなりました。

金日成主席のたたかいには、その出発点にも目標にもつねに民衆がいました。主席は祖国を解放し、民衆の幸せな生活を実現するため、民衆に徹底して服務し、民衆を革命の主人としておしたてていきました。

金日成主席の活動は、敵にたいしてたたかうことにのみ関心をはらっていた従来の活動とは大きなちがいがありました。わたしは革命の指導者を見いだし真理を手にしたことによる大きな感動に満たされました。

わたしはまた、金日成主席の指導をうけ主席に忠実に生きている在日朝鮮人の活動家からも多くのことを学びました。

時代社のカメラマンをしていた青年とは群馬にいたときから親しくなり、民族をこえた同志として生涯強い絆で結ばれました。

わたしは彼をはじめとして在日朝鮮人の多くの友人に恵まれ、たがいに影響しあって今日まで歩んできました。

わたしは金日成主席によって政治生命をあたえられ、人間としてもっとも誇りある人生を歩めるようになりました。主席に出会うことがなければ、わたしは民衆のために生きる自主の道に到達しえなかったでしょう。

わたしは金日成主席によって人間としての新しい生を得たのです。

## 金日成主席の配慮と指導をうけて

一九七三年九月、わたしははじめて訪朝し、一か月あまり滞在する機会に恵まれました。朝鮮全土には、どこに行っても金日成主席が現地指導された足跡がのこっており、主席の息づかいを感じることができました。わたしは、主席が人民のなかに深くはいり、指導者と人民が強い絆で結ばれていることに驚きを禁じえませんでした。

見るもの、聞くものすべてに感動する日々のなかで、わたしは長いあいださがし求めていたものがここにある、この道で生きていこうと決意をかためたのでした。

帰国後、わたしはチュチェ思想にそって日本を民衆が主人となった国に変革していくために、群馬朝鮮問題研究会の活動にいっそう専念するようになりました。

一九七五年四月一六日は、わたしにとって生涯忘れられない日となりました。祝賀の喜びにあふれるピョンヤンを訪問していたわたしは、金日成主席の誕生日の翌日、はじめて主席にお会いすることができました。当時わたしは社会的地位もなく、まだ朝鮮について学ぶようになってまもない二八歳の平凡な青年でした。

その日、金日成主席は専修大学の教授とわたしに長時間、接見してくださいました。主席は、〝自主性のための闘争が世界中でおきています。一点の火花が燎原《りょうげん》の火となるようにチュチェ思想の火はいまは小さくても、チュチェ思想は正しいのだから、まもなく大きな炎となって燃えあがるでしょう。わたしたちもこのりっぱな事業を始めたばかりですが、この誇らしい道をともに歩みましょう。今後多くの困難があっても、たたかいはかならず勝利します。ともにすすんでいきましょう〟と親しく話してくださいました。

偉大な指導者である金日成主席が一介の青年であるわたしにも謙虚に述べられる言葉を、わたしは目頭をあつくして聞いていました。

その日以来、金日成主席はわたしにあつい配慮をめぐらしてくださり、わたしは主席の心をうけとめながらチュチェの道を歩んできました。

一九七六年九月、わたしはマダガスカルの首都、アンタナナリボでラチラカ大統領の参席のもと開催されたチュチェ思想国際セミナーに二人の大学教授とともに参加しました。

遠く離れた国で開催された国際セミナーに参加できたのは、金日成主席の配慮によるものでした。

マダガスカルにおけるチュチェ思想国際セミナーでは、チュチェ思想を研究し普及するための国際的常設機構を設立することが決議されました。

翌一九七七年九月、わたしはピョンヤンにおけるチュチェ思想国際セミナーに参加しました。そこでは世界のチュチェ思想研究者の一致した念願によって、チュチェ思想の研究普及に関する国際機構を一九七八年日本に設立することが決定され、安井郁教授を委員長とする組織委員会が編成されました。

金日成主席は日本の代表団に接見してくださり、チュチェ思想国際研究所が東京に設立されることになったことを喜ばれ励ましてくださいました。

金日成主席は、〝日本にチュチェ思想国際研究所が設立されれば、南朝鮮にもよい影響をあたえアジアの平和のためにも非常によいことです。また日本には朝鮮総聯があるので総聯の人たちも協力してくれるでしょう〟と言われました。

また、主席は、〝革命は輸出することはできません〟と言いながら、〝チュチェ思想に関する国際機構は学術的なものにしなければなりません〟とチュチェ思想国際研究所の性格と使命について助言されました。

一九七八年四月九日、世界各国から集まったチュチェ思想研究者の歓喜のなかでチュチェ思想国際研究所が東京に設立されました。

わたしはその後も訪朝するたびに金日成主席から多くの教えや励ましをうけました。訪朝するとき、わたしの大きな楽しみは主席にお会いすることでした。何度もお会いしたので、主席は遠くからでもわたしを見つけられ、わたしも主席のところにいちはやくかけ参じるようになりました。主席は一国の指導者であるにもかかわらず、実の親のように親しく接してくださったため、わたしは何でも心をひらいて話すことができ、わからないことは率直にお聞きしました。

金正日総書記が新しい後継者として注目されたとき、わたしは金正日総書記はどういう方ですかとお尋ねしました。

金日成主席は、〝金正日総書記は白頭山《ペクトゥサン》で誕生し、抗日革命闘争のときには食糧があまりなかったので山羊の乳で育てました。いまはりっぱな革命家になってわたしの仕事をささえてくれています〟と話してくださいました。

金正日総書記について学びたいので、著作を外国で出版できるようにしてほしいとお願いしたところ、翌年から総書記の著作が外国語で紹介されるようになりました。

一九八七年一月、金日成主席は、〝新年早々こうして同志とお会いできることをたいへんうれしく思います。きょうは夕食でもいっしょにしながら話をしましょう〟と言われ、二時間近くにわたって親しく話をしてくださいました。

金正日総書記について質問するわたしに、主席は、〝彼は謙遜してあまり自分のことを外にだしません。

そして自分の父が対外活動をしているので、外交の場にでようとしません。しかし、彼は多くの仕事をしてわたしの仕事を減らしてくれています。いまでは休日も祝日もなく働く一方です〟と総書記の人柄や活動について率直に話してくださいました。

また、主席は、〝いま世界で適用できる普遍的思想としてチュチェ思想にたいする信念をもつことが大切です。もっとこの革命思想をその国にあうように研究し普及しなければなりません〟〝わたしたちは日本が自主化されることを願っています。日本がアメリカの核の傘だけに依存するのではなく、自主の道にすすむならばアジアの平和を維持することができます〟とチュチェ思想研究普及活動の方向性や日本の進路について言及されました。

一九九三年四月二日、わたしは家族とともに金日成主席の接見をうけました。

主席は二人の娘のためにテーブルいっぱいにお菓子を準備して待っていてくださいました。そして子どもたちに朝鮮の美しい山の話をしながら、毎年のように遊びに来るように、そのときはわたしが同行しましょうといつくしみ深く話をしてくださいました。

娘たちは主席のためにつくった歌をうたいました。緊張のあまり上手に歌えなかったにもかかわらず、主席は耳をかたむけ喜んで拍手して、ありがとうと言ってくださいました。

当時、アメリカは、朝鮮にたいして核査察を要求していました。金日成主席は朝鮮が査察に応じるとアメリカの要求はだんだんエスカレートした、隠すものは何もなかったが、このままでは社会主義をすてろとまで言われかねない、朝鮮にとっては自主性がいちばん重要であると話されました。

忘れえぬひとときが、金日成主席との最後の接見になるとは思いもよりませんでした。主席は一年後にお亡くなりになり、朝鮮の同志たちはそのときの思い出を永遠にきざむために、主席といっしょに撮った写真を大きな油絵にして贈ってくれました。絵は、金正日総書記の配慮によって描かれたものでした。

金日成主席は非常に多忙ななかにあっても、多くの人々に深い配慮をめぐらされました。主席は青年のわたしをチュチェ偉業の同志とみなし、何度も直接会って導いてくださいました。主席はわたしだけに配慮されたのではなく、また主席の愛は自国人民にとどまらず、世界人民にそそがれていました。

## 二、いつまでも主席とともに

### 誰をも包容し導いた主席

金日成主席自身によって新しい命をさずけられ、新しい人生を歩むようになった人々の姿から主席がどのような方だったのかを知ることができます。

日本と世界には、金日成主席によって新しい人生を歩むようになった人々が多くいます。その人々は、まさに自己の生涯の最期の瞬間まで、主席と志を一つにして、主席が描いた夢を実現しようとしてたたかいつづけました。

チュチェ思想国際研究所の初代理事長を務められた安井郁教授もそのお一人です。安井郁教授は一九七七年に訪朝した際、すでにがんにおかされていました。安井教授は日朝社会科学者連帯委員会議長退任の挨拶をするために田鶴子夫人をともなって訪朝したのでした。

思いがけなくチュチェ思想国際研究所の仕事をひきうけることになった安井教授は主席にお会いする日の早朝、「一生《ひとよ》かけて抱きつづけしこの夢を　わが若きらに託し目守《まも》らん」という短歌を詠みました。歌には、一生かけて抱いた夢が、いまチュチェ思想国際研究所を設立することによってかなえられようとしている、自分は病身であるため、この夢は若者たちに託しながら、自分も見守っていきたいという、安井教授の思いがこめられていました。

安井教授は、帰国後、病身をおして神田にりっぱなチュチェ思想国際研究所の事務所を借りました。その後、安井教授は入院生活を余儀なくされ、体力がおとろえていくなかで金日成主席に託すメッセージを心をこめてテープレコーダに録音しました。

安井教授は、金日成主席にお会いしたことによって自分は真の人生を歩むことができた、主席にお会いしたときが自分の生涯でもっとも輝いた瞬間だったと語りました。そのテープは後日、金日成主席に直接お渡ししました。

チュチェ思想国際研究所の理事長をされていたインドのビシュワナス氏もまた、主席によって新しい人生を歩むようになった方です。

ビシュワナス氏は二〇一四年二月、八七歳で亡くなられました。ビシュワナス氏は、八〇代にはいり、病気で体力がおとろえていくなかにあっても、毎年各国で開催されるチュチェ思想国際セミナーに参加し、世界のチュチェ思想研究者を励ましつづけました。

ビシュワナス氏は数年前から歩行が不自由になり、脳や心臓の手術を何度かうけ、二〇一四年一月は自宅で二四時間介護をうけるほどの状態になっていました。しかし、ビシュワナス氏は金正日総書記の誕生日である二月一六日にはかならず朝鮮を訪問すると準備をすすめていました。ビシュワナス氏は、一身をかえりみることなく最期までチュチェ思想研究普及活動に尽力しました。

金日成主席の世界人民にたいするあたたかな思いやりは、想像をこえる深いものがありました。

## 主席は金正日総書記、金正恩第一書記のなかに、世界人民のなかに生きつづける

金正日総書記は金日成主席の思想をチュチェの思想、理論、方法として体系化しました。総書記のおかげでわたしたちは金日成主席の思想や指導がいかにすぐれた正しいものであったのかを深く理解するようになりました。

金正日総書記は、主席が逝去されてから、文字どおり身をけずるようにして一七年余にわたるきびしいたたかいを勝利に導き、社会主義強盛国家の礎を強固にきずきました。

金日成主席が逝去された後、ソ連をはじめとする社会主義諸国は市場経済を導入し、社会主義運動が後退していくきびしい状況がありました。

世界を一極支配しようと策動するアメリカは自主的な国、とりわけ朝鮮に攻撃のほこさきをむけ瓦解策動をくりひろげました。金正日総書記は朝鮮の自主権を断固として守るため核兵器を保有する英断をくだしました。

先軍政治によって朝鮮を守り発展させた金正日総書記は、二〇一一年一二月一七日、現地指導の途上であまりにも急に逝去されました。

金正恩第一書記は、金正日総書記を失った悲しみを勇気にかえて総書記の偉業を継承し発展させようと人民を励まし、自主時代を導く最高指導者として力強く活動しています。

わたしたちは金正日総書記がどのような方だったのか、金正恩第一書記によってより深く知ることができるようになりました。

金日成主席は、自分の代ではかなわなかったことは、金正日総書記にゆだね、そして金正恩第一書記にゆ

だねて最後までチュチェ革命偉業を完遂する道すじをつくってくださいました。

金日成主席が亡くなられてはや二〇年の月日が流れましたが、それほど長くたったように思えないのは、主席の姿がいまもわたしの脳裏に、あざやかにのこっているからでしょうか。

金日成主席のことを毎日のように思いおこします。また、金正日総書記や金正恩第一書記をとおして主席の人民にたいする思いが伝わってきます。

金正恩第一書記の金日成主席や金正日総書記の遺志を実現しようとする並々ならぬ決心と努力によって、いま日本と朝鮮間において、長くとざされていた扉が開かれつつあります。

自主の道、社会主義の道を先軍政治によって保障していく道のりは、すぐに多くの人々の理解を得ることはむずかしいかもしれませんが、かならず勝利する道です。

金日成主席とともに永遠に歩む道、この道こそ世界人民が完全に幸せをつかむ道であるといえます。

わたしは金日成主席のことを思うたびに、主席が最期まで信じたこの道を、日本人民とともに、朝鮮や世界人民とともに歩みつづけていこうと決心を新たにしています。

# 第三章　自主の日本をきずく

# 青年は時代の先駆者

――青年学生の夏期セミナーにおける講義――

二〇〇二年八月一八日

日本を平和で幸せな社会にするためには、階級社会のなりたちといまの社会のしくみ、新しい未来社会への展望とそこにいたる道すじについて明らかにすることが求められています。

# 一、資本主義社会のなりたちと本質

## 人類の誕生と階級の発生

わたしたちが住んでいる日本の社会は、一握りの支配者と大多数の働く人々からなる階級社会です。階級社会のなりたちはどのようなものだったのでしょうか。

中生代の巨大なは虫類である恐竜は二億年以上前に発生したといわれています。人類の祖先である猿人は四〇〇万年前頃、現代の人類の直接の祖先は数万年前にあらわれたと考えられています。古代文明が栄え、人類の歴史が文字や絵としてきざみこまれてからは数千年になります。

いまの人類の祖先が誕生した数万年前まで、人間は動物とあまりかわりがありませんでした。朝おきたら狩りをし、とってきた獲物を食べて寝るというように、動物とほとんど同じような生活をしていました。

動物から人間に進化してきた過程にはいくつか特徴があります。

その一つは、人間が剰余生産物をつくるようになったことです。人間は将来のことを考え、労働道具をつかって自然にはたらきかけ、作物や衣服、住居をつくるようになりました。さらに人間は集落をつくって社会生活をおくり、言語を発達させてきました。これらの点が人間が動物とまったくちがうところです。

人間はなぜ、自分がその日に食べる分以上の物を生産できるのでしょうか。それは、人間には今日よりも明日、明日よりも一年後のことを考えて行動する目的意識性があるからです。動物にもツバメが一年後に同じところに帰ってきて巣をつくるというように、本能的な習慣性はあります。しかし動物には、一年後、二年後を考えて今日、行動するという目的意識性はありません。

人間がその日に食べる分以上の物を生産できるのはまた、人間がたがいに助けあい協力することができるからです。動物は群れをつくって動くなど本能的な行動をとりますが、愛情で結びつき目的意識的に助けあって行動するということはありません。

人間が、今日生きていくうえで必要とする分以上の剰余生産物をつくるようになったのはすばらしいことでした。ところが、たくわえた剰余生産物をどのように分配するのかという問題がでてきました。そして、一部の者がたくわえた物をひとり占めにし、多くの人は毎日食べる分しかもらえず動物のような生活をしいられるようになりました。

たとえば一〇〇人の集落があるとします。そのうち八〇人くらいは動物のような生活を強いられ、二〇人くらいが剰余生産物をひとり占めするようになりました。その二〇人には一人のかしらがいました。

剰余生産物をひとり占めするようになった二〇人のなかのかしらが、一〇〇人が働いて得た物を自分のところに集め、八〇人には今日生活できる分だけをあたえて、あまった物は自分たちがためていきます。それを毎日くりかえしていくと富が一部の人に集中して私的所有が生じます。そして、富をもつ支配者と富をもたない被支配者という階級が発生し、差別や格差が生まれました。これが階級社会の発生であり、いまの不条理な社会の源流です。

## 国家の本質

共同体のかしらに富が集中し、他の人は動物のような生活がしいられる不平等な社会になると、対立が生まれ反乱がおこります。かしらは、実際は自分が支配する集落であるにもかかわらず、階級支配や差別をおおいかくすために「みんなの国」といいだします。このようにして国家が誕生しました。

国家は、本質的にはいまもむかしも同じです。一部の人たちが富をひとり占めにすることをおおいかくすために、「みんなの国」という言い方でつくった幻想共同体が国家です。

国家では、宗教家も軍人も学者も一部の支配者のために活動します。

共同体のかしら一人では力がないので、宗教家は、かしらには神の心が宿っているといって神秘化していきます。かしらにそむくことは神にそむくことだといいながら、原始的な宗教をつくっていきました。

宗教の教祖には、かしらともっとも親しい人がなり、かしらこそが絶対であるとほめたたえる教義を完成させていきます。そして、誰かに不幸があれば神のばちがあたったといい、不幸をなくすためにはかしらを崇拝しなければならないと教えました。

しかし、宗教やイデオロギーだけでは国家が支えられなくなります。かしらに反対する人、仕事をさぼる人、反抗してけんかをする人などがでてきます。それをおさえるために軍隊をつくり、軍隊の長にはかしらの一族がなります。

その軍隊はかしらのためのものであるにもかかわらず、「みんなの軍隊」だといいます。軍隊の矛先はかしらにむけられるのではなく、かならずかしらに刃向かう者にむけられます。そして警察、裁判所、刑務所などの公的暴力機関が整備され、近代的な国家になっていきました。

学問も支配者につくす学問が奨励されました。支配者に反対する学問には、公的な機関から学費や援助金がだされません。また、支配者に反対する学問を研究するだけでも、異端視され弾圧されます。

近代以前の世界では、地球は宇宙の中心に静止し、太陽は地球のまわりをまわっているという天動説が広く人々に信じられていました。地球は神の世界であり、地球中心に世界がなりたっているとして、最初の宗教観が完成されていきました。

一六世紀半ば、コペルニクスによって地球は太陽のまわりをまわっているという地動説が明らかにされました。しかし、彼は天動説にたよる当時のカトリック教会からはげしい非難をうけました。また、地動説を認めたガリレオ・ガリレイは宗教裁判にかけられて処刑されました。

当時のヨーロッパでは支配層が強大な権力をもっていました。その支配層を守るために、いかに科学的で正しくても支配者の考えに反する学問は許されませんでした。

現在、世界には一九〇余の国があります。これらの国家のなりたちとその本質についてよく知っておくことが、世界を正しくみるうえでたいへん重要になってきます。

いま日本の支配層や、新聞やテレビなどのマスメディアが「国のため」「国民のため」と主張する場合に忘れてはならないのは、それがほんとうにみんなのためなのかということです。階級社会では、国家は軍隊などの権力機構をにぎっている支配者たちのものであり、みんなのものではありません。

日本のような階級社会では、「国民」という人々は存在しません。正しい言い方は支配者か人民です。支配者によって支配されている一般の人々は人民です。「国民」という言い方は、支配者と人民を一体化させ、日本が階級社会であることをおおいかくすための言葉です。

## 資本主義社会のしくみ

いまの日本は資本主義社会です。資本主義社会とはどのような原理にもとづく社会であるのかを知ることが、現在の世界と日本を正しくみるうえで大切です。

資本主義社会は、商品生産にもとづく社会です。商品生産とは、交換を目的とする生産のことです。人間は本来、生きていくための衣食住に必要な物を生産してきました。商品生産以前の自然経済のもとでは、消費することを目的にして物が生産され、そこでは物と物が直接交換されていました。

動物のように、とった獲物をその日のうちに食べつくす場合は、物と物の交換はありません。その日に食べてもあまる剰余生産物ができたとき、自分の家であまった物と他の家であまった物とを直接交換する物々交換がおこりました。

物々交換が存在するということ自体、剰余生産物があり、あまった富を所有する一部の支配者がいたということを意味します。しかし、多くの人々は毎日の生活にもこと欠き、あまった物を交換することはできません。世界にはこのような人々が、いまだに何億人もいます。二一世紀にはいったいまなお世界には、約八億人もの人々が飢餓状態におかれています。

物と物との交換は、同じ価値の物どうしを交換する対等なものでした。そのうち、物と物とを交換するのに、お金（貨幣）を媒介にするようになりました。貨幣経済の始まりです。

貨幣は最初、貝がらやけものの皮であったり、布や農産物であったりしました。しかし、そのような物を貨幣にしておくと持ち運びが不便で、分けることもむずかしく腐ったりもしたので、金や銀などが貨幣になっていきました。その貨幣で商品と交換するようになりました。

たとえば勉強のために字を書きたいという人がコーヒーをもっており、のどをうるおしたいという人がボールペンをもっているとすると、二人のあいだにはコーヒーとボールペンを交換するという物々交換がなりたちます。

物々交換は、それぞれの物の使用価値が異なるということと、投入されている労働量が同じであるという二つの条件がそろっているときに成立します。商品の価値は投入されている労働の量ではかられます。

コーヒー一杯をつくるのに一日かかり、ボールペン一本をつくるのに半日かかるとすると、コーヒー一杯とボールペン二本を交換することになります。

物と物を交換するとき、ある人は容器にいれたコーヒー、ある人はボールペンをもち歩いて、それらを必要な人をさがして交換するということをくりかえすのは不便です。

そこから、物と物との交換に貨幣が仲介するようになりました。たとえば、カップ一杯のコーヒーを二〇〇円の貨幣と交換し、一〇〇円の貨幣を一本のボールペンと交換するということがおこなわれるようになったのです。

貨幣が仲介することにより、さまざまな物と物との交換が頻繁《ひんぱん》におこなわれるようになりました。そうすると人々は自分がつかうために物をつくるだけではなく、売って貨幣を得るために物をつくるようになります。物を消費するためではなく貨幣を仲介にして交換するために、他の人に売ることを目的にして物をつくるようになったのです。これが、資本主義以前の単純商品生産であり商品交換です。

貨幣の発達は資本主義経済の始まりを意味します。

たとえば一〇〇円のお金を動かすと、それが一〇〇円以上の価値を生むとき、元手になる一〇〇円を資本といいます。自分がコーヒーを飲んだりボールペンを買ったりするためにつかうお金は資本とはいいません。利潤を生んでいく元手を資本といいます。

なぜ一〇〇円の資本が一〇〇円以上に化けるのでしょうか。お金を媒介するうちに、お金をふやしてくれるものは何なのでしょうか。それは世界でただ一つ、働く人たちの労働です。

労働とは、たとえば木という自然にある素材を机という人間にとって有用な物にかえるための人間の活動のことです。木を机にかえる過程で人の手、労働が加わります。

人間は、仕事や勉強をするうえで机が必要であり、たんなる木よりもそれを机にかえたほうが自分にとってより有益だと考えます。まず、どのような机をつくるのか、円形の机がよいか、四角の机がよいか、板の厚さや足の長さはどれくらいにするかなどと頭のなかで意識性をはたらかせて計画をたてます。

その計画にしたがって、実際に木を切ったり、かんなで削ったり、くぎを打ったりというように人間の手が加えられます。これが労働です。

労働の過程で木は机という新しい価値をもった物にかわります。労働によって新しい使用価値が生みだされるという質的な変化がおこるのです。

同時に、労働の過程で木よりも机のほうがより多くの人間の労働が投入されているという量的変化がおこります。人間の労働が多く投入された物のほうが価値が大きいのです。

労働者が労働の過程で生んだ価値をうばうことを搾取といいます。一定の資本をもち、労働者の労働力を買って働かせる人を資本家といいます。

資本家が労働者を雇って働かせると、労働者は労働によって賃金以上の価値を生みます。そして、資本はますますふえていくことになります。

資本家に雇われている労働者は、自分の労働の一部が搾取されています。搾取とは「しぼりとる」ことです。働いて生んだ価値の一部しか賃金として自分のものにならず、それ以外は資本家にしぼりとられてしまうのです。

日本や世界の資本主義社会の労働者は搾取されています。日本では約六〇〇〇万人の労働者が生みだす膨大な富が搾取されています。

## 資本家の発生と資本の膨張

資本主義社会は商品経済であり、物だけではなく人間の労働する能力（労働力）も商品になります。奴隷制社会では、人間そのものが商品になりました。

奴隷制社会の奴隷と資本主義社会の労働者のちがいは、奴隷は身体ごと買われ、一生、奴隷主のもとに拘束されますが、労働者は約束した時間だけ労働力を資本家に売り、後の時間は自由だということです。

資本主義社会の労働者は一日八時間というように、時間をかぎって自分の労働力を売ります。のこりの一六時間は労働者が何をしても自由です。

資本家が労働者に支払う賃金は、労働者とその家族が生活する分であり、たとえば一時間につき一〇〇〇円、一日八時間で八〇〇〇円とまえもって決められます。

かりにその労働者が、一時間労働して二〇〇〇円、八時間で一万六〇〇〇円の価値を生産したとすると、資本家は一時間につき一〇〇〇円、一日八時間で八〇〇〇円の価値を労働者から搾取することができます。

資本家は一人の労働者を一日働かせて搾取した八〇〇〇円で、つぎの日にはもう一人の労働者を一日八時間で八〇〇〇円の賃金を支払って雇うことができます。こうして二日目には二人の労働者を雇い働かせることによって、資本家は一万六〇〇〇円を搾取することができ、三日目には四人の労働者を雇い、三万二〇〇〇円を搾取することができます。

このようにして、資本はつぎつぎに膨張していきます。多くの労働者を雇えば雇うほど、労働者に多くの労働をさせればさせるほど、資本家のもうけは増大していきます。資本家がより多くの労働者を搾取することによって、資本家と労働者の対立がはげしくなります。

資本家は労働者にいかに多く生産させ、より多くの利潤を獲得できるかということに関心をもちます。資本家は毎日、雇う労働者をかえるよりも、同じ労働者を一生雇ったほうが安定して搾取できるので、社員寮や社宅、体育館などの福利厚生施設をつくり、労働者の家族まで世話をするようになります。中小企業にはできなくても、大企業は労働者を一生、家族ごとめんどうをみることもできます。そうなると、労働者はまるで家族ごと資本家に買われるようにみえます。

大企業は多くの労働者を大規模に効率よく搾取するので、福利厚生施設などをつくる費用をたくわえておくことができるのです。茨城県日立市や愛知県豊田市のように、企業名がそのまま市の名称になっているところがあります。このような市では生活のすみずみにまで企業の影響力がおよんでいます。

労働者を一人や二人雇っても、大きな利潤を得ることはできません。一〇〇〇人、一万人という多くの労働者を雇ってこそ、大きな利潤を獲得することができます。

一〇〇〇人、一万人という労働者を雇うことのできる大資本をはじめからもっている人はかぎられています。最初の資本家は誰だったのかといえば、日本では、江戸時代に旗本や御家人の代理として、禄米《ろくまい》のうけとりや販売などをした商人である札差《ふださし》や皇族、江戸時代に大名であった華族などでした。

お金がある者がときの政府と手を組んで暴力を行使しながら、最初の資本家になっていきました。

その典型的な例が北海道です。北海道はもともと蝦夷地《えぞち》と呼ばれていたアイヌ民族の土地でした。江戸時代に幕府のしめつけをうけた東北地方の藩主が活路を見いだそうと北海道にわたり、アイヌ民族とのあいだで初歩的な貿易を始めました。

明治時代にはいると、政府は北海道は天皇の土地だといいだしました。それに反抗するアイヌ民族の人たちは殺されていきました。明治政府は北海道を天皇を国家元首とする自分たちの土地だと一方的に宣言し、本州から開拓者をおくりこみ、彼らに無償でアイヌ民族の土地を分けあたえていきました。このとき、明治政府から土地の耕作権をあたえられた人が北海道の最初の資本家になりました。

最初の資本家は、人民のなかから民主的に選ばれたのではなく、暴力的な方法で生まれていきました。最初の資本家が登場すると、彼らは農民や手工業者から生産手段をうばって無産者に没落させ、労働者として雇い、資本を膨張させていきました。

それでは、資本が膨張していくとどのようになるのでしょうか。

資本家がつぎつぎと労働者を雇い搾取していくと、資本はますますふえていきます。そして、ふえた資本をもとにさらに労働者を雇っていくと、その国には雇う人がいなくなります。

資本が膨張しすぎて国内で搾取する対象がいなくなると、資本は海外にでていきます。海外では安く労働者を雇えます。とくに経済的に発展途上にあるアジア、アフリカ、ラテンアメリカの国々に進出すると莫大な利益を得ることができます。

資本家の搾取があるかぎり、海外においても反抗はおこります。そこで、軍隊を海外に派遣して、最終的には軍隊で海外の人々を管理します。軍隊は世界の平和のためにあるのではなく、人々を暴力でおさえコントロールするためにあります。資本主義の軍隊があるかぎり、平和になるのではなく戦争がおこります。

## 資本主義社会の問題点

資本主義社会には、資本主義社会であるかぎりかえることのできないいくつかの重要な社会構造上の問題点があります。

その一つは、人々が絶対に平等になることができず、つねに階級対立のなかでしか生きていくことができない社会構造になっているということです。

二つは、お金がすべてであるという考え方が社会の全分野に広く普及し、人間よりもお金が大切であり、より多くの資本をもった人間、お金もうけできる人間がりっぱな人間であるという、お金中心の考え方や生き方が社会に浸透していくということです。

三つは、自由競争にもとづいて売れる商品がつぎつぎに開発されて生産され、売れなくなってあまった物は捨てられていく経済運営がなされるということです。

たとえば、最初は白黒テレビがつくられ、それが売れなくなるとカラーテレビがつくられ、つぎには液晶テレビ、デジタルテレビ、ハイビジョンテレビなどが開発され生産されていきます。商品のブームは企業の宣伝によって意図的にひきおこされていきます。毎日、テレビや新聞で新商品の宣伝が流され、家庭のなかに浸透していきます。

いったんブームがつくられるとその商品に生産が集中し、ブームが去ると過剰に生産された物があまるようになります。中国で生産をおこなっている日本のある衣料メーカーでは、生産した商品の六割が売れずに処分されているといわれています。

新商品を買わざるをえない状況も意図的につくられています。たとえば、パソコンやプリンターなどの新製品を買ってしばらくつかっているうちに故障したとします。ところが、メーカーが何年もたたないうちに部品を生産しなくなるため、修理ができないということがあります。メーカーは古い製品の部品はつくらず、つぎつぎに新しい製品を買わせようとします。古い製品をひきとるにしても、それは新製品を売るときの値引き程度の値段でしかひきとりません。新しい製品を開発した企業は勝ち組として生きのこり、古い製品をいつまでもつくっている企業は競争にやぶれて倒産していきます。

過剰生産で物が売れなくなり、全社会的範囲で経済が停滞すると恐慌がおこります。経済恐慌がおこったとき、勝ちのこるのは大資本家であり、倒産や失業に追いやられるのは小資本家や労働者です。

資本主義社会では大きな資本をもった者が勝ち組として生きのこり、小さな資本しかもたない者はやぶれ、社会の混乱のなかで大多数を占める労働者は貧乏のどん底に落としこめられていきます。

## 政府による収奪のしくみ

資本家が労働者のつくった価値をうばう方法には、搾取とともに収奪があります。収奪とは資本家の利益を代弁する政府が、人民から強制的にうばいとることです。

いま、一万円を一年間の定期預金として預けても、利率は〇・一%程度で一〇円ほどの利子しかつきません。日本が高度経済成長をつづけていたときには、一年間の定期預金に五%程度の利子がついていました。

ところが、政府が物価を二〇%上昇させるインフレ政策を実施すると、一万円がたちまち八〇〇〇円の価値しかもたなくなります。政府は、一〇%、二〇%というインフレ政策を簡単に実行します。政府は、インフレ政策によって人民の財産の価値を引き下げて人民から収奪していきます。

政府が人民から収奪するもう一つの方法は増税です。政府の歳入は基本的に税金でなりたっています。税金を徴収しなければ、政府は存在できません。政府は企業や人民から税金を徴収します。

日本では、不況から脱出するために税制改革をおこなうことがさけばれています。政府の税制改革の方針は、大企業からとる税金を引き下げ、人民からとる税金を引き上げるということです。最初の一年間は増減税を差し引きして一兆円ぐらい減税をおこない、二年目、三年目からは差し引きして増税するというのが最近の政府の税制改革の内容です。

政府の税制改革案が実施されると、人民は所得税の配偶者特別控除などの縮小によって二〇〇三年度から多くの税金をとられ、年度をますごとに増税になります。これにたいして大企業は投資減税などによって初年度から減税になり、年度をますごとに税負担が軽減されることになります。人民は最初から損をし、大企業がますますもうかるようになるのが政府の税制改革案の内容です。

収入印紙の代金や国立大学の授業料などをのぞいて、税金以外に国家の収入源はありません。現在、減税が経済を活性化させる方法だといわれています。政府は大企業にたいしてだけ減税をおこなおうとしています。

政府の税制改革案は、人民にたいしても減税を実施するかのような印象をあたえます。しかし、政府は減税した分をかならず増税によって人民から収奪します。

近い将来、消費税率を引き上げる案が浮上しています。医療費の患者負担率も引き上げられます。義務教育の教科書代も自己負担させたり、給食費を値上げしたりする動きもでています。政府は、公立学校を廃止してすべて私立学校にきりかえようとしています。

人民がこつこつと貯金して財産をふやしたり、いくらか賃上げを獲得したりしても、政府はインフレ政策や増税、医療費の患者負担率の引上げなどによって、人民からうばいとっていきます。

資本主義社会の構造をかえないかぎり、労働者はどんなに一生懸命働いても搾取と収奪によって生活に追われるようになっています。資本主義社会であるかぎり、労働者はこのような境遇からぬけでることができません。一国内だけでなく世界的範囲でも労働者は資本家によって搾取され、資本家が支配する国家によって収奪されていきます。

資本家の搾取や国家による収奪に反対する人々がいると、国家権力が行使されて逮捕されたり殺されたりすることもあります。

## 権力者たちの政治操作

こんにち、アメリカは世界一借金をかかえた貧しい国です。日本の個人貯蓄率（二〇〇一年度）は一二・五％程度ですが、アメリカの個人貯蓄率は二％程度にとどまっています。日本の対外純資産（二〇〇〇年）はプラス一兆一八〇〇億ドルであるのにたいして、アメリカの対外純資産はマイナス二兆一八〇〇億ドルになっています。日本がアメリカに巨額の金を貸すことによって、アメリカ経済がなりたっています。

現在の国際基軸通貨はアメリカのドルです。アメリカは自国で生産した物を外国に輸出して世界各国のお金を集めているのではなく、自国で印刷した紙幣をばらまくことによって各国から製品を輸入し、各国が得たお金でアメリカ国債を購入させることによりお金を集めています。

一国内においても世界的範囲においても、政治権力を握った者たちはさまざまな方法をもちいて、自分たちは損をせず、人民が苦しい生活を強いられるよう政治によって操作していきます。

最近、国内で広くおこなわれているものに市町村合併があります。

政府は、全国の地方自治体にたいして、財政基盤の弱い小さな市町村は財政基盤の強い大きな市町村と合併するよう指示しています。合併を拒否すると、政府はその市町村にたいして地方交付税交付金などを支給しないようになるので、小さな市町村は事実上、選択の余地がなく合併を強いられています。東京、関東でも埼玉県で浦和市や大宮市などが合併してさいたま市がつくられたり、田無《たなし》市と保谷《ほうや》市とが合併して西東京市がつくられたりしました。

市町村合併がおこなわれると、さまざまな問題がおこってきます。大きな市町村の基準にあわせて地方自治体の行政がおこなわれるようになり、赤字経営のバス路線は廃止されたり、小さな診療所が閉鎖されたりします。きびしい状況にある人たちほど大きなしわ寄せを集中的にうけるようになります。合併がおこなわれると、過疎地などはますます不便になり、山村などから大きな市や町に移り住むという人もふえます。

世界各国をみると、各都市はそれぞれの役割を担っています。政治の中心地である首都と経済の中心地、文化の中心地、自然環境の中心地などがそれぞれわかれています。たとえば、アメリカでは首都ワシントンとニューヨークはそれぞれ異なった特徴をもち役割を果たしています。イギリスでもロンドンとバーミンガムなどの都市はそれぞれの特徴と役割をもっています。

ところが、日本では政治も経済も文化もすべて東京や大阪などの大都市中心です。

首都をはじめとする大都市に政治や経済、文化の中心が集中することは、政府にとっては一見、効率がよいようにみえますが、長い目でみたとき国を豊かにするものではありません。これも、資本家や一部の支配者による政治操作です。

資本家の利益のためにおこなう政治には、人民を収奪したりだましたり、かけひきをしたりというように汚れたイメージがつきまといます。資本家階級と労働者階級、支配者と被支配者の対立をかくし、支配者が被支配者を支配しやすいようにするためにおこなわれる政治が資本主義の政治です。

それにたいして、社会主義の政治はみんなで意見をだしあい、みんなの要求をみんなで決めて実行する政治です。みんなの心をあわせ、共通の利益のためにみんなでおこなうのが社会主義の政治です。

資本主義の政治と社会主義の政治とのあいだには根本的なちがいがあります。

## 資本主義と社会主義の軍隊

軍隊の性格も資本主義社会と社会主義社会ではまったく異なります。

日本の自衛隊のような資本主義の軍隊は、主に二つの役割をもっています。

一つは、国内において資本家に反対する勢力が台頭してきたとき、最終的には武力で鎮圧するということです。国内の労働者が資本家の政府に反抗したとき、はじめは警察が鎮圧し、警察だけではおさえられなくなったとき自衛隊が出動します。

二つは、海外で日本の資本家の利益を実現するために武力を行使するということです。山火事や災害がおこったとき自衛隊が出動したり、国連平和維持活動という名目で何十名、何百名かの自衛隊員が海外に派遣されたりするというのは、資本家の利益を実現するための軍隊であるという本来の役割をおおいかくす意味しかもちません。

日本の場合、軍事費もおおいかくされています。

日本の純粋な軍事費はそれほど多くないようにみえます。ところが、日本の場合は巧妙なしくみになっており、ＮＥＣや三菱重工、新日鉄などの大企業がおこなっている宇宙衛星の開発などがすべて軍事と結びついているにもかかわらず、軍事費には計上されていません。軍需産業の技術開発費や、文部科学省や経済産業省が軍需産業に支出している技術開発費も事実上の軍事費です。

国家予算に計上されている年間約五兆円の防衛関係費は、純粋に自衛隊の人件費や戦闘機などの武器の購入につかわれています。国家予算に防衛費として計上されている金額は、日本の軍事費のすべてではありません。

アメリカの国防費は年間約四二兆円です。日本の一般会計が約八五兆円です。世界第二位の経済大国日本の一般会計の約半額を占めるということからしても、アメリカの国防費がいかに膨大であるかがわかります。アメリカの国防費も、在日米軍の武器の修理などとして日本の軍需産業でつかわれています。

社会主義の軍隊は、二つの役割をもっています。

一つは、帝国主義国などの外国から侵略されないように自国を防衛することです。社会主義の軍隊は外国を侵略するための軍隊ではなく、外国の侵略から自分の国を守るための軍隊です。社会主義国は、日本やアメリカなどの帝国主義国が侵略しようとねらっているため、それにたちむかう必要性があるので軍隊をもっています。

二つは、国内の反動たちが外国勢力と手を組んで反乱や政権の転覆をはかることにそなえることです。イラクの反体制派がアメリカとのあいだでフセイン政権の打倒で合意したと報じられました。アメリカはフセイン政権を打倒するために、イラクの反体制派に莫大な資金援助をおこなうことも約束しました。アメリカはイラクにたいして外からは軍事攻撃を加え、国内では反体制派をそそのかして反乱をおこさせることによってフセイン政権を打倒し、親米政権をたてようとしています。

朝鮮にたいしてアメリカ政府の執拗《しつよう》な策動がおこなわれています。

アメリカの目的は朝鮮の政権を倒すことにあります。アメリカははじめは外からの軍事攻撃で朝鮮の政権を倒そうとしましたが、軍事力で朝鮮をつぶそうとするとアメリカも莫大な被害をこうむることが明らかになりました。朝鮮半島は軍事境界線で南北に分けられているだけで陸つづきです。北を軍事攻撃すれば南に戦火が飛び火します。韓国には三万六〇〇〇人の米軍が駐留しており、多くのアメリカ企業が進出しています。戦争がおこれば韓国に駐留する米軍やアメリカ系企業も大きな被害をこうむることになります。そのためアメリカは外からの軍事攻撃ではなく、内部から攪乱《かくらん》して朝鮮の政権を倒そうとしているのです。

社会主義の軍隊は、本来、外国を攻めるための軍隊でもなければ、良心的な人々を弾圧するための軍隊でもありません。人々の生活と国の安全を守るための軍隊です。

これにたいして、資本主義の軍隊は人を支配するための軍隊、強い者が弱い者を支配するための軍隊です。強い者が行使する武力は弱い者を支配するための武力です。弱い者が行使する武力は自分の身を守るための武力であり、強い者を倒すための武力ではありません。

こんにちの世界にはアメリカを攻める国はありません。しかし、アメリカが攻めようとしている国は多くあります。ブッシュ大統領は、自国を防衛するために他国に先制攻撃を加えるといっていますが、それはまったくのうそです。

資本主義と社会主義では、軍隊の性格やその役割がまったく異なるということをみておかなければなりません。

## 二、青年は歴史をきずく

### 苦労している人たちのために生きる

青年学生はこれから一生懸命勉強し、働いたりもするでしょう。しかし、資本家のためではなく、多くの素朴で貧しく苦労している人たちのために生きることが大切です。そのために学び、そのために就職するようにしていきましょう。

資本主義社会は不条理な社会です。日本と世界では多くの問題がおこっています。いまの社会が矛盾にみちた社会であるという真実を知った青年学生は、最初、衝撃をうけます。そしてこれは許せない、この社会をかえたいと思います。

しかし、多くの人たちは自分のことを優先するようになりがちです。いまの社会に流されないためには、正しい思想をもつ必要があります。人間は生きているうちに、人間として心に感じることがかならずあります。友だちみんなでなかよく生きよう、世界の人たちともなかよく生きていこうという人間らしい心をもちつづけなければなりません。

若いころから世界の人たちと交流することはよいことです。言葉は通じなくても、みんななかよく生きていくべきです。なぜせまい自分の国だけで、自分たちの利益だけを考えて生きていかなければならないのでしょうか。なぜ強い者にこびて、それにしたがって生きていかなければならないのでしょうか。日本でも世界でも、みんなが助けあって生きていくのがよいのです。

みんながなかよく助けあって生きていくためには、多くの人々のために生きるという思想が必要です。たとえ有名になるにしても、自分のためではなく、多くの人々のために有名になることが重要です。大学に行くのも自分のためではなく、多くの人々のために行くのが大切です。

## みんなのために生きる思想をもつ

思想には大きく分けて二つあります。

一つは、自分のために自分のことを優先して生きる思想です。二つは、みんなのためにみんなのことを優先して生きる思想です。人間は、この二つのいずれを選択するか、いつも迷いながら生きています。

家族のことを大切に思う心は家族愛であり大切ですが、家族主義は、自分の家族さえよければ他の家族はどうなってもよいという考えや立場を意味します。よりよい社会をつくるうえで、家族主義は問題となります。

個人を大切にするということ自体は問題になりません。しかし、自分個人さえよければ他の人はどうなってもよいというのは利己主義です。

自分の民族を大切にすることはよいことです。しかし、自分の民族さえよければ他の民族はどうなってもよいとするなら、それは民族利己主義です。

人間がどのように生きるかは、自分のために生きるのか、それともみんなのために、みんなのなかで生きるのかという思想的選択の結果としてあります。

自主の思想とは、多くの人々のために愛情と責任をもって主人として生きていこうとする思想、日本のみんなが主人として生きることのできる社会にしていこうとする思想です。自分のためではなくみんなのために生きてこそ、人間が本来もっているやさしさが多くの人たちのために広がり深みをもつのです。自主の思想を生活や人生に表現することが大切です。

みんなのために主人として生きる人間が誰よりもあたたかい人間です。

## 信念をもって手をつなぐ

いま世界で最大の問題はグローバリズムです。グローブとは地球体のことであり、グローバリズムとは、地球一体化の考え方ということもできます。

地球一体化といえば何かよいことのように思えます。しかし、グローバリズムの実態は、アメリカ一国が、世界の一九〇余か国を自分の利益にもとづいて武力で支配しようとする考え方です。ほかの国や人々の自主性は認めず、アメリカのエゴを世界的範囲で暴力的手法で実現しようとする考え方であり、危険な時代遅れの行動様式、政治方式です。

いま、世界において国連はほとんど機能していません。軍隊の派遣は国連ではなく、アメリカが直接おこなっています。アフガニスタンにも国連軍ではなく米軍が侵攻し爆撃をおこないました。湾岸戦争（一九九〇〜九一年）にも米軍が直接侵攻しイラクを攻撃しました。

アメリカ一国が武力で世界を支配し、アメリカにしたがわない政権をくつがえすというのがグローバリズムの実態です。

二〇〇二年八月一五日にアメリカ政府が発表した二〇〇二年国防報告では、アメリカを防衛するためには先制攻撃が必要であり、核攻撃などもふくめていかなる手段ももちいるとし、中国を攻撃対象からはずさないといっています。二〇〇二年一月の「核配備見直し報告」でアメリカは、核攻撃の対象を朝鮮やイラク、イラン、リビア、シリア、中国やロシアとしていました。

アメリカは日本にたいしても、アメリカのいうことを聞かせようとしています。アメリカのような考え方は許されてはなりません。一人ひとりの自主性は、その人の命と同じかそれ以上に大切です。また、国の自主性も、民族の自主性も大切です。

国や民族、一人ひとりの自主性が大切であり、誰か一人が暴力で支配するのではなく、みんなが助けあわなくてはなりません。

よい社会をつくるために運動していくうえでは、たたかう対象や課題だけをみては運動できません。もっとも大切なことは、運動する主体をつくることです。そのためには何よりもまず、自分一人でもこの不条理な社会や不幸な人々をなくしていくと決心することが大切です。人生の途上や活動の過程で困難に直面しても、どんな障害にぶつかっても、その決心は絶対まげないと心に決めて歩むのは思想の確立、信念の問題です。

つぎには、多くの人たちと団結しなければなりません。まず身近な人と手をつなぎ、助けあわなければなりません。誰とどのように団結するのかは活動方法の問題です。

不正をあらためよい社会をつくるためには、たたかう対象や課題をみるのをいったんやめてでも、大多数の人たちと手を組むためになかまづくりをしなくてはなりません。つまり、多くの人たちを信じなくてはいけないのです。

いったん人を信じたなら、その人たちにどんなに欠点があるように見えても、どんなに自分を拒否するように見えても、何度もはたらきかけなくてはなりません。

人にくせがあっても、あきらめずに何度も手を組もう、助けあおうと相手にはたらきかけなくてはなりません。知っている人はすべてはたらきかける対象です。そして、まだ会ったこともない新しい人をさがしに行き、その人たちとも手をたずさえなくてはいけないのです。

多くの人たちは、一見すると社会に関心がないように見えるかもしれません。しかし、みんな自主性をもった人間です。みんな人々と助けあって生きていきたい、主人として人を愛し信じて生きていきたいと思っています。自分の力をこのうえなく発揮して生きたいと思い世界が平和であることを願っているのです。

人にはたらきかけるうえでは、相手がよく理解できるようにするための方法を考えなくてはなりません。人に会ってひるんで相手に話をあわせたり、何も信念や意見を話さないで帰ってくることをくりかえしていると、何度会いにいっても影響をあたえることはできません。話をしないかぎり、相手は新しい生き方や未来社会について理解することはできません。

自分が学んだことを身近な人たちや友だちに話さなくてはなりません。しかし、話す方法としては遠まわりをしたり、時間をかけたりするほうがよい場合もあります。

信念を露出することと、時間をかけて実現することは別問題です。信念を露出してぶつかり、そして引っこめるということをくりかえしていると、そのうち自分の力もつきて自信をなくしてしまいかねません。

## 人間解放のための自主の思想

社会をよくしようとする運動は進歩的な運動です。

進歩的な考え方のなかでは、これまでマルクス・レーニン主義が最高の理論だといわれてきました。現実をかえようとする理論は、マルクス・レーニン主義にまさるものはなく、影響力も大きかったのです。ところが、ソ連東欧の社会主義が崩壊することを前後して、疑問がだされるようになりました。

マルクス・レーニン主義は、依然として正しい理論であり、現実社会をかえるうえで威力ある理論ですが、歴史的な制限性があります。

マルクス・レーニン主義は、労働者階級の解放を主張しました。労働者階級とは、一人ひとりの労働者ではなく労働者総体を意味します。マルクス・レーニン主義は、労働者総体が幸せになることを目的とした理論でした。そのために、他の階級が二次的に位置づけられる傾向がありました。

自主の思想は、労働者階級だけではなく、最初から全人民の解放、人間解放を願い実現しようとする思想です。それも、人間の自主性を基本にして全人民を解放しようとする思想です。

マルクス・レーニン主義では、どのように労働者の解放が考えられていたのでしょうか。

マルクス・レーニン主義では、労働者階級が貧しくしいたげられるのは資本家階級がいるからだ、いまは一部の資本家のために多くの富が独占されている、資本家階級をなくして労働者階級が自分たちの政権をつくれば、富が労働者のために分けあたえられるようになると考えられていました。

また、労働者階級が政権をにぎればすべての人々を労働者階級にすることができ、最終的には階級がなくなると考えられていました。簡単にいえば、労働者のために物が豊かな社会をつくり、社会制度を労働者階級中心にかえるというのがマルクス・レーニン主義の考え方でした。

しかしソ連などをみてわかったことは、労働者階級が政権をにぎるだけでは、あるいは物が豊かになるだけでは、みんなが幸せにならないということです。

お金さえあれば幸せになれるでしょうか。金持ちの家でも財産をうばいあったり、殺しあいがあったりします。貧しくても助けあって楽しく暮らしている家庭が多くあります。お金はないよりもあったほうがよいかもしれません。しかし、お金が幸せを保障してくれるわけではありません。

小さな集団でも大きな集団でも、社会的にみれば、幸せとは人間が主人として生きていくことができるということです。主人として生きるということは、あるじとしていばるということを意味しません。自分の自主性が社会や集団のなかで全面的に擁護され活かされ実現されるということです。

自主性を擁護するということは、他の人の自主性も保障し自分自身の自主性も守るということです。自分自身の自主性を守ることによって、他の人の自主性も保障することができます。

それでは、新しい自主の運動理論の特徴は何でしょうか。

一つは、労働者階級の経済的物質的な解放だけではなく、すべての人民が社会の主人、世界の主人になろうとする自主性を根本にすえて、あらゆる問題を考え実現していく理論であるということです。

もう一つは、人民の主人としての役割を高めることによって社会運動を発展させ、運動で提起されるすべての問題を解決していこうとする理論であるということです。

## 自主の思想を生活に活かす

青年学生は、自主の思想を学習し、それを自分の生活や将来のために活かし適用することが重要です。

自主の思想を生活や活動に適用する根本的な方向は、第一に、自主性を実現する社会をつくるために主人らしく生きることを回避したところで自主の思想を適用しようとしても、それは根本的方向ではありません。たとえば、受験など目先の利益のために自主の思想を活かそうとするのは根本的方向ではありません。

自主の思想を生活や活動に適用する方向は、第二に、一人ひとりの役割を高めることです。いかにりっぱな人であっても、努力しない人は成長しません。人に話すにしても、もっと勉強して自分の役割を高めなければ人には伝わりません。

以前はたいへんおとなしかったのに、いまではしっかりして話し方もじょうずになった人がいます。それは、その人が人と活動するうえでの自己の役割を高めてきた結果だといえるでしょう。自分の能力や役割が高まってくると、よく活動することができます。

役割を高める方法はいろいろあります。歌や楽器を練習して、それを活動のためにつかうこともできます。たとえば、音楽サークルを一〇名でつくるとします。そして、いままで音楽とは無縁でさびしい生活をしていた人を誘い、音楽活動をとおしてその人たちが主人らしく生きるようになったとします。これは一〇名を主人らしくするために音楽が活かされたということです。また、その一〇名の人たちにとっては自分の世界が広がることになります。これは、一〇名の人の自主性を擁護する活動であるということができます。しかし、それだけでは一〇名以外の人には関係がありません。

そこで、音楽活動の内容が重要になります。音楽サークルは、多くの人たちを励ます歌をつくるなど、多くの人たちのために音楽活動をしていかなければなりません。自分たちだけが楽しければよいのではなく、日本の社会のみんなのために役立つものであるならなおよいでしょう。

映画会を開くにしても、どのような映画を上映するのかをよく考えなくてはなりません。多くの人たちが主人らしく生きていけるようにする契機になり、そのために話しあうきっかけになる映画を選んで、映画会を開くことが必要になってきます。

これまでの運動理論では、政治制度をかえさえすれば貧しい人は幸せになれると考えられる傾向がありました。極端な場合には、そのためには何をしてもよい、労働者など一般の人たちはたちおくれた人たちであり、新しい社会になってから教育してりっぱにすればよいと考えることもありました。

自主の思想にもとづく新しい理論は、人々を信じて、その役割を辛抱強く高め、なかまとなかまの絆を強めて自分自身もゆるぎない信念をかため、さまざまな実践的な活動を多様に組みあわせながら、民衆のために生きたたかう大きな集団をつくっていこうとするものです。

新しい理論の方向や方法が正しければ、かならずこの不条理な社会をくつがえし、人々が幸せに暮らせる社会をつくることができます。それがどんなに遠くむずかしい課題であっても、人々の要求にあっており未来社会を代表する内容であるなら、その目標を見失わず大きな夢や希望にむかってすすんでいきましょう。

青年にとって、夢や希望は大きければ大きいほどよいのです。夢はもちつづけなければなりません。みなさんには、その大きな夢や希望のために生きる青年や学生になることが期待されています。誇りある道のりを、最後まで助けあってともにすすんでいきましょう。

## 青年学生が新しい社会をつくる

年齢をますと一般的に多くの経験をつみます。しかし、社会をかえていこうという思想や決心が弱まる場合もあります。新鮮で純粋な気持ちをもって、このすばらしい道を生きていこうとする決心がもっとも強い人たちが青年学生です。

今後、自主の運動も日本のさまざまな運動も、青年学生によって担われていきます。そして、多くの人々を包括しながら、青年学生が新しい社会をつくっていきます。

人々のほんとうの願いや要求にそって歴史を正しく発展させていく自主の運動が勝利していくことは疑いありません。

新しく歴史をきり拓く人々は、少々の困難があっても自己の信念で誇りあるたたかいの道をまっすぐに歩んでいきます。人々の自主性を守り日本を自主化する活動の途上では、いくらか苦しいことがあるかもしれません。きびしい道のりもなかまとともに勇気をもってのりこえたなら、その苦労は何倍もの喜びとなってかえってくるでしょう。

一般的に、親は子どもをかわいいと思い、子どもがりっぱになることを願います。また子どもが好むことをします。子どもがお金がほしいといえばお金を、お菓子がほしいといえばお菓子を、ゲームがほしいといえばゲームをあたえ、それで終わりです。

しかし、新しい世代である青年学生に正しい人生について知らせることが重要です。

未来の担い手、二一世紀の主人公である青年学生は信頼に値する人たちです。青年学生は、自主の思想や日本を自主化する路線、自主の運動理論についてもよく学び、それを身のまわりから実践していきましょう。

新しい社会をつくる活動の道のりで、高校生活、大学生活、働く生活はどのようにするのがよいのかについても考えていきましょう。

## 革命の原因、対象と主体

不条理な社会にあって、社会制度を根本的にかえていくことを革命闘争といいます。

革命はどのような原因でおこるのでしょうか。かつては、人々がどん底まで苦しくなれば革命がおこるといわれていました。ところが、その後、明らかになってきたことは、一般的に人々は貧しくなればなるほど、貧しさに慣れ、貧しさにあまんじるようになるということです。人はいじめられたからといって、かならずしも抵抗するようになるとはかぎりません。貧しさやいじめにたえていくようになるのが一般的です。

マルクスは人々が貧しくなれば革命がおこるという理論を明らかにしましたが、その後の歴史的経過は、人々が貧しくなれば革命がおこるとはかならずしもいえないということを示しています。

レーニンは、帝国主義は世界市場をうばいあうために戦争をひきおこす、帝国主義段階における資本主義社会では、戦争と平和の時期がくりかえされる、戦争がおこって社会が混乱したすきに革命をおこせばよいという理論を明らかにしました。実際にロシア革命は第一次世界大戦の混乱の最中におこりました。

しかし、レーニンの理論もその後、かならずしも現実的ではないことが明らかになりました。少なくとも、現代においては普遍性をもちません。

日本は朝鮮や中国を植民地支配し、欧米の帝国主義国と市場をうばいあうために戦争をひきおこしました。このとき日本の大多数の人々は、不条理な社会をかえるための革命闘争に立ち上がったのではなく、戦争にかりだされて侵略の手先にさせられ、みずからも戦死させられたり空襲や原爆によりたえがたい苦しみを味わわされたりしました。

革命の原因は人々が貧しくなることでも社会が混乱していることでもなく、結局、人々が新しい社会のなかで主人らしく生きていこうとする自主的な意識を強くもつのか、それともいまの社会の流れに乗せられて苦しいことにもたえながら、決められたレールのうえでかろうじて生きていこうとするのかという要求の高さにかかってきます。

革命の原因はまず第一に、人々の自主意識の高さにあります。革命をおこすうえでは、人々の自主意識を高めることが重要になります。

自主意識を高めるためには、まず自分の生き方に自信をもちみんなのために生きることに誇りを感じるようにならなければなりません。集まりに参加する場合、消極的な姿勢をとるよりも主人らしく積極的に参加して、その集まりの雰囲気をもりあげたり意義ある集まりになるよう努力したりすることが大切です。

革命の原因は第二に、民衆の政治的準備です。いいかえれば自主意識でめざめたなかまの集団がどれほど強く大きいかに、革命がおこるか否かがかかっています。

革命闘争の敵と味方の構図は、革命の対象と革命の主体の大きく二つに分かれます。

革命の対象とは、革命闘争における敵、革命闘争をおこなって打倒すべき対象です。社会主義革命においては、すべての資本家階級が革命の対象、敵であると見なされてきました。現在の日本においては社会主義革命をおこなうことではなく、日本を自主化することが課題になっています。日本を自主化するうえでは、資本家であっても自主化に賛成する人はともにたたかう味方にすることができます。すべての政党の人たちを自主化をすすめる味方にすることができます。自主化に反対する人もごく一部いるでしょう。そのわずかな一部をのぞいて、すべての人々をともに自主化のたたかいを担っていくなかまと位置づけ、活動の輪を広げていかなければなりません。

革命をおしすすめる主体は、大衆と政治組織、指導者の三つで構成されています。

大衆とは、たとえば学校の友だちなど、学校や職場、地域で接する人々です。

政治組織、政治的な集団とは、日本の社会を変革していく政治的な目標を一つにした集団です。政治的な集団においては、メンバーになっているかどうかという形式ではなく、社会変革をおこなおうという自覚をもっているかどうかという中身が大切になります。政治組織と労働組合や学生自治会、生徒会は異なります。労働組合や学生自治会、生徒会は革命的自覚にもとづいてつくられた集団ではありません。政治組織は、いまの社会の階級的本質にめざめ、いまの社会制度を根本的に変革しようという革命的自覚にもとづいて形成された集団です。

社会変革をおしすすめる集団のなかでは、政治組織であれ大衆団体であれ、責任者と個々のメンバーがつねにたがいの連携を密にしなければなりません。つねに話しあい、何でも相談し、気持ちを通じあわせていることが大切です。

責任者となかま、大衆の結合が広くかつ強ければ強いほど革命の主体は強固なものに成長していきます。革命の主体は、責任者となかま、大衆の結びつきの広さと強さに正比例して成長します。

## 自主化は当面の戦略的課題

世界の自主化は、世界革命の終局的勝利を実現する道での当面の戦略的課題です。世界を自主化することが重要であるのは、アメリカが武力を行使して世界で横暴のかぎりをつくしているからです。アメリカが武力で世界を一極支配することをやめさせなければなりません。

また、いまの世界では核兵器などの軍事力が強化されており、それらの威嚇《いかく》や支配をなくさなければなりません。

日本はアメリカに徹底して従属しています。残念なことに、日本だけでなく世界の多くの国がアメリカに従属しています。アメリカにそむくと外からの軍事攻撃や内部の攪乱などあらゆる方法で政権がくつがえされてしまいます。

イラクのフセイン大統領は、もともとアメリカ中央情報局（ＣＩＡ）が養成した手先でした。イランで革命がおこった後、フセイン大統領はアメリカと手を組んでイラン・イラク戦争をひきおこし、イランに化学兵器を投下しました。ところが、その後、フセイン大統領はアメリカにしたがわなくなったため、アメリカはイラクのクウェート侵攻を口実として湾岸戦争をひきおこし、イラクに軍事攻撃を加えるようになりました。

自分にしたがっているときは利用し、したがわなくなると軍事攻撃を加えて政権の打倒をはかるというアメリカのやり方は、まったく身勝手なものです。

アフガニスタンのタリバン政権の最高指導者オマール師やアルカイダの指導者とされるオサマ・ビンラディン氏も、もともとはCIAが親ソ政権を打倒するためのゲリラ闘争をおこなわせるために育成した戦士でした。ところが、タリバンはアフガニスタンの政権についた後、アメリカにしたがわなくなったため、アメリカは軍事攻撃を加えてタリバン政権を崩壊させました。

アメリカの世界にたいする支配と干渉には想像を絶するものがあります。日本もアメリカにしたがっています。日本を自主化し世界を自主化しなければなりません。日本と世界を自主化することは一見むずかしいことのようにみえますが、かならずやりとげなければならない課題であり、また可能な課題です。

日本の自主化は、大きく三つの内容をもっています。

一つは、対外関係における自主化です。日本をまずアメリカに従属しない国にするということです。アメリカに従属しないということは、アメリカを敵とみなすということではありません。アメリカとの関係で自主的な関係をうちたてるということです。また、アジア諸国をはじめ他国を従属させないということです。

日本はアメリカにしたがい、アジア諸国を従属させようとしています。いかなる国とも自主的な関係を結ばなくてはなりません。自主的な外交関係を樹立し自国の自主性を堅持し、他国の自主性を尊重する外交方針のもとで外交活動をおこなっていくようにすることが大切です。

二つは、日本の国内において民主化することです。民主化とは、文字どおり人民が国の主人になることです。

日本では労働者が国の主人になっているとはいえず、農民のための政治がおこなわれているわけでもありません。学生がのびのびと勉強できる状況にあるわけでもなく、卒業しても就職も保障されなければ、何のために高校や大学に進学するのかもわからなくなってきています。

文化活動においても、誰もが等しく音楽や演劇、舞踊などにうちこんだり鑑賞できたりするわけではありません。アイヌ民族や沖縄県民、障がい者などが社会の主人として堂々と生きることができる状況にもありません。

日本の主人は、ごく少数の政治家や資本家だけで、大多数を占める人民は、支配層にしたがって流れのなかで生きることを余儀なくされています。社会のあらゆる分野を民主化して、人民が主人となる社会をつくっていかなければなりません。

三つは、日本を平和化することです。

平和に対立するのは暴力をもちいた戦争です。平和化するということは、戦争をしないということです。なぜ戦争がおこるのかといえば、強い者が弱い者を武力でおさえつけようとするからです。弱い者が強い者に抵抗して戦争がおこるということは基本的にはありません。仮におこったとしても、そのような戦争はすぐに終わってしまう小さな戦争です。力の強い者、強い国が力の弱い者、弱い国を武力でおさえつけようとするときに戦争がおこります。いいかえれば、強い者が弱い者の自主性を尊重しようとしないところに戦争の原因があります。

相手の自主性を尊重するという立場にたてば、戦争はおこりません。それゆえ、真の平和は自主の理念に結びついています。

日本を自主化するということの主な内容は、このような対外関係における自主化、国内における民主化、平和化の三つです。

日本の自主化と世界の自主化が達成されるまで、自主化の運動をおしすすめていかなければなりません。自主化に反対する勢力はごくわずかであり、多くの人々は自主化に賛成することができます。

## 日本を自主化する運動

自主化の運動をおしすすめるうえでは、さまざまな活動が必要になります。大衆集会を開いたり、音楽活動やさまざまな芸術公演をおこなったりして自主化の運動をおしすすめていくことができます。日本舞踊など日本の伝統的な文化や芸能を守ることも自主化にとって大切な課題です。日本を自主化する運動をおしすすめるうえでは、山や海に行ってみんなでレクリエーションを楽しむこと、各地で合宿をおこなうことなどとりくむべき課題は多くあります。

新しい社会をつくる活動は、つねに順風満帆とはかぎりません。自分一人で学校や職場で活動するのはたやすいことではありません。なかまと学習したり、合宿でよいことを感じたりしても、いざ学校の友だちや職場の同僚に会うと、なかなか話ができる状況にはありません。友だちや同僚は日本や世界のこと、社会のしくみや本質についてほとんど知りません。

話をしても通じないと、最初はどうしてこの人は理解できないのだろう、いったい何を考えているのだろうと、相手に不信感をもちやすいものです。そのうちに相手に何も伝えられない、影響をあたえられない、自分はだめではないのかと自信を失いかねません。

このような傾向に歯止めをかけるのはなかまの存在です。なかまたちと頻繁に会って学習や活動、レクリエーションをおこなうのです。その頻度が多く、密度が濃ければ濃いほど、自分が学校や職場で苦しい局面に直面しても、それを克服していくことができます。

人にたいして活動をよくおこなうことができないとしたなら、それは真剣になかまづくりをおこなっていないところに原因があります。なかまづくりを基本にしてよく学習をおこない、たがいに励ましあいながら多くの人たちに辛抱強くはたらきかけていくことが大切です。

日本を自主化し、すべての人々が主人となって愛しあい助けあってなかよく幸せに暮らす理想社会は、代を継いで活動してこそ実現することができます。

新しい世代である青年学生は、たがいに励ましあい助けあって、ともに誇りある自主の道を歩んでいきましょう。

# 自主性にもとづく真実の愛

—尾瀬の青年セミナーにおける報告—

二〇〇四年七月三一日

愛は人間にとってもっとも身近で重要な問題です。

愛について正しく理解することは、人間が幸せな人生を歩むうえで、ひいては愛あふれる未来社会をきずくうえで大きな意義があります。

## 社会的存在である人間の愛

愛には、親子や兄弟の愛、男女の愛など人間にたいする愛、人間以外の自然や物を愛する愛、神の愛、仏の慈悲など、さまざまな愛があります。

辞書では愛について〝親兄弟のいつくしみあう心、広く、人間や生物への思いやり〟と説明しています。

一般的に愛というとき、人間が人間を愛することを意味します。愛は人間と人間が自主性にもとづいて結合し、生きることを願う心ということができます。

愛することは人間の生きがいや幸福と深く関連し、人間は愛なくして人間らしく生きていくことはできません。人間は誰しも人を愛して生きていきたいと願っています。

人間の人間を愛して生きたいという要求は、人間の存在と深く関連しています。

人間は世界のなかで唯一の社会的存在です。

社会的存在とは、自然と社会の主人として目的意識的に社会的関係を形成し周囲世界にはたらきかけていく存在であることを意味します。人間は動物などの生命物質、石や水などの無生命物質と同じように物質世界の一部ですが、人間以外の物質が広い意味で自然的存在であるのにたいして、人間は唯一の社会的存在として生きています。世界のなかで目的意識的に社会的関係を結んで生きていく物質的存在は、人間以外にはありません。

世界は人類の登場と発展によって、しだいに人間中心に美しく豊かに変革されるようになり、歴史ははやいスピードで発展してきました。社会的存在である人間は、目的意識的に社会的関係をきずき、社会的関係を強化しながら周囲世界にたいして主導的にはたらきかけ、世界を変革し歴史を前進させてきたといえます。人間が目的意識的にきずく社会的関係、とりわけ人間と人間の結びつきの度合いが、周囲世界へのはたらきかけの強さ、はやさを規定しています。

目的意識的に社会的関係を結ぶのは人間だけがなしうることです。人間以外の他の物質と物質との結合は、自然発生的におこなわれるか、あるいは客観的法則にそっておこなわれます。

社会的存在である人間と人間の結合は、人間を愛する目的意識的な努力のつみかさねを経て強固になり大きな力をもつようになります。

人間は社会的存在であるがゆえに、誰しも愛する対象を求めて生きています。人間が愛する対象として心から求めるのは人間です。

人間が人間を愛することを大きく肉体的な愛と精神的な愛に分けることができます。

人間と人間との精神的な結びつきを求める愛には、異性間のプラトニックな愛、兄弟の愛、友情、親子の愛などがあります。

人間が肉体的に結びつくときは、一般的に男性が女性を、女性が男性を愛する場合です。人間は誰とも人間的な結びつきが得られないとき、異性間の肉体的結合に一時的な安らぎを見いだす場合があります。異性同士が肉体的結びつきにとどまり心の通いあいがなければ、その愛は多くの場合長くつづくことはありません。異性間の愛はたがいの人生で大きな意味をもちますが、重要なのは出会いよりもその後、たがいにいっそう努力し愛を育んでいくことにあります。

人間が愛のほんとうの対象として求めるのは人間であるがゆえに、人が愛に傷つき、愛に絶望するとき、人間以外のものを愛の対象にして生きようとすることもあります。人が立身出世や金儲けに夢中になったり、一人自然のなかですごしたりする姿は、仕事や金、自然などを愛し、一定の精神的充足を得ているかのように見えますが、人間を愛することにかわりうるものではありません。

人間は社会的存在であるがゆえに、誰しも人間を愛して生きることを願い、愛する努力をしながら生きています。人間が生きるということは、人を愛して生きることだということができます。

## 人間の愛は主体の愛

人間の愛は誰かに愛されるのを待つ愛ではなく、主体の愛、能動的な愛ということができます。主体の愛は、親の子どもにたいする愛によくあらわれています。親は子どもが生まれてから社会的に自立するまでのあいだ、子どもの成長を願い、育てる苦労を喜びと感じながら愛をそそいでいきます。

親の愛につつまれ育まれた子どもが親を愛し大切にしても、その思いは親の愛にくらべようもありません。親が子どもにそそぐ愛は無私の愛、何の見返りも期待しない愛、一方的にあたえる愛といえます。

人間の愛は主体の愛であるがゆえに、愛する対象の幸せを深く考え、ひとすじに献身する行動としてあらわれていきます。

人間が願うのは能動的に人を愛することです。しかし、日本のような複雑な社会状況のなかで主体的な愛をつらぬくことができず、愛されることのみを期待する人も多くなっています。

いじめにあった子どもが自分と同じ境遇の友人を求めたり、両親の不和や暴力を目のあたりにして育ったために、人を信じ愛することにとまどいを感じたりする人もいます。愛を求めながら愛のない異性との関係をくりかえす人もいれば、また愛に絶望し酒や薬物にたよって孤独をいやす人もいます。

どのような苦労をせおってきた人であれ、愛を主体的にとらえ自主性を基本にして愛をもつことによって、悲しみや孤独から解放され生きがいをもって力強く生きていくことができます。

人間の愛は主体の愛であり、対象の幸せに責任をもつ愛です。人間の愛は対象を幸せにすると同時に、愛の主体も対象を愛することによって幸せを感じることのできる愛といえます。

## 自主性を生命とする人間を愛する

生命物質、無生命物質のちがいを問わず、あらゆる物質はその物質だけがもつ固有の性質をもち、その性質にそって運動していきます。たとえば鉄は酸素と結合する性質をもっています。空気中の酸素と結合した鉄は酸化鉄となってさび、さらに新たな化学反応をおこしていきます。

生命物質も無生命物質と同じようにみずからの固有の性質にそって運動します。

人間は社会的存在であり、その固有の性質は自主性です。自主性は、世界の主人として自由に生きようとする人間の本質的属性です。

人間は自分自身が何ものにも束縛されず自由であるばかりでなく、多くの人々のことを考え、その人たちのために生きていきたいという要求をもっています。自主性は人間が集団を愛し、社会に責任をもって生きる生きざまとしてあらわれていきます。

人間は自主性を発揮して生きるときに、人間としての輝きをまし深い喜びを感じるものです。

人間が自主性を失えば人間を特徴づける本質的属性が失われたことを意味し、もはや社会的存在とはいえません。言いかえれば、自主性を失っては人間として生きることができなくなってしまいます。人間にとって自主性はまさに生命なのです。

人間が人間を愛するということは、自主性を生命とする人間を愛することを意味します。人間の自主性を何よりも貴重に思い尊敬することが、真に人間を愛することだといえます。

古今東西を問わず、崇高な愛は母の愛にたとえられてきました。母親は子どもを一年近くみずからの胎内で育み、出産後も長い期間にわたってこまやかな愛情をもって世話し育てていきます。母子一体の営みのなかで幼子は安らぎを得、人間を信じて生きていく精神的基盤をきずいていきます。

母親と子どもの結びつきが、その後の子どもの人間的な発展の最初の鍵をにぎるのは疑いえませんが、子どもの成長にしたがって母親が子どもの自立を適切にうながさなければ、その後の母子関係はゆがんだものとなっていきます。

子どもが社会的存在として自立していく節目にあたり、子どもの旅立ちを心から願い喜ぶことができるか否かは、母親の愛が自主性にもとづいた真実の愛か否かを問う一つの試金石となります。

愛する人の自主性を輝かせるため、あえて別れを選び別れをうながす愛も人間の真の愛の一つの側面です。人間の真の愛は時間、空間の制約をこえて結ばれる崇高で強い愛だといえます。人間はたとえ地理的にどれほど離れている人でも愛することができ、過去に育んだ愛も未来にむけた愛ももちつづけることができます。人間は愛をもつことによって、いまはいっしょにいない人とも気持ちをかよわせ、心を一つにすることができるのです。

人間の自主性を瞳のように大切にし、自主性の発展のために努力することが、人間を愛することの本質的内容であるといえます。

## 社会的教育をとおして愛を育てる

人間の本性を知り、人間を深く愛して生きることができるか否かは、社会的教育にかかっています。人間は社会的教育によって真実の愛を知り、豊かな愛を育んでいくからです。

物質一般の性質が最初からその物質にそなわっているのにたいして、自主性はもって生まれて人間にそなわっているわけではありません。自主性は人間が生まれた後、社会的な教育をうけて形成され発展していく点で、生物一般の性質とはきわだったちがいがあります。

人間は人間だけがもつ性質である自主性と、動物一般がもつ性質の二つをあわせもっています。あらゆる子どもは自主性をのばして生きる可能性を秘めていますが、大人が対応をあやまれば、人間としての性質よりも自然にそなわっている動物一般がもつ性質を強く表現してしまいます。大切なのは、大人が子どもの自主性を尊び、愛し、社会的な教育のなかで子どもの自主性を系統的に育むことです。

社会的教育をうけて育つ子どもは、自然発生的な性質をコントロールし、高い目標にむかって努力する生き方をしだいに身につけていきます。

幼い子どもにたいして、勉強してもよいし、しなくてもよいと言って自由に選択させるならば、多くの子どもは遊びを選び学校にも行かなくなるでしょう。社会的教育をほどこさず自由気ままに育てた子どもは、生活体験をとおして楽な生き方をおぼえ、目的意識的な努力をきらう傾向を強めてしまいます。幼い子どもは生物的な要求を満たそうと泣きさけぶこともあるでしょう。おなかがすいたと泣けば、すぐに食べ物があたえられることに慣れると、子どもは抑制を学ぶ機会を失い、生活秩序をうちたてることがむずかしくなってしまいます。

子どもが思春期を迎えるころには自己主張を強め、大人といっしょに過ごすのをさけるようになってきます。子どもは、急速に自立心を強める一方でみずから精神的なバランスがとりにくくなり、周囲の大人も対応に苦慮することがあります。大人は思春期を迎えた子どもの姿を一面的にみるのではなく、自主性の発露としての側面を認め、自主性を擁護する立場にたつことが大切です。大人は子どもの自主性を育てることを基本において、子どもの要求にこたえることと、こたえてはならないことを選別し、責任をもつことが求められます。同時に、大人は子どもにたいして、なぜそうするのが大切かを理解するまで教え、子どもがみずからの意思で正しく行動するようはたらきかけなくてはなりません。

子どもの要求をそのままうけいれることは、大人にとっては楽な選択かもしれません。しかし、社会的教育をうけず自主性をのばす機会を得られないまま育った子どもは、社会的に自立するときにはじめて人間としての課題に直面することになります。子どもが自主性を輝かして生き発展する道すじを、大人は深い愛情と責任をもって示していかなくてはなりません。

青年は未来の担い手であるがゆえに、大きな志をもって歴史の主人として堂々と生きることができるように育てなくてはなりません。

青年が未来を展望できず将来に絶望すると、力強く生きていくことがむずかしくなってしまいます。青年にかぎらず人間は、すすむべき未来が展望できないとき目先の利益を選択しがちです。

人間は技術や資格をもてば生活のための手段を手にしたといえますが、それだけでは真の人間として生きる要求を満たすことはできません。人間にとって金や資格を得ることは人生の最終的な目標ではなく、あくまでも幸せになろうとするときの手段にすぎません。

青年にとって重要なのは、正しい人生観をうちたてることを重視しながら、世界総体と世界の本質について学び、世界の主人として発展していく資質を目的意識的にそなえていくことだといえます。

正しい人生観をもつために努力する青年は、未来を展望する大きな生き方をし、多くの人々と真実の愛の関係を結ぶ価値ある青春をおくるようになります。

子どもに社会的な教育をあたえていく過程では、何よりも大人自身の人間の自主性にたいするゆるぎない信念が問われてきます。大人は人間という存在、人間の本質的属性である自主性について深く理解し、自主性にもとづく人間の豊かさ、人間の発展について確固とした見識をもたなくてはなりません。目的意識的に社会的関係を結ぶ社会的存在としての見地から人間をみたとき、豊かな人間、発展した人間とは何かが明らかになります。

豊かな人間、発展した人間の表徴は、一人の友人よりも一〇人、一〇人よりも一〇〇人、一〇〇人よりも一〇〇〇人の友人をもち、自分の身近な人々だけではなく、日本の人々、世界のすべての人々のことを考え愛し、人間としての絆を強めて生きる姿としてあらわれます。さらに、今日より明日のこと、一〇年後、一〇〇年後の未来を科学的に予見し、そこにいたる計画をたて、実現にむけてたゆまず努力する人であるといえます。人間として豊かで発展した人はまた、人間の自主性にたいするゆるぎない信念をもち、人間の発展を導くことができる人でもあります。

## 愛あふれる運動と社会を

愛にあふれる活動が、愛にあふれる未来社会をきずいていきます。

社会運動は、めざすべき未来社会にたいする明確な展望をもっておしすすめることが重要です。

これまでの理論では、人間を支配と従属の鎖から解放する社会主義制度が樹立されれば、おのずと人間中心の社会が実現するとみなされてきました。人間をとりまく客観的な条件をかえることによって人間の幸せを実現できると考えたとき、未来社会は豊かな経済と平等が実現された社会、民衆が政治の主人となり、すべての人々が共通の目標にむかって努力する社会だと考えられてきました。

現時代は自主時代であり、人々の関心事は自主性を発揮して生きる未来社会への新たな展望を手にすることにあります。自主時代における未来社会の姿は、人間の自主性を基本にして新たに解明されなければなりません。

自主時代における未来社会の重要な表徴は、人間と人間の関係が自主性にそって強固に結合され自主性が高度に発揮される社会だという点にあります。

未来社会は全社会的範囲で人々が自主性を基本にして愛の関係で結ばれ、愛が大きく花ひらく社会です。すべての人々が愛しあい助けあい、たがいに責任をもって生きる社会は、人間のめざす最高の社会であり、人々に未来への展望と力をあたえていくものです。

未来社会は人間の真の愛にあふれた美しい社会であり、未来社会をきずいていく運動もまた愛にあふれたものにしていかなくてはなりません。

未来をきずく運動は愛に満ちた未来社会の原型を形成するものであってこそ、多くの人々の心をとらえ励まし、多くの人々が主体となって力強くおしすすめていくことができます。

未来社会をきずく運動は、同志を得ることから始まり、同志的関係をたえず拡大していくことによって生命力を発揮していきます。民衆の自主性のためにともに生きたたかっていこうとする人間と人間が生死苦楽をともにし、たがいに愛し尊敬しながら自主偉業のために身を投じていくとき、人間のもっとも美しく強い絆が生まれていきます。

同志愛は、なかまを自分の生命の一部として考え、たとえ離れていようとも心はいつも一つでありたいと求めあい、何ものによってもきり離したり遠ざけたりすることのできないものです。友人の愛、家族の愛、男女の愛、さまざまな愛も同志愛を基本にしてこそ真実の愛へと発展していきます。

愛は自然発生的に生まれるものではなく、何年も相手の自主性にはたらきかけるたゆみない献身の結果、はじめて育っていくものです。同志愛も真心をもって同志を愛し、すべてをかけて献身し責任をもつ過程で育てていくことができます。

自主性を実現するために努力し実践する人が、自主性が花ひらく未来社会を信じることができます。

未来社会は人間の自主性をかたく信じ、愛し育てるたゆみない努力のなかでたしかな手ごたえをもって準備されていきます。

愛にあふれた人間が愛にあふれた活動をおこない、愛にあふれた社会をきずいていくのです。

# 東日本大震災の教訓

二〇一一年四月一五日

二〇一一年三月一一日、東日本大震災が発生しました。

東北地方太平洋沖地震とそれによってひきおこされた津波が東北太平洋沿岸部をおそい、宮城県、岩手県、福島県を中心に多くの人々が一瞬にしてその尊い命をうばわれ、かろうじて助かった人々も愛する家族や友人を、家や職場や学校を、村や町を失いました。

そして追いうちをかけるようにおきた福島第一原子力発電所の事故は、人々に恐怖をあたえ生活基盤もふるさとをもうばってしまいました。

廃墟《はいきょ》と化した村や町、そのがれきの下には、まだ大切な人々がとりのこされているのに、身一つでふるさとを去らざるをえない苦しみと悲しみははかりしれません。

しかしいま、人々は助けあいながら苦難を克服しようとしています。日本各地では被災者と思いをわかちあい、力になりたいという人々がさまざまな活動に立ち上がっています。

日本は地震の多い国です。科学技術が発達し国際的ネットワークがはりめぐらされているこんにちでは、地震や津波発生を予測し防止策を講じることは十分可能です。

このような悲惨な災害を二度とくりかえさないためにも、人々が安心して暮らせる社会をきずいていかなければなりません。

## 一、未曾有の地震と津波、原発事故がかさなる

かつて日本をおそった大地震のうち、一九九五年の阪神・淡路大震災では地震、液状化、火災によって、

一九二三年の関東大震災では地震と火災によって多くの人々が犠牲になりました。歴史上類をみないほど大規模な地震と津波によって災害が生じ、さらには地震と津波によって損傷をうけた原子力発電所から放射性物質が放出されることによって災害が生じたのが東日本大震災です。

## マグニチュード9・0、震度7

二〇一一年三月一一日、宮城県、福島県を中心にマグニチュード[1]9・0、震度[2]7を記録する大地震が三か所で連続して発生しました。

地震は日本列島周辺でおきた観測史上最大の規模で、一回目は三陸沖、二回目は福島県沖、三回目は茨城県沖を震源とする三か所で六分間に連続して発生したものです。

震源域は南北五〇〇キロ、東西二〇〇キロと広範囲で、震度6強が仙台、日立、宇都宮、震度6弱が石巻、水戸、震度5強が八戸、秋田、盛岡、福島、千葉、東京、横浜というように東北、北関東全域におよびました。

さらに、強い地震波は五～六分間も持続し、阪神・淡路大震災の一六秒をはるかにこえるものでした。

## 最高四〇メートルの大津波

東日本大震災は、地震そのものの被害よりも地震によって発生した津波による被害のほうが大きかったといえます。

巨大地震は海溝型地震といわれ、海側の太平洋プレートが東北地方をのせた北米プレートの下に大きく沈みこむことによって発生しました。宮城県沖の震源となった海底は地震前にくらべ、二四メートル東に動き五メートル隆起したと推定されています。

震源が海底だったことから津波が発生し、地震発生から二時間で一〇メートルをこえる大津波が太平洋沿岸の市町村をおそいました。岩手県宮古市では標高四〇・五メートルの地点まで津波が到達したことが報告されています（東北地方太平洋沖地震津波合同調査グループ）。

津波はおしよせる力よりも引き波の力が数倍大きく、おしよせる波では倒壊しなかった鉄筋コンクリート製の建造物が海にむかって倒壊しています。

大津波は二時間余何度もくりかえしおしよせ、みるみるうちに村ごと、町ごとのみこみ三陸沿岸は壊滅的な被害をこうむりました。

## レベル7の原発事故

福島第一原子力発電所は地震後、高さ一五メートルの津波によってほぼ全域が浸水し、危惧されていた放射性物質の放出が現実の問題となっています。

福島第一原子力発電所では、一号機から三号機までが炉心の損傷をうけ燃料が露出し、一号、三号、四号機では水素爆発がおきてしまいました。

現在、福島第一原子力発電所からは、ヨウ素、セシウム、プルトニウムなど多くの放射性物質が広い範囲で放出されつづけています。

二〇一一年四月一日、東京電力と日本政府は福島第一原子力発電所の廃炉を決定しました。廃炉するために原子炉の冷温停止(3)をおこなうまで、早くても数か月を要すると予測されています。

また冷却システムが作動したとしても核燃料の熱を冷ますのに数年間は必要です。さらに核燃料を冷却し燃料棒をとりだし、コンクリートづめにして危険を除去するまでには数十年の期間が必要だといわれています。

四月一二日、原子力安全・保安院、原子力安全委員会は国際的な基準（国際原子力事象評価尺度＝ＩＮＥＳ）にもとづく事故の評価をチェルノブイリ原発事故と同じ「レベル７」（もっとも深刻な事故にあたる）にひき上げることを決定しました。

いま福島第一原子力発電所周辺半径二〇キロ圏内の一〇市町村では、住民約八万人が避難指示をうけており、半径二〇キロから三〇キロ圏内では約六万人の住民が屋内退避となっています。

政府は四月七日、福島第一原子力発電所の半径二〇キロから三〇キロの圏内で、放射性物質が累積して放射線量の数値が高くなった地域は、現在の「屋内退避」から「避難指示」へのきりかえを検討していると発表しました。実施されれば現在避難中の人も含め一四万人余の人が避難指示の対象となります。

避難指示のだされた地域は立ち入り禁止区域となり、人々がいつ家にもどれるか見とおしはたっていません。

## 大きな犠牲と避難生活

東日本大震災による犠牲者は、一二都道府県で死者一万三〇〇〇人余、行方不明者約一万五〇〇〇人、避難生活をおくっている人は一五万人余にものぼることが公表されています（二〇一一年四月一一日、朝日新聞）。

都道府県別の死者数でもっとも多いのは宮城県で、八〇〇〇人近い人が犠牲になっています。

二〇一一年四月四日時点で福島県では、建物全壊が約二四〇〇戸、行方不明者が四五〇〇人余で、行方不明者の比率が大きくなっています。福島県の行方不明者が相対的に多いのは、福島第一原子力発電所の事故による放射能汚染地域の捜索ができないためです。

岩手県と宮城県で建物全壊はそれぞれ一万二〇〇〇戸以上、約三万戸と膨大な数にのぼっています。建物全壊数に比較すると、死者と行方不明者数が二万人余と少なくなっています。これは家族すべてが犠牲になるなどして死者数が正確に把握できないためであると考えられています。

（二〇一四年一一月一〇日現在、東日本大震災による犠牲者は、死者一万五八八九人、行方不明者二六三三人、震災関連死二九三三人で、合わせると二万一五〇〇人をこえています。死者数は、宮城県九五三八人、岩手県四六七三人、福島県一六一一人となっています。福島第一原発事故にともない、福島県で避難生活を余儀なくされている人がいまだに一二万人をこえています。―警察庁発表―）

## 二、原発事故は日本の核軍国化路線の結末

原子力発電所はウランを燃料として核兵器の原材料となるプルトニウムを製造するために建設され、発電を主な目的としているのではありません。原子力発電所の建設は日本の戦略的方針である核軍国化の中心事業であり、国策としておしすすめられています。原子力発電所は核兵器をつくる過程で、あるいはつくったのちに生じた生成物を利用して発電をおこなっているにすぎません。

原子力発電の燃料として使用されるウランや、発電の過程で生成されるプルトニウム自体が核兵器の原料であり、何万年も人体に悪影響をあたえつづける非常に毒性の強い放射性物質です。

二〇〇九年の時点で日本は四五トンのプルトニウムを保有しています。ウランを燃やした後、燃えのこりウランとプルトニウムをとりだすなどの再処理をおこないます。再処理工場では、現在年間四トンのプルトニウムが生産されています。

二〇一二年に青森県六ヶ所村の再処理工場が稼働すれば、プルトニウム産出量は年間八トンとなり、日本はアメリカをぬいて世界一のプルトニウム保有国になります。

四五トンのプルトニウムからは、アメリカが保有している核兵器数と同じ約五五〇〇発の核兵器をつくることができます。

大量の核兵器製造能力をもつ日本にたいして、諸外国では日本政府の核軍拡政策にたいする懸念が広がっています。

## 人々の命をうばいふるさとを荒廃させる

こんにち人類が到達している科学技術では、人間が核分裂過程を制御することはできません。原子力発電所の建設は地球環境と人命にあたえる大きなリスクが前提となっています。

それゆえ原子力発電所は都心から離れた地方の海岸沿いに建設されています。福島第一原子力発電所は福島県内にありますが、東北電力ではなく東京電力が建設しており主な電力供給地は東京周辺地域です。これは東北地域の住民に大きなリスクを負わせながら、首都圏のエネルギーを保障することを示しています。

福島第一原子力発電所事故後、さまざまな放射性物質が広範囲に放出されています。放出されている放射性ヨウ素１３１の半減期[4]は八日間とされていますが、半減期はあくまでも一時的な被曝時の指標にすぎません。また、セシウム１３７の半減期は三〇年、プルトニウム２３９は二・四万年ときわめて長い期間毒性をもちます。

プルトニウムは人体にあたえる毒性がきわめて強く、核兵器の原材料となる非常に危険な物質です。第二次世界大戦時、長崎で使用された原爆をはじめ、最近の核兵器ではほとんどプルトニウムが使用されています。

プルトニウムは自然界には存在しない人工元素です。プルトニウムが大量に地球上に出現したのは人間の操作によるものです。

政府は、福島第一原子力発電所から発見されたプルトニウムは通常の量とかわらないため問題はないと発表しました。

政府が説明している「プルトニウムの通常の量」とは、アメリカなどが大気中で何度も核実験をおこなった結果、プルトニウムが世界に飛散し停留している状態をさしているのです。

二〇一一年三月一二日から二四日まで、緊急時迅速放射能影響予測ネットワークシステム（ＳＰＥＥＤＩ）による甲状腺内部被曝量の試算がおこなわれていましたが、政府は当初公表しませんでした。

ＳＰＥＥＤＩの試算によれば、福島第一原子力発電所の近くは一〇〇〇mSv（ミリシーベルト）[5]をこえており、三〇キロメートル以内でも一〇〇ミリシーベルトをこえるというものでした。

放射線の量と人体への影響の関係は一般的に一〇〇ミリシーベルトでがんになる可能性があり、五〇〇ミリシーベルトで血中のリンパ球が減少、三〇〇〇から五〇〇〇ミリシーベルトでは半数の人が死亡するとされています。

福島第一原子力発電所では事故発生以降、放射性物質の放出がつづいており、広い範囲での汚染が心配されています。福島県全域が非常に危険な状態にさらされているといえます。

また、福島第一原子力発電所では、炉心冷却のための放水などによる放射性物質に汚染された水の外部流出問題がおきています。

四月四日、海洋への低レベル汚染水の放出がおこなわれ、高濃度汚染水の漏出を防ぐための作業がすすめられています。

同日、茨城県の漁協は沖合いでとれたコウナゴから一キロあたり四〇八〇Bq（ベクレル(6)）の放射性ヨウ素131と四四七ベクレルの放射性セシウムが検出されたと発表しました。

魚介類の放射性ヨウ素についての規制値は新たに二〇〇〇ベクレル／kgを暫定的に準用することが定められました。検出された値は飲料水では三〇〇ベクレル／kg、野菜類では二〇〇〇ベクレル／kgと定められている規制値と比較してもかなり高い数値であることが理解できます。

四月八日、福島県では県の魚介類検査で安全性が確認されるまで漁業停止を決定しました。しかし、福島第一原子力発電所事故の終息まで県は検査にはいれず、漁業停止の長期化は必至であり漁業関係者におよぼす影響は甚大です。

また農畜産物の生産者は三月二一日から放射性物質の基準値を上まわる原乳、野菜の出荷制限をうけています。丹精こめて作付けした野菜をくさらせ、乳をすて、大切にそだてた牛や馬などの家畜をつないだままにして避難せざるをえない人も多くいます。

## 原子力発電に主力をおく日本

世界では原子力発電によらないエネルギー政策が主流となっています。

一方、核軍国化をめざす日本は世界の流れに反して急速に原子力発電へと傾斜してきました。

日本はアメリカ、フランスにつぐ世界第三位の原子力発電推進国となっています。

日本政府は原子力発電の理由として、原発は$CO_2$を排出しないので地球温暖化防止に有用であるうえに安全であり、さらにウランのリサイクルということからコスト安であると宣伝してきました。

二〇一一年四月一五日現在、日本の総発電量に占める原子力発電量は三〇％です。日本の原子力発電による発電量は三〇年前に比較して一〇倍に増加しています。

日本には多くの原子力発電所があり、五四基にものぼります。

東京電力の年間総発電量は六四〇〇万キロワットですが、福島第一原子力発電所事故後、停止、点検中となっている原子力発電所が多くなり、現在、年間三四〇〇万キロワットに減少しています（二〇一三年九月半ば以降、政府による全原発の安全審査〔ストレステスト〕が実施され、日本の原子力発電所はすべて稼働を停止しました。しかし、政府は原発再稼働にむけて動きだしています）。

日本は従来、火力発電所によって大半の電力をまかなってきました。

原子力発電所も火力発電所も大量の湯をわかして高温高圧の蒸気を発生させタービンを動かし電力を生みだすという原理は同じです。

原子力を使用した発電は原子炉圧力容器のなかでウラン２３５に中性子をあてて核分裂をおこします。核分裂によって膨大なエネルギー（大量の熱）が生まれ、ヨウ素１３１、セシウム１３７、プルトニウム２３９などが発生します。大量の熱により、原子炉圧力容器にある水は沸騰して蒸気となり、摂氏二八五度、七〇～八〇気圧に達します。高圧蒸気はタービンに吹きつけられ発電機がまわり電力が生みだされていきます。ウランの核分裂を利用して蒸気を発生させタービンを動かしていくシステムが原子力発電所です。石油、石炭、天然ガスなどの化石燃料を燃やすことで蒸気を発生させタービンを動かしていくシステムが火力発電所です。原子力発電と火力発電の相違点は、大量の湯をわかすために原子力をもちいるのか、化石燃料による火力をもちいるのかのちがいであるといえます。

政府は原子力発電を推進するため、原子力発電がなくなればエネルギー不足におちいり計画停電をつづけざるをえないと主張しています。しかし、原子力発電所が機能しなくなったとしても、休止中の火力発電所を稼働させれば年間一二五〇万キロワットふやすことが可能ですし、また水力発電所をもっと多く建設することによって発電量をふやすことも可能です。さらに、世界で注目される新エネルギーである太陽光、風力などの再生可能エネルギーへのシフトも考慮すべきでしょう。

民主党政権になってから事業仕分けによって水力発電所建設計画の中止が多くなっていましたが、その背景にあるのは原子力発電の推進でした。原子力発電を推進するために水力発電所建設計画を凍結し、火力発電所は休止しているのです。

## たびたび、おこっていた福島第一原発事故

福島第一原発事故ははかりしれない大きな犠牲を、この先長期間にわたり多くの人々に強いていくことになりました。

原子力発電所の危険性、事故の必然性はこれまでさまざまにとりあげられ警鐘を鳴らされ、実際に日本では過去多くの原発事故が発生しています。二〇〇二年八月二九日、原子力安全・保安院から県庁に、福島第一、第二原子力発電所で原子炉の故障やひび割れをかくすために、東電が点検記録を長年にわたってごまかしていたという内部告発のファックスが届きました。福島第一、第二原子力発電所の点検記録の改ざんが明らかになった事件により東京電力では社長以下幹部五人が引責辞任となり、二〇〇三年四月東京電力がもつすべての原子炉（福島県内一〇基、新潟県内七基）の運転が停止されました。当時の福島県知事であった佐藤栄佐久氏は原子力発電の安全性に問題があると考え、原子力発電所施設の稼働を制限したのです。

しかし、佐藤栄佐久氏はダム工事の発注と関連した「汚職事件」で逮捕されるにいたり、政治生命をたたれてしまいます。佐藤栄佐久氏逮捕後、元参議院議員の佐藤雄平氏が福島県知事に就任していきます。佐藤雄平氏はプルサーマル受け入れを表明していた人物でした。また原子力発電所事故処理にたずさわる自衛隊員への補償額は、死亡ないし障がいがのこる場合、以前は六〇〇〇万円でしたが、今回の原発事故を契機に九〇〇〇万円に引き上げられていきました。

原子力発電推進政策は内閣の専権事項になっており、県知事であれ何ぴとも関与することができないことは明らかです。

いま福島第一原子力発電所の事故原因は東京電力にあるとの世論が大勢を占めています。東京電力は半官半民企業であるため、出資や事業計画は政府主導でおこなわれており、東京電力独自で運営することはできません。つまり、福島第一原子力発電所事故をまねいたのは日本政府の原子力発電推進政策であり、その源には核兵器製造計画があるのです。

## 三、自然と調和し平和な暮らしをきずく

政治は民衆のために、民衆の要求や思いを実現するものでなくてはなりません。しかし、残念なことに東日本大震災をめぐって日本の政治は民衆の側にたっているとはいいがたい姿をみせました。民衆にたいする愛と信頼が息づく政治、民衆の願いを実現する政策が求められています。

## 行方不明者の捜索をうちきる日本政府

二〇一一年四月一日、いまだ東日本大震災による行方不明者が二万人余にものぼるなか、防災服を脱ぎ背広に着替えた政府関係者は、〝地震の問題は基本的な解決をみた、今後は復興建設に移行する〟と発表しました。

政府の発表にあわせて四月一日から三日間、自衛隊員一万八〇〇〇名、米軍七〇〇〇名、航空機一二〇機、艦艇六〇隻で編制された日米共同軍が「行方不明者の捜索活動」の名目で動員されました。

日米共同軍による捜索は、アメリカ主導の日米軍事同盟の重要さを示すためにおこなわれたものです。日米両政府は被災者救済をかかげながら、米軍は日本の人々のために貢献する、日米軍事同盟は堅固であり必要不可欠であると宣伝する好機としました。機動力を誇示するため残虐《ざんぎゃく》な侵略の先兵として「人殺し部隊」と呼ばれている米海兵隊までも、わざわざ沖縄から動員しました。

三日ものあいだ、世界の最先鋭軍隊が万単位で捜索に動きましたが、発見された遺体はわずか七八体にすぎませんでした。

日本政府は日米共同軍の捜索活動終了をもって、東日本大震災における一つのけじめとしたのです。

## 大震災を政治利用する政治家

東日本大震災の混乱がつづくなか、二〇一一年四月四日、民主党が閣僚三人増を柱とした内閣法改正案を提示しました。閣僚増員提案は自民党などとの「大連立」にむけた布石との見方があります。自民、公明両党は持ち帰って協議するとしました。

民主党は自民党と連合することで、少なくとも福島第一原発事故が収拾されるまで菅政権の政治基盤を強化し安定させようとしているのです。一方、自民党は自民党議員が閣僚にはいれば、莫大な復興建設予算の執行に深く関与できます。

民主党、自民党大連合の動きは日本の人々を幸せにするためのものとはいいがたいものです。

四月三日、オバマ大統領は次期大統領選への再出馬を表明しました。

オバマ大統領は日本の原子力発電所の事故問題について、アメリカは絶対にこのような事故をおこさない、アメリカは日本を援助することができると宣伝しています。オバマ大統領はブッシュ前大統領のエネルギー政策は石油依存であったことを浮き彫りにしながら、共和党との政策的な差異を強調しています。オバマ大統領は大統領選挙に力をいれるためにリビア問題に関与するゆとりがありません。

一方フランスは、リビアの石油利権を欲しており、すでに反政府勢力を政権として認知しています。かつての帝国主義であったイギリス、フランスはこの間のリビアの混乱に乗じてふたたび中東における政治的復権、覇権をめざしています。フランス、イギリスの動きはサウジアラビア、カタール、イエメン、アルジェリアなどの産油国にも影響がおよぶ可能性が高いといえるでしょう。一連の産油国の不安定さが、さらに日本政府の原発推進に拍車をかけています。

## 平和と友好を大切にする日本へ

核大国をめざし、原子力発電所建設を推進する日本政府の政策は根本的に見直されなければなりません。また経済建設の方向性をかえ、民衆のために財政を投入しなければなりません。とりわけ急がれるのは東日本大震災によって被災した多くの人々が安心して暮らせるようにすることです。

日本において、科学技術は高い水準にあるものの、それぞれの研究費用の配分にはかなりのかたよりがみられます。宇宙開発などには多くの予算があてられていますが、地震、津波にたいする研究費用は低くおさえられたままであり重要視されていないのが現状です。これからは、民衆のための財政支出を最優先としていかなければならないでしょう。

また今後、地震や津波にたいする具体的な施策を早急におこなっていかなければなりません。地震が多い日本では地震の予測、対処についての研究はすすんできています。実際に、今回の東日本大震災では古い建物は倒壊しましたが、耐震構造をもつ建造物の多くは被害をまぬかれています。

民衆の側にたった科学者を重用して、さらに研究をすすめ正確な予測や対処方法を確立しなければなりません。

また、大震災ではジェット機並みの速さでおしよせた大津波によって多くの人命を失いました。今後、わたしたちは自然の運動法則を正確に研究分析して津波への対処方法を構築するという課題があります。たとえば、今後、沿岸部に新しいビルを建設するときには津波をさけられる一〇階建て以上のビルにし、ビルの上の階には退避スペースをかならずつくるようにします。下の階は学校や住宅とし、上の階を公共施設として災害時は避難場所とするなど、さまざまな工夫がなされることが重要です。

さらに今後、危険な原子力発電をなくしていくうえでは、原子力発電にたいする科学的で正確な理解が必要であるといえます。原子力発電を正しく理解することによって、原子力発電から自然エネルギーに転換するための理論的基礎を堅固にすることができるからです。

## 被災者への支援を

東日本大震災から一か月が経過しました。

被災した人々は苦労しながらも助けあい、いたわりあいながら生活をおくっています。人と人との絆の強さ、地域の深いつながりがいま輝いています。日本と世界の多くの人々は、被災し傷ついている人々を励まし役にたちたいと願っています。困難ななかでかよいあう美しい思いに胸があたたかくなります。

いま何より重要なことは、被災者にたいして政府が全的に責任をもち支援を確実におこなうことです。そして二度とこのような悲惨な災害をひきおこさないために具体的な対策が講じられなければなりません。

人々は長いあいだ、知恵と経験をつみかさねながら自然を深く理解し守り、社会を発展させ、また自分自身を成長させながら力をあわせて歴史を担いつくりあげてきました。これからも人々はその英知と力を結集しながら自然を愛し、その豊かな恵みを享受《きょうじゅ》していくことでしょう。

多くの人々が犠牲となった東日本大震災は、民衆の声に耳をかたむけ人間を大切にする政治の実現が切実な要求であることを示しています。

東日本大震災で得た教訓を活かしていくためにも、今後自然と調和し平和な日本をきずく政策への転換が求められています。

東日本大震災でお亡くなりになった方々のご冥福をお祈りするとともに、被災地の方々のご健康と一日も早い復興を願ってやみません。

〈注〉

（1）マグニチュード…震源地のエネルギーを基本にした測定値

（2）震度…地点の揺れの度合い

（3）冷温停止…原子炉内の温度が一〇〇℃未満となり、安定的に停止した状態

（4）半減期…放射性元素が崩壊して原子の個数が半分に減少するまでの時間

（5）シーベルト…人がうける放射線が人体にあたえる影響の度合いを示す単位。記号はSv

（6）ベクレル…放射性物質が放射線をだす能力の強さを示す単位。記号はBq

# 基地のない平和な沖縄に

二〇一三年一二月一日

二〇一三年、帝国主義勢力は、シリアのアサド政権が化学兵器を使用したとして軍事介入をおこない政権を崩壊させようとしましたが、平和的に事態を解決していこうとする国際世論のまえにひざを屈しました。武力で世界を支配しようとする動きは過去のものとなり、現代は自主・平和が世界の基本潮流となっています。

## 一、自主の胎動、沈む帝国主義

かつてはスペイン、ポルトガル、イギリス、フランスなどの帝国主義諸国がアジア、アフリカ、ラテンアメリカの多くの国々を武力によって侵略し植民地にしました。帝国主義諸国は植民地国の資源、労働力、市場を支配し、過酷な搾取、収奪に反対する民衆の抵抗運動を武力で鎮圧していきました。

第二次世界大戦後、民族解放運動がさかんになり、一九六〇年は「アフリカの年」と呼ばれたように、アフリカの多くの国々が独立し、世界の総国家数は一九〇余か国にまでふえました。

アメリカは国際連合を世界支配の政治的武器として利用してきました。

国際連合安全保障理事会（国連安保理）常任理事国は、中国、フランス、ロシア、イギリス、アメリカの五か国です。常任理事国は少数の大国だけで構成され、国連の名をつかって各国を支配する政治をおこなってきました。

朝鮮戦争においては、国連軍の名のもとにアメリカが朝鮮民主主義人民共和国を侵略しました。

アフガニスタン、イラクへの武力侵攻のときには、国連軍として派兵することができなかったため、アメリカは親米国家から構成される多国籍軍の名のもとに武力攻撃をおこないました。

しかし現在では、国連安保理においてアメリカの主張がとおる場合もありますが、国連総会においては各国が一票を投じて多数決で採択するため、アメリカの独裁的な手法は通用しなくなっています。

二〇一三年八月二一日、シリアのダマスカスで多数の市民が化学兵器によって死傷しました。オバマ大統領は、シリア政府が化学兵器を使用したとするCIA（中央情報局）などの情報機関の調査結果を根拠としてシリアを空爆しようとしました。しかし、オバマ大統領が発表した情報機関の調査内容は、アメリカの思惑にそってつくられたことは明らかでした。

ロシアはシリアの反政府勢力が、化学兵器を使用した根拠をすでに国連安保理に提出していました。シリアにおける化学兵器使用問題については、化学兵器を使用したのは政権側ではなく、反政府勢力側であったということが世界の大方の合意になっています。

プーチン大統領がシリアのアサド政権にたいしてはたらきかけ仲裁したことによって、アメリカのシリアにたいする攻撃は阻止されました。

アメリカ経済誌『フォーブス』が、毎年「世界でもっとも影響力のある人物」ランキングを発表しています。二〇一三年はロシアのプーチン大統領がトップに選ばれました。シリア攻撃を阻止するためにプーチン大統領が積極的に行動したことが評価されています。

一方オバマ大統領は、当初武力行使も辞さないという姿勢を示し、解決にむけて動こうとはしませんでした。

アメリカは失業者の増大、貧富の格差拡大、不況、治安悪化など国内問題が山積しゆきづまっている状態であり、シリア問題に関わるべきではないと多くの人々が考えています。世論調査によると、アメリカにおいて海外に進出するよりも国内問題に力をそそぐべきだと考える人は、二〇〇五年に五四％であったのが、二〇一三年には七五%にふえています。国内問題の解決よりも海外進出に力をそそぐべきであるとする共和党員の割合は、二〇〇五年の六〇%から二〇一三年には一九%にまで減少しています。

『ウォール・ストリート・ジャーナル』とNBCニュースが二〇一三年八月末と九月初旬におこなった世論調査の結果を見ると、わずか一週間余で各党員の意見が変化したことがわかります。シリアへの軍事行動にたいする賛成意見は、民主党員だけが五〇%から五三%に微増しました。無党派の人たちは四九%から三二%に、共和党員は五四%から三六%に減りました。

アメリカでは共和党がタカ派といわれ、保守派に位置しています。現在のアメリカは、共和党でさえアメリカが海外に進出して戦争することには反対の立場にたっています。

また、「アメリカのシリアにたいする軍事行動がアメリカの国益になるか」との質問にたいして、「国益になる」と答えたアメリカ人は四分の一以下です。多くのアメリカ人は、シリア攻撃はアメリカの利益にはならないと考えています。オバマ大統領は国内においても孤立しています。

かつて、ブッシュ元大統領がイラクやアフガニスタンを武力攻撃したときと現在とでは明らかにさまがわりし、世界が自主化にむかってすすんでいく道が確実に拓かれてきていることを示しています。

## 衰退し混迷する帝国主義の頭目

二期目を迎えたオバマ政権は、さまざまな国内問題の解決策を見いだすことができていません。

第二次世界大戦後、世界各国のGDP（国内総生産）合計において、アメリカの占める割合は約二分の一でした。現在では約四分の一以下にまで減少しています。

アメリカでは二〇一二年現在、四人家族の年収が二万三四九二ドルの貧困ライン以下の人々は約四六〇〇万人に達しています。貧困ライン以下の人口は全人口の一五％を占めています。

貧困ラインの半分以下の所得の人々は最貧困層と呼ばれています。最貧困層は一九七五年は三・七％、二〇〇〇年は四・五％、二〇一二年は六・六％で二〇四〇万人と、この四〇年間ふえつづけ、一九七五年に比較すると約二倍近くになっています。

アメリカのリチャード・ハース外交問題評議会会長は、イラク戦争は必要に迫られて始めた戦争ではなく、ブッシュ政権が勝手におこなった戦争であったと述べています。

アメリカでは大きな戦争を開始するときには、国家の最高意思決定機関の一つである国家安全保障会議（ＮＳＣ）において決定することになっています。ところが、イラク戦争の開始を決定するにあたってＮＳＣは一度も開かれていません。また当時の国務長官であったパウエル氏との協議も一度もおこなわれていませんでした。イラク戦争はブッシュ元大統領が考え、一方的に開始した戦争であったといえます。日本の首相とはちがい、アメリカ大統領には強い権限があります。

ところが、最近のアメリカ国内の動きをみると、オバマ大統領は大統領としての権限を発揮できず、議会を動かせないことを露呈しました。

二〇一三年一〇月四日、オバマ大統領はアジア太平洋経済協力（ＡＰＥＣ）首脳会議と東南アジア諸国連合（ＡＳＥＡＮ）首脳会議への出席をとりやめたと報じられました。

オバマ大統領は、一〇月一日から始まる新年度（二〇一四会計年度）の暫定予算が成立しなかったことから、海外での会議に参加できる状況にはありませんでした。

予算が通過しなかったため、軍事機関などの特殊な部門以外の政府機関が閉鎖されました。動物園や博物館など国立の施設がすべて閉鎖されたのです。一〇月五日に発表予定であった失業率などの雇用統計も発表することができませんでした。もっとも重要な統計資料を発表できないという事態におちいったのは、戦後はじめてのことです。これら一連のできごとは、国内的にも国際的にもオバマ大統領の威信を低下させることとなりました。

二〇一四年度予算とならんで議会対立の焦点となっていたのが、アメリカ政府の債務上限問題でした。債務上限問題によりアメリカ国債が一時デフォルト（債務不履行）におちいる危険性がありました。デフォルトにおちいった場合、リーマンショック以上の衝撃が市場をおそうことになります。

『ウォール・ストリート・ジャーナル』の報道によると、オバマ大統領の支持率は、二〇一二年一二月末五三％、二〇一三年一〇月はじめ四七％、同年一〇月三一日四二％となり、徐々に下がってきています。

かつて世界一強い大統領として脚光をあびていたオバマ大統領は、いまは何もできなくなっています。アメリカはいまだみずからのすすむ方向性を定められず、一貫した政策を立てることができていません。

ニクソン大統領は麻薬撲滅をさけんで大統領選に勝利し、一九七三年、麻薬取締局を設置しました。アメリカが、ニクソン大統領就任後、麻薬撲滅のために使用した費用は、約四〇年間で一〇〇兆円にものぼっています。しかし、現在では麻薬などの薬物を所持したり服用したりして逮捕され、刑務所に収監されている人は約二五〇万人におよんでいます。

アメリカ内部は、かつて帝国主義として世界に君臨した国の末期的状況を示しています。

## 親米独裁政権が崩壊した中東・北アフリカ諸国

二〇一〇年末から中東・北アフリカ諸国の民衆が立ち上がり、親米独裁政権がくつがえされるなどの劇的な変化がおきました。まず、チュニジアのベンアリ大統領が失脚し、エジプトのムバラク大統領、リビアのカダフィ大佐までが権力の座を追われていきました。

中東・北アフリカ諸国で展開された一連の動きを、西側諸国は〝アラブの春〟と呼びました。アメリカは腐敗した独裁政権を崩壊させると主張し、中東・北アフリカ諸国を民主化するかのように宣伝しました。

しかし、現実にはアメリカの計画どおりにはすすみませんでした。〝アラブの春〟とは帝国主義が期待する春を意味するものではありませんでした。

民衆の力で親米独裁政権をたおした中東・北アフリカ諸国はその後、経済がいっそう停滞し政治は混乱しています。

エジプトではムバラク政権崩壊後、選挙によってイスラム主義をかかげるムスリム同胞団に所属するモルシ氏が大統領に就任しました。しかし、二〇一三年七月、軍部はクーデターをおこし、モルシ大統領を解任してしまいました。

エジプトはイスラエルについでアメリカが多額の軍事援助をおこなっている国であり、エジプト軍はアメリカの軍事力によって支えられています。

アメリカには対外援助法という法律があり、クーデターをおこして政権をとった国には支援することを禁じています。民衆が民主的な選挙で選出した大統領を武力でひきずりおろすことは、アメリカの主張する民主化に反します。しかし、オバマ大統領はエジプト軍のクーデターを見て見ぬふりをし、エジプト軍への支援を停止する措置を講じておらず法律に違反しているのです。アメリカはモルシ政権を支持することはできず、軍部を支持するわけにもいきません。エジプトでは軍部の管理のもとに大統領選挙を再度おこなおうとしています。

チュニジアは野党党首が暗殺されるなど政治的混乱がつづいています。

リビアは、カダフィ氏が権力をにぎっていたときより国内の治安は乱れ、いっそう悪化しています。

アルジェリアにおいても、二〇一三年一月に天然ガス関連施設で日本人をふくむ外国人が人質にされ、殺害された事件が発生したことをみても明らかなように、混乱した状況がつづいています。

## あらゆる国が政治の主人公になる時代

ブッシュ元大統領は世界にたいする一極支配をもくろみ、イラクやアフガニスタンなどを武力攻撃しました。

アメリカによる一極支配に反対し、フランスなどは独自の道を歩もうとしました。ヨーロッパでは一九九三年、欧州連合（EU）が設立され、アメリカによる一極支配はつらぬかれなくなりました。

世界は、アメリカ帝国主義とヨーロッパ帝国主義の二極支配にすすむと予想されていた時期がありました。しかし、いまギリシャ危機に端を発する金融危機がEU全体をおおい、ヨーロッパの基軸通貨ユーロにたいする不安が広がりをみせています。

こんにち、世界は特定の国や人が支配することはできなくなっています。

ストックホルム国際平和研究所が作成した二〇一一年の軍事費支出額・GDP比国別ランキングによると、世界の軍事費総額は約一三〇兆円であり、一位のアメリカは約五五兆円となっています。アメリカ一国だけで世界の軍事費総額の半分近くを占めています。軍事費の占める割合が多い国は、国内のみならず世界を軍事的に支配するための政策をとっていることを端的に示しています。

アメリカ帝国主義の権益は、軍事力で支えられてきたといえます。

しかし、現在世界に配備した米軍の維持費は膨大な額にのぼり、戦争に勝つこともできなくなっています。オバマ大統領は再任早々、米軍を東アジアに集中させると公言していました。しかしいまはふたたび中東に派兵せざるをえない状況にあります。

アメリカは朝鮮の政治体制を転覆させ、社会主義の崩壊をねらっていますが、朝鮮は微動だにしていません。

また、イランをつぶそうとしてもつぶすことはできませんでした。

さらにシリアをつぶそうと画策しましたが、ロシアをはじめとする多くの国が反対し、アメリカの横暴は許さないという状況がつくりだされています。

自主的な国々が団結し強い決心と力をもってすすめば、アメリカなどの大国に勝利し、世界の自主化を可能にする状況が生まれています。

世界各国が自主を確立し、帝国主義の武力攻撃に対抗する力をもち、反帝反米闘争を力強くおこなうならば、自主勢力は勝利を手にすることができるでしょう。

## 二、沖縄は自主・平和、変革の道を

日本と沖縄は、歴史的にみてもこんにちの状況においても不可分の関係にあります。

日本の縄文時代から弥生時代へと移行する時期にあたる沖縄の歴史には、本土と異なる特徴があります。

また、沖縄本島と離島とは歴史が異なっています。沖縄本島では本土の影響を少なからずうけて歴史を形成してきました。宮古《みやこ》、八重山《やえやま》では台湾、中国南部の影響をうけて発展する経過をたどりました。

沖縄においては、グスク時代から琉球王国の成立を経て薩摩に侵略されるまえまでは古琉球といわれています。古琉球ではグスク時代が有名です。

グスク時代には農耕がおこなわれ、海側だけに制限されていた経済活動が内陸においても活発になされるようになります。

富と権力を手にした有力な支配者はグスク（城）をきずき、武力を背景にそれぞれの地域を治めるようになります。グスクは、宗教的な意味合いをもつ政治的な拠点でした。本土の城とは少し異なっていることから、グスクと表現したほうがより正確です。現在グスク跡の一部は、世界遺産に登録されています。

グスク時代には、按司《あじ》と呼ばれる封建領主が登場し、勢力争いをするようになります。相争う過程で三山《さんざん》に集約され、北山《ほくざん》、中山《ちゅうざん》、南山《なんざん》の三山時代を迎えるようになります。北山、中山、南山とは山の名前ではなく、〝山〟は島や国などの領地を意味しています。

一説によると、尚巴志《しょうはし》が一四二九年に三山を統一し、琉球王国が成立したといわれています。また一四二二年に三山を統一したという説もあります。

沖縄においても、封建時代には封建領主間の勢力争いがあり、その後沖縄全土を統一する封建領主が登場する歴史的過程を経ています。

### 中国から承認された琉球国王の地位

琉球王国が成立する以前から、三山の按司は中国の皇帝に貢物を贈って服従を誓うかわりに、みずからを権威ある領主として承認してもらう冊封《さっぽう》関係を結んでいました。一説によると、琉球王国が形成される以前の一三七二年に当時の中山王、察度《さっと》が明の求めに応じて進貢使を派遣し貢物をおさめ、はじめて冊封をうけたとされています。

進貢使を中国に派遣したことにたいして、中国からは冊封使が派遣されます。中国の皇帝は、冊封使の派遣をとおして琉球王国の王であることを承認し、王としての地位をあたえました。琉球王国が存在した約五〇〇年間のうちに冊封使は二三回不定期に琉球に派遣されました。琉球から中国へ派遣される進貢使は、多いときには毎年派遣されていました。

中国に進貢使が派遣された際には、貿易が許され活発におこなわれたようです。中国の物産を購入し、また日本の本州や九州、沖縄の物産を中国で販売するなどの交易をおこなっていたといわれています。

三山時代に中国と冊封関係を結んだころから、琉球はみずから中国に服従していきました。武力によって服従させられたのではなく、みずからが生きる手段として中国と冊封関係を結ぶ道を選択したのです。

尚巴志の父親の尚思紹《しょうししょう》から七代目の尚徳までの時代は第一尚氏の時代と呼ばれています。歴史上はよく知られた時代ですが、実際には、第一尚氏の時代は琉球王国の歴史の十分の一の年月にしかすぎません。尚徳の後、王族はとだえ、謀反《むほん》をおこした金丸が尚円と名乗り王位についたことにより、第二尚氏の時代へとはいります。第一尚氏と第二尚氏のあいだには血統の継続性はありません。しかし同様に琉球王国と呼んでいたことから、一見継続性があるようにみえます。

第一尚氏の時代は四〇年余であったのにたいし、第二尚氏の時代は約四〇〇年間にわたりました。そのため、琉球王国の時代とは主に第二尚氏の時代をさすことになります。

第二尚氏の時代で有名なのは約五〇年間王位についた尚真です。尚真は、軍事力を動員して北へ南へと領土を拡張し、民衆にたいしては搾取と収奪を強めていきました。

沖縄には沖縄特有の神につかえるユタやノロと呼ばれる人たちがいました。神職につかえる最高責任者には国王の姉妹がつき、身分的な支配体制を沖縄本島で確立していきました。人々の身分は冠や服装の色や形で区別されました。

首里城のまえには万国津梁《ばんこくしんりょう》の鐘と呼ばれる梵鐘《ぼんしょう》（寺院などでもちいるつりがね）があります。鐘には、〝琉球は南海の恵まれた地域に位置しており、朝鮮の優れた文化を集め、中国とはほおぼねとはぐきのように重要な関係にあり、日本とは唇と歯のように密接な関係にある〟と刻まれています。琉球王国は朝鮮や中国、日本とたいへん深い関係にあったことが記されているのです。

明への入貢回数を比較すると、琉球王国は一七一回におよびもっとも多くなっています。ベトナムは八九回、日本は一九回であり、琉球王国と中国との冊封関係はたいへん強かったことを示しています。

当時、琉球の人口は約一〇万人といわれています。明に渡った人が延べ人数で約一〇万人におよぶとされていますが。延べ人数であるため、中国に何度も行った人もふくまれています。中国に渡る際、海が荒れて多くの人が亡くなることもたびたびあったことから、琉球では亡くなったことを〝唐旅《とうたび》に行った〟と表現されました。

琉球王国は一四六六年には喜界島《きかいじま》を、一五七一年には奄美大島を制圧します。一八世紀には玉城朝薫《たまぐすくちょうくん》が組踊《くみおどり》を完成します。組踊は本土の能や踊りに沖縄の特徴を加えてつくられています。組踊は薩摩や江戸など、本土の大名などを接待する際に披露されました。

## 民衆を収奪した封建支配層

豊臣秀吉は日本を統一すると、海外を制圧する野望を即座に実行にうつし、最初に朝鮮を侵略していきました。日本の海外侵略の拠点となったのが薩摩や沖縄でした。

琉球は、豊臣秀吉に朝鮮侵略の先兵としての役割を強要されました。琉球は秀吉の命令にいくらかしたがいながらも、明との冊封、朝貢《ちょうこう》関係を通じて王国体制を維持します。

一六〇九年、薩摩は琉球にむけ三〇〇〇の兵と一〇〇余の軍船をおくり、軍事力を行使します。薩摩は琉球侵攻には成功したものの、一〇〇名から二〇〇名の戦死者をだしました。

薩摩は琉球王をとおして貿易を管理しながら、琉球を実質的に支配しました。

薩摩の琉球侵攻以降、琉球国王即位の際に江戸幕府の承認を得るために派遣される謝恩使と、将軍の就任を祝賀するために派遣される慶賀使が江戸上《のぼ》りをするようになりました。沖縄の博物館にも江戸上りに関する展示があります。江戸上りでは一〇〇名ほどの行列をつくり、中国風の服装を着て楽器をかでながらねり歩きました。使節を派遣するにあたり莫大な費用が必要とされました。

当時、沖縄の知識人たちには、中国や江戸幕府をほめたたえる人が多かったようです。もともと日本と琉球は同じ先祖であるという日琉同祖論を主張する人たちがいました。日琉同祖論には根拠がなく、いまもさまざまな説にわかれています。琉球王国の時代には、知識人たちが大きいものに屈従する主張をふりまいていました。

琉球王国の内部では、宮古、八重山などで人頭税（一六三七〜一九〇三年）が徴収されたうえに、年貢が八公二民の割合で過酷に徴収される場合もありました。通常、税金は所得税のように収入に応じて課されるものです。封建時代には世帯ごとに課税される税金もありました。人頭税は一五歳になると一律に一人ずつに課されました。

与那国島《よなぐに》にいまものこされている久部良割《クブラバリ》は、幅三メートル、深さ七メートル、全長一五メートルほどの岩の割れ目です。当時、人減らしのため妊婦が久部良割を強制的に飛びこえさせられました。久部良割を飛びこえることができなければ、岩の割れ目に落ちて死んでしまいます。久部良割の存在は与那国島で過酷な人頭税が徴収されたことを示しています。

琉球王国は国を存続させるだけでも困難であったにもかかわらず、貢物を中国や薩摩、江戸に献上しなくてはなりませんでした。

琉球国王は、中国や江戸幕府に従属しながら、離島や本島の身分の低い人たちを過酷に収奪し、体制を存続させました。日本もまた、沖縄を犠牲にしアメリカに従属しています。

## 大国に翻弄《ほんろう》されてきた沖縄

一八六八年に江戸幕府が崩壊し、天皇を中心とする明治政府が成立します。明治政府は沖縄にたいして二段階の措置をとりました。沖縄は当時、形式的には琉球王国という独立国でした。第一段階として一八七二年、琉球王国は琉球藩と名前をかえていきました。琉球王国は国ではなく日本のなかの一つの藩となり、琉球国王は藩主になりました。第二段階として一八七九年、琉球藩は沖縄県と名称を変更し、日本政府は廃藩置県を全国的に完成させていきます。琉球にとっては廃琉置県になります。

明治初期に、日本は富国強兵策をとり海外に侵略していくようになります。

一八八〇年には中国によって琉球三分割案がだされました。

琉球三分割案とは、奄美諸島以北は日本の領土にする、沖縄諸島を独立させ琉球王国として復活させる、宮古、八重山は中国の領土とするという案です。狭い沖縄を三分割して三つの国にするというのです。中国による琉球三分割案は日本と中国のあいだで最終的に政治的合意がなされたものでした。

ところが日清戦争で日本は中国に勝利し、中国領であった遼東半島、台湾、澎湖諸島を手中におさめます。中国領を一部手中におさめるようになったことから、琉球も日本の領土として組みこまれるようになりました。日本は清に賠償金を請求し、二億両という莫大な金を手にします。

日本は中国からうばった領土や金を元手に、日露戦争をひきおこしていきました。

日本が軍国主義の道にすすんでいくなかで、沖縄では本土と一体となって皇民化《こうみん》政策をうけいれる理論がうちだされていきました。

第一次世界大戦により、沖縄では砂糖成金と呼ばれる人々が生まれ、経済がうるおっていきました。

第一次世界大戦後、日本全体が恐慌におちいり沖縄も不況にみまわれました。沖縄の人々は食糧を手にいれることができず、毒性のあるソテツを食べて飢えをしのぐ〝ソテツ地獄〟と呼ばれる状況になっていきました。

深刻な不況は、沖縄の人々に海外移住を強いていきました。沖縄の人口の一〇%にあたる約五万七〇〇〇人もの人々が海外に移住したといわれています。

一九三二年に日本は傀儡《かいらい》国家である満州国をつくり、三二万人もの日本人をおくりこみました。彼らに荒地を開墾《かいこん》させ、片手には銃、片手には鍬《くわ》をもたせて農業に従事させました。沖縄からは約三〇〇〇人の満蒙《まんもう》開拓移民と満蒙開拓青少年義勇軍がおくられています。

一九三〇年に台湾では悲惨な霧社《むしゃ》事件がおきました。霧社事件は植民地支配をうけた台湾の住民が蜂起した抗日事件です。植民地支配の先兵として利用されたのが沖縄出身の教員や巡査でした。彼らは、台湾の人々の虐殺の先導と事態の収拾をはかる役割を担わされました。台湾の人々の虐殺は日本の出先機関である台湾総督府が直接実行したことであり、沖縄の人々は利用されたにすぎません。いまでも台湾の人々のなかには日本をうらんでいる人が多くいます。

第二次世界大戦後、日本を侵略したアメリカは、沖縄という呼び名をつかわず、琉球という呼び名を復活させました。アメリカは、琉球という呼び名をもちいることをとおして沖縄を日本から分離させ、アメリカの支配下におこうとしました。琉球として日本から独立しているかのようによそおったのです。

## 米軍の要塞と化した沖縄

本土決戦の前夜に、沖縄を基地として機能させるためには老人や女性、子どもがいては足手まといになるという理由から、日本政府は約八万人を本土へ疎開《そかい》させる計画を決定しました。一九四四年に学童を乗せた対馬《つしま》丸が米軍の魚雷で沈没し、約一五〇〇人が犠牲になりました。

一九四四年一〇月、米軍は無差別攻撃で那覇市の約九〇％を焼失させました。一九四五年三月には東京が無差別爆撃をうけ、一〇万余の人々が犠牲になりました。

アメリカの戦争は民間人であれ誰であれ、無差別に殺りくするという残虐《ざんぎゃく》なものです。

一九四五年三月二六日に待機していた米軍が慶良間《けらま》諸島に上陸しました。旧日本軍の「従軍慰安婦」とされた裵奉奇《ペポンギ》さんは、証言をまとめた書籍のなかで慶良間から本島の名護までアメリカ軍の攻撃にそって移動したと語っています。

四月一日、米軍は五五万人もの兵力をもって沖縄本島に上陸しました。

当時の日本軍は、神風特攻隊は全滅し、戦艦大和や武蔵をはじめ艦船はほとんど沈没し、日本の戦力は壊滅に等しい状況にありました。

沖縄はいうまでもなく沖縄の人々のものです。沖縄の人々は日本軍国主義がおこなった侵略戦争にかりだされ、そのうえ自分たちが暮らす土地が戦場になってしまいました。沖縄の人口を上まわる五五万人もの米軍が上陸し、沖縄の人々はみな家を接収され、難民となりテント生活を強いられました。アメリカは強盗さながらに沖縄からすべてをうばっていったのです。

米軍は沖縄を占領した後、さまざまな悪事をはたらきました。

まず、日本と沖縄を分断するために日本の教科書を没収し、国語という教科書の名称を〝読み方〟と変更しました。つぎに、沖縄の多くの土地を軍用地としてうばい、沖縄の人々は住みづらい土地へと追いやられました。さらに一九五三年に土地収用令を公布します。アメリカは法律を勝手につくり、沖縄を軍事的要塞にすることを合法化、正当化したのです。

沖縄は米軍が占領するようになって以降、米軍の要塞《ようさい》の島になりました。

米軍が占領支配していた当時は、沖縄の自治はまったくありませんでした。琉球列島米国軍政府（米国軍政府）が沖縄を直接支配していました。この時点では、沖縄独自の統治機構である琉球政府は成立していませんでした。

米軍による占領支配があまりにも露骨であったことから、一九五〇年一二月に米国軍政府は、琉球列島米国民政府（米国民政府）と名前を変更しました。しかし、米軍が支配する政府であることに何らかかわりがありませんでした。政治的軍事的な支配者は依然としてアメリカでした。

一九五二年、サンフランシスコ条約と日米安全保障条約が発効され、日本の形式的な独立を認めるかわりに、日本全土を米軍が支配することになりました。とりわけ、沖縄は米軍の要塞にすることが合法化されています。

その後、アメリカは琉球政府をつくりますが、最初は琉球政府の主席をアメリカが任命していました。主席を公選制にするための闘争が長いあいだおこなわれた結果、一九六八年に主席公選制が実現し、琉球政府の主席は選挙で選ばれるようになりました。

一九五〇年には琉球大学が創設されました。当時は米国軍政府が直接支配していた時期であり、沖縄ではじめて設立する大学を沖縄大学ではなく琉球大学という名称で設立したのです。新たに琉球新報が発行され、琉球政府立博物館や琉米文化会館という名称の公共施設がつくられていきました。

アメリカは、親米学者、親米政治家を育成しようと沖縄の優秀なインテリたちをアメリカに留学させるようにしました。

## 沖縄の真の独立は自主の道

アメリカの沖縄支配が継続し強化されるなかで、沖縄の人々は、沖縄県祖国復帰協議会（復帰協）を結成して日本復帰をめざすようになります。

長いあいだ、沖縄は中国に従属していました。薩摩が沖縄を侵略して以降は、武力で日本政府に支配されます。その後、沖縄は日米戦争の犠牲になるなかで、アメリカにより軍事的に支配されます。

長い歴史的過程のなかで、日本は沖縄のために何もしてきませんでした。しかし、沖縄の人々は団結して祖国復帰運動をおこないました。

一九七二年、沖縄は日本に復帰します。後に明らかにされたのは、米軍が沖縄を支配していたときの費用を日本政府が支払うという密約がかわされており、実際に日本政府が支払ったということでした。沖縄を基地として使用し、沖縄の人々に負担を強いた米軍が賠償すべきであるのに、まったく反対のことがおこなわれていたのです。さらに重大なことは、今後も沖縄で核兵器を使用する、核兵器をもちこむという密約がかわされていたことです。

沖縄は形式的には日本に復帰しましたが、米軍が直接支配していたころと本質的には何もかわっていません。

琉球という言葉を好むのは中国とアメリカです。琉球という言葉は沖縄固有の言葉ではありません。琉球という呼び名は、中国に属する地域を意味しており、中国が名づけたとする説がもっとも有力です。

沖縄という言葉は、沖縄の人々が自分の住む沖縄本島をウチナーと呼ぶことからきています。沖縄は、宮古や八重山などの離島と区別して本島をさす言葉です。

日本政府は琉球を中国から分離して日本のものにするために沖縄という呼び名をつかいました。沖縄のなかの中国由来の歴史や特徴を抹消するために、日本政府は沖縄という呼び名を好んだのです。

琉球王朝は独立していましたが、実際には中国やアメリカ、日本に従属してきました。どの国に従属したのかによってそのつど呼び名も琉球になったり沖縄になったりしました。戦後、アメリカの施政下におかれたときは琉球となり、日本に復帰した一九七二年以降は沖縄県となりました。

沖縄は日本に復帰したものの、日本政府が沖縄のためには何もしないということが明らかになるなかで、ふたたび琉球にもどる案や日本から独立する案がでてきています。

独立と自主とは異なります。

独立は植民地支配や外勢からの解放を意味します。自主は解放された後、他国に従属せず、政治的経済的に自立した国家として存在しつづけることを意味します。

琉球にもどることや独立する案には、二つの意味で留意すべき点があります。

一つは、中国やアメリカにたよれば何か沖縄に得るものがあると期待していることです。もう一つは、独立するための経済的、政治的、文化的根拠のないままに、願望として独立を主張していることです。

沖縄が独立するという主張は、中国やアメリカへの回帰を前提にしている側面があります。琉球復帰論がでてきたのは、沖縄の一部の知識人たちが琉球王国のごく一面だけをよく宣伝し教育してきたからでしょう。

長い隷属の政治をくつがえし、自主をうちたてることによって沖縄の平和と繁栄をきずくことが求められています。

## 三、自主の日本、民衆主体の社会へ

日本の歴代の総理大臣は就任すると真っ先に訪米するなど、つねにアメリカとの関係を重視し、アメリカの顔色をうかがいつつ政権運営をおこなってきました。アメリカは、日本の首相は完全に自己の支配下にあり、アメリカの利益に忠実でなければならないと考えています。日本の首相や有力な政治家は、アメリカの利益を少しでもおかすような動きを示すとすぐに政治生命をたたれてしまいます。

安倍晋三首相は、就任後いち早くアメリカの機嫌をとるため訪米しました。日本においてアメリカには誰もたてつくことができない状態が敗戦後からこんにちにいたるまでつづいています。

現在、アメリカは日本を政治的、軍事的、経済的に支配することによって大きな利益を得ています。日本はバブルがはじけて以降経済が混乱し、約二〇年間にわたって不況がつづいてきました。一方、アメリカは世界の帝国主義の頭目としての地位を弱めるなかで、日本にたいする要求と圧力を強めてきました。

アメリカの要求にいち早くこたえたのが小泉政権です。小泉純一郎元首相は郵政改革をはじめ、国有の事業体を民営化し株式会社化しました。外資は、株式化された事業体の株を購入していきました。

三公社と呼ばれた日本国有鉄道、日本専売公社、日本電信電話公社が民営化され、国鉄がＪＲに、専売公社はＪＴに、電電公社はＮＴＴになりました。

従来から、鉄道運輸、電気通信、郵政事業は国の利益をそこなわないために、国営にしなければならないとされていました。しかし三公社の民営化により、名称のみならず経営方式などが劇的に変化し、公共の利益よりも会社の利潤追求が至上課題となっていきました。

民営化により、外資が日本企業の株を保有するようになりました。日本の国有事業であれば外資が投入されることはなかったでしょう。

こんにち、日本の株式会社にアメリカの資本がはいりこんでいます。日本株の多くをアメリカ資本が購入するようになったことが、この二〇年間の大きな変化であるといえます。

現在、日本の銀行のほとんどがアメリカを中心とする外資と提携しています。提携していない大手の金融機関はありません。

金融経済がもっとも発達した国はアメリカであるため、金融界はアメリカの支配下にはいらざるをえないのです。

安倍政権が誕生して一年近くがたちました。安倍首相は、アベノミクスを発表し経済政策を中心にすすめてきましたが、しだいにアベノミクスが一部の大企業のための政策にすぎず、日本の景気回復につながらないことが明らかになってきました。

安倍政権はアメリカ中心の経済ブロックである環太平洋戦略的経済連携協定（TPP）交渉に参加していく方向をうちだしたり、地域を限定して規制を緩和する国家戦略特区を定めようとしたり、集団的自衛権の行使が可能となるよう検討したりしています。

安倍首相の対米従属姿勢と右翼的性格がきわだってきています。

## アメリカが一〇〇万人の無差別殺りく

第二次世界大戦は、ドイツ、日本、イタリアの三国同盟を中心とする枢軸国陣営とアメリカ、イギリス、フランスをはじめとする連合国陣営とのあいだでおきた戦争でした。

日本は一九四一年一二月八日、真珠湾を攻撃することによってアメリカに宣戦布告します。以後、日本はアジア全域に侵略し、アメリカを主とする連合国軍とたたかいました。

一九四五年三月一〇日、米軍による東京大空襲では一〇万人余の人々が一日で犠牲になりました。通常の爆弾を使用した空爆でしたが、軍事施設だけでなく民家などをねらったものでした。

一九四五年三月末、米軍は沖縄の離島に上陸し、四月一日、沖縄本島に侵攻しました。

六月二二日牛島満司令官が自決し、沖縄における日本軍の組織的な抵抗は終わりました。米軍は六月までの約三か月間に二〇万人余を殺りくしました。沖縄戦の犠牲となった人々の大部分は民間人でした。

米軍が沖縄に上陸した段階で、すでに日本の敗北は決定的となっていたということができます。米軍の上陸にたいして日本軍はほとんど抵抗することができませんでした。日本の特攻部隊は沖縄に結集しますが、そのほとんどは壊滅していました。七月二日、米軍は日本の抵抗はなくなったとして沖縄戦の終結宣言をおこないました。

マッカーサーは、日本軍はすでに戦闘能力は失われているとして、「原爆投下は軍事的には必要ない」と本国に伝えています。アメリカ帝国主義は日本の敗北をすでに認めていたにもかかわらず、マッカーサーの報告後、八月六日に広島、九日には長崎に原爆を投下しました。広島では二〇万人近く、長崎では一〇万人余が一瞬にして命をうばわれました。

アメリカは原爆を投下した理由について、戦争終結を早めるためだったとしています。しかし、当時の日本には戦闘機も軍艦もなく、竹やりで抵抗するような状況でした。軍事的にみて原爆を投下する必要がなかったことは明白です。

米軍が原爆を投下したのは、原爆の威力を示すためでした。アメリカは帝国主義の頭目としての力を誇示し、世界的に勢力をましてきた社会主義運動、民族解放運動をおさえこむために原爆をもって威嚇(いかく)しようとしたのです。

アメリカ帝国主義は自己の目的を達成するためだけに、数十万人の日本人民をわずか数日のうちに殺りくする暴挙をはたらきました。

アメリカがひきおこす戦争は、国と人民を支配するための戦争であり、民間人であってもためらいなく虐殺していくものでした。一九四五年三月から八月にかけて、全国各地の主要都市をのきなみ爆撃し、東京、沖縄、広島、長崎とあわせて約一〇〇万人もの人々が犠牲になりました。世界の歴史において、半年間で約一〇〇万人もの大量殺りくをした国は他にみることはできません。

罪のない多くの日本人を虐殺した国は、日本の歴史始まって以来、アメリカ一国だけです。アメリカ帝国主義は日本の宿敵なのです。

## 形式的独立、実質的占領継続

朝鮮戦争を開始した後、アメリカは日本を戦争にひきいれ利用しようとします。一九五一年九月八日にはサンフランシスコ条約が締結され、アメリカは日本を形式的に独立国として認め、第二次世界大戦の終戦処理をします。サンフランシスコ条約は、翌年の一九五二年に発効しました。日本は敗戦から七年間ものあいだ、アメリカの占領下におかれていたことになります。

サンフランシスコ条約が成立したといっても、成立前と成立後の現実がかわったわけではありませんでした。

サンフランシスコ条約と同時に日米安全保障条約（安保条約）が締結されました。米軍の占領下においては武力で支配されていたため、条約を締結する必要はありませんでしたが、独立国としての形式をとるためには、日米関係を規定するための条約が必要でした。

安保条約では、米軍基地を治外法権下におき、米兵が罪をおかしても日本の法律ではさばくことができないなど不平等な内容になっています。事実上、米軍は日本の法的制約をうけることなく自由にふるまうことができます。いまでもアメリカにとって日本は何をしても許される国になっています。

安保条約はアメリカが日本を軍事的に支配するためのとりきめであり、それ以外の何ものでもありません。

一九五一年一〇月一六日、海上保安庁は特別掃海隊を結成し、機雷の撤去をおこなうために朝鮮戦争に派遣します。これは第二次世界大戦後、日本の事実上はじめての参戦になりました。

朝鮮戦争を通じて、海上保安官、民間船員、港湾労働者など約一万名の日本人が韓国に派遣されました。日本は朝鮮戦争に直接的間接的にかかわったのです。

日本は、朝鮮戦争の特需により約四六億ドルの利益を得たといわれています。ところがアメリカは、一九五二年までの終戦処理費として、米軍が日本に駐留する費用と米軍が朝鮮戦争をおこなった費用として約四七億ドルを日本に支払わせています。

アメリカへの支払いは、平均すると日本政府の一般会計の約二〇%から三〇%を占め、多いときには半分以上を占めていました。日本は、朝鮮戦争の特需で得た金のほとんどをアメリカにうばわれています。

戦後、アメリカは日本を軍事的に占領する経費を、日本を守るという名目に変更して日本の国家予算からうばっていきました。現在は思いやり予算として、アメリカに多額の金が支払われています。

アメリカが日本を守るという口実のもとに、アメリカの要求する費用はすべて日本が支払わなければならないという論理がまかりとおっています。

アメリカは、戦後まもない時期から日本を守ると主張しはじめました。

第二次世界大戦で日本を攻撃し、日本人を虐殺したのはアメリカだけです。第二次世界大戦が終結した時点で、アメリカはどこから日本を守るというのでしょうか。

朝鮮や中国が社会主義国家を樹立し、米ソが冷戦時代にはいっていくと、さらに日本を共産主義から守ることが強調され、日本は米軍の駐留経費の支払いを命じられました。

いまもアメリカが主張する論理が継承され、日本政府は沖縄県民など多くの人々の反対を無視して、米軍基地を提供しつづけています。

## 日本を自主化する

日本とアメリカの歴史的経過をみても、また、現在の日本とアメリカの関係をみても、日本はこのままアメリカに支配されつづけてはならないことがわかります。

現在の日本の状況と民衆の要求、主体的な力量を考慮したとき、日本を自主化することが当面のもっとも正しい選択であり、日本がすすむべき道であるといえます。

日本の自主化は、資本主義体制のままですすめることのできる政治的変革です。

自主化の内容の一つは、対外関係の自主化であり、もう一つは、日本国内の自主化です。

対外関係の自主化とは、まずアメリカとの関係において日本の自主権を確立することです。

日本は戦後、一貫して対米従属の道を歩んできました。日本はいまこそ対米関係を自主化する道へとすすまなければなりません。

日本がアメリカに従属せず、対等な関係をきずくうえで重要なことは、不平等な条約である安保条約を破棄することです。安保条約は一九六〇年に一部が改訂され、期限を一〇年とし、一〇年経過後は締結国からの一年前の予告により一方的に破棄できると定められました。一九七〇年以降現在にいたるまで自動的に延長されていますが、今後は延長せず破棄すると宣言すればよいのです。

つぎに対外関係の自主化とは、アジア諸国と協調し、たがいに平等な関係をきずくことです。日本が過去、アジアを侵略したことについての謝罪や賠償をしていないことが、こんにちにおいて中国などアジア諸国とのあつれきを生んでいます。

また、また日本にもっとも近い国、朝鮮との国交を正常化し、友好関係をきずいていくことが緊要の課題となっています。

日本国内の自主化でもっとも重要なことは、民衆が政治の主人になるということです。

いま、多くの日本の人々は政府とメディアの影響をうけて、自分自身の考えをもつことができなくなっています。その結果、選挙では民衆に犠牲を強いる政党に投票する人が多くなっています。

政治は、階級あるいは社会という集団の共通の利益にそって人々の活動を統一的に組織し指揮する社会的機能です。経済や文化などすべての社会活動は、人間の集団が人間のためにおこなっていくものなので、それらを統一的に組織する政治がもっとも重要になります。それゆえ、民衆が政治の主人として登場できるようにしなければなりません。民衆が政治の主人になるためには、民衆自身の政治的自覚を高める必要があります。

日本の民衆を武力で大量に殺りくした国は、アメリカ以外にはないため、日本人はアメリカにたいしてうらみがあるはずです。

戦後、アメリカにたいする憎しみが大きく表面化しなかったのは、アメリカを憎まないよう教育されたからです。

アメリカは天皇の戦争責任をいっさい不問に付すかわりに、天皇をアメリカの利益に服従させました。天皇はアメリカを憎まずなかよくするようにと言いながら全国を行脚《あんぎゃ》したのです。

アメリカは日本に傀儡政権を樹立するためにA級戦犯であった岸信介を釈放し、その後総理大臣に就任させました。安倍晋三首相や麻生太郎元首相は岸信介の家系です。彼らは戦後一貫してアメリカのために日本の政治をおこなっています。

代を継いで支配層の教育をうけていく過程で、民衆はアメリカを民主的なよい国であると根拠もなく思わされています。

自主的な政策を実施するためには、自国人民に依拠しなくてはなりません。自国人民から指導者が遊離すれば外勢に依存せざるをえなくなります。

人々を抑圧した琉球王は結局、薩摩に依存しました。日本の支配層も人々に依拠しないがゆえにアメリカに依存して延命をはかろうとしています。

自国人民に依拠するならば国家の自主性は実現できますが、人民から遊離すれば外勢に依存し、自己の延命に走るようになるのは歴史の教訓です。

日本の自主化において重要なのはまた、戦争を阻止し平和を実現することです。日本はかつて中国侵略に始まり第二次世界大戦が終わるまでのあいだに、アジアで約三〇〇〇万人もの人々を殺りくしました。

日本は戦後も朝鮮戦争、ベトナム戦争、湾岸戦争、アフガニスタン戦争、イラク戦争などアメリカがひきおこしたすべての戦争に関与しています。

戦争や紛争は、ある国が他の国を暴力的に支配しようとしたり、ある集団が他の集団を支配しようとしたりして、自主性を尊重しないことによっておこります。自主と平和は密接に結合しています。

平和を守るうえで重要なことは、いかなる強大な軍事力にも負けないという決意をもつことです。

二〇世紀には帝国主義者のひきおこした戦争によって世界中で多くの人々が犠牲になりました。

新しい世紀には、国と民族が自主性を堅持してたたかうことによって帝国主義者の戦争策動をうちやぶり、平和な世界を実現していくことができるでしょう。

## 民衆主体の社会

社会変革の理論や運動が発展する過程で、民衆が社会変革の主体であるということを基本とした社会変革の理論、運動が明らかになりました。

民衆が社会変革の主体であるとする思想が民衆主体の思想です。民衆主体の思想では、未来社会を経済を中心にして展望するのではなく、民衆が社会の主人となることを中心にして展望しています。

民衆が人類史上はじめて主人となる社会が民衆主体の社会です。民衆が社会の主人になるということは、民衆が社会の支配者になることを意味します。民衆主体の社会において反動勢力は、いつまでも存在することはできず居場所がなくなっていきます。

民衆が主人になった社会では、身分制度でしばられる必要がなく、人が人を搾取する構造も消滅してしまいます。人間が人間らしく生きることのできる社会が民衆主体の社会なのです。

民衆主体の社会の特徴の一つは、人間が世界の主人になる社会、人間の自主性を実現していく社会であることです。

二つは、人間がたんに助けあうだけではなく、個人と集団が有機的に結合し、集団が一人の人間のように動く社会です。

マルクスも「一人はみんなのために、みんなは一人のために」という社会主義の理念を明らかにしました。民衆主体の社会変革理論においてはじめて、人間は自主性をもった社会的存在であり、集団として一つに団結できることが体系的に明らかにされました。

人間が有機的に団結し、世界の主人として生きることを実現する思想、政策、運動、制度あるいは社会を民衆主体の社会と表現します。

封建社会から資本主義社会への移行過程は、相対的に自然発生的なものです。封建社会のなかで徐々に資本家が登場し資本主義がめばえ大きくなることによって、封建社会から資本主義社会へとかわっていきました。資本主義社会は封建社会の胎内で育ち生まれました。資本主義社会の親は封建社会ということができます。

資本主義社会から民衆主体の社会への移行過程は、従来の封建社会から資本主義社会への移行過程とはまったく異なります。資本主義社会から民衆主体の社会への移行過程は、自然発生的ではありません。資本主義社会のなかで徐々に民衆主体の社会がめばえ発展し開花するということはありません。民衆主体の社会は資本主義の胎内で自然に育つのではなく、資本主義をほうむりさった後に生まれるのです。

民衆主体の社会は資本主義社会のなかで、資本主義を拒否する民衆主体の社会変革思想をもった人間が思想を強め隊伍を形成し、反動支配階級を打倒することで実現します。民衆主体の社会は、民衆主体の思想にそってつくる社会です。民衆主体の社会をつくる思想は、従来の社会で支配的であった思想とはまったく異なるものです。民衆が自主性を擁護する思想意識をもって目的意識的につくる社会が民衆主体の社会です。

封建社会や資本主義社会は、反動支配階級の私的欲望にもとづいている社会です。反動支配階級は、民衆を抑圧し、ときには虐殺して彼らの支配を維持します。反動支配階級の支配に科学性はありません。

資本主義社会は金と権力が社会をおおいつくしているのにたいし、民衆主体の社会は民衆が主体となり、政治、経済、文化などすべてのものが民衆のために服務する社会であるといえます。

民衆主体の社会は、人間の根本的特性を反映しているところに決定的優越性があります。

民衆主体の社会は第一に、人間の自主的要求を実現する社会です。人間は自主性を生命とする存在です。民衆主体の社会は、人間の本性である自主性を尊重し発展させ、完全に実現していく社会です。

従来の社会変革の理論では、資本主義的生産関係を社会主義的生産関係へとかえることで社会主義社会が実現するとしています。社会主義的生産関係をうちたてることによって、それ以外の問題はおのずと解決されていくと考えられていました。しかし、この間の社会主義の経験は、社会主義的生産関係をうちたてただけでは、かならずしもあらゆる問題が解決されるわけではないことを示しています。

資本主義社会を民衆主体の社会へと変革する目的は、人間の自主性を実現することであり、たんに生産関係を変革することではありません。人間の自主性は、自然、社会、人間自身のあらゆる分野で実現していかなければなりません。

民衆主体の社会は第二に、人間の創造的要求を実現する社会です。

人間は創造性を生命とする存在、自然と社会を改造しながら生き発展する創造的存在です。民衆主体の社会は、人間の本性である創造性を実現する社会となります。人間は自然と社会を改造するためにまず社会変革の主体としての自分自身を変革する要求をもつようになります。

民衆主体の社会は第三に、意識的な存在としての人間の要求を実現する社会です。人間の活動において、思想意識が決定的役割を果たします。

人間には肉体的側面と精神的側面があります。健康な肉体をもっていても正しい先進的な思想意識をもたなければ、社会の発展や自分自身の人間的発展のために活動しようとはしません。先進的な思想を身につけていれば体もよく動かし、社会と人間自身のためによりよい活動ができるようになります。

思想意識は、人間と結びついたときにその特徴が発揮され、具体的には活動方法や活動作風としてあらわれてきます。民衆主体の社会では、人間の思想意識がとぎすまされ、思想意識が前面にでた活動が展開される社会となります。

民衆主体の社会は第四に、人間が集団のために生き、集団を愛し集団の信頼をえながら生きていく社会です。人間は社会的存在です。人間の本性である自主性、創造性、意識性は社会的歴史的に形成され発展する人間の社会的属性です。人間は社会的関係のなかで生きたときに、自己の人間としての属性を生き生きと輝かしていくことができます。人間は社会的存在であるため、集団のなかでこそ自己の集団にたいする責任と役割をまっとうして、人間らしく生きていくことができます。

民衆主体の社会では、支配したり支配されたりする人間がいなくなり、人々がたがいに信頼しあい助けあって生きていくようになります。民衆主体の社会では、人間の社会的存在としての特性が発揮されるようになります。また個人の利益と集団の利益が統一され、ともに実現されるようになります。

人間の本性にもとづいて社会を発展させることは、自主時代に民衆主体の社会をめざすたたかいにおいて、はじめて最高の要求として提起されるようになりました。

人間は自主性を生命としているため、今後人間が自主化され、日本が自主化され、世界が自主化されるのは明らかです。

日本を自主化することは、民衆主体の社会をきずいていくうえでの前提ともなります。自主化された日本で生きる人々は、自主性が日ごとに発展し、主体の要求と力が高まっていくでしょう。

日本がすすむべき当面の課題である日本の自主化にむかって運動を力強く展開していきましょう。

# アイヌ民族の運動を前進させるために

二〇一四年一〇月一日

いつの時代も、民族は自主性を堅持し、たがいにかたく団結することによって、社会の主人として歴史を自主的創造的に開拓していくことができます。

アイヌ民族は誇りある日本の先住民族です。

アイヌ民族の新しい歴史は、何よりもみずからの自主性を守り、民族としての団結を強めていくことによってきり拓かれていきます。

アイヌ民族の自主性を実現することは、アイヌ民族だけの問題ではなく日本人総体の課題です。

日本のすべての人々がアイヌ民族の生活や未来について真剣に考え、確かな展望を明らかにしていくことが重要です。

## 血縁と文化の共通性

民族とは、人々が生活する過程で形成発展してきた集団をさします。

民族が社会的文化的概念であるのにたいして、人種は生物学的概念です。

民族に関する概念規定が正しくなされていないために、一般的には民族と人種を混同する傾向があります。

アイヌ民族の研究と称して骨を分析したり、古代遺跡を発掘したりすることは、アイヌ民族を人種としてとらえ人類学的、考古学的に研究することだといえます。

最近、ある研究チームがＤＮＡ配列の個人差を大規模解析し、日本列島に住むヒトの集団のなかで、北海道のアイヌ民族は本土の日本人よりも沖縄（琉球）人と近縁性が高いと発表しました。一見、民族に関する興味深い研究のように思えますが、ＤＮＡの類似点などは生物学的分野でとりあつかうもので、民族に関するものではありません。

アイヌ民族の歴史や現状、今後の展望について人類学的、考古学的な立場から明らかにすることはできません。

民族の概念を正確に理解することはアイヌ民族が発展していくうえで重要です。

民族は、血縁、文化、地域などの共通性で結ばれた人々の集団であると規定できます。文化というとき、広い意味で言語や宗教も含まれます。

民族の定義においては血縁、文化、地域のなかで、血縁がもっとも重要な要素といえます。

血縁は生物学的な血統をさすのではありません。血縁とは血族相互を結びつける絆であり、血縁の共通性とは社会的歴史的に形成された血縁的関係です。

血縁的関係は、人々に身体的および心理的共感をもたせ、民族という集団に結合するうえで重要な役割を果たします。血縁的関係は、たがいに助けあい交流しながら、言語や文化生活の共通性を形成していくうえでの出発点となります。したがって、血縁的関係は民族の形成において重要になるのです。

たとえば、アイヌ民族が和人と結婚し子どもが生まれた場合、親と子のあいだにはアイヌ民族としての血縁的関係がなりたつようになります。家族が生活をともにすることにより、血縁的関係をもって生活をともにする人々のあいだには、民族的な意識や感情が形成されていきます。

人々が自覚するか否かにかかわらず、血縁的関係をもって生活していくなかで民族意識が形成されていくのです。みずからの血縁的関係のなかにアイヌ民族がおり、みずからがアイヌ民族として生きる選択をした人はアイヌ民族であると認めることができます。しかし、当人が認めるかどうかにかかわらずアイヌ民族の血縁的関係をもっている人は、アイヌ民族であるといえます。

## 民族問題は従来の理論では解決されない

民族の概念規定、民族解放論は歴史的に変化し発展してきました。

マルクス・レーニン主義を含めた従来の社会思想には、二つの特徴があります。

従来の社会思想の特徴の一つは、個人を基本にして展開されていたということです。個人の要求と利益を実現することが人々のもっとも重要な関心事としてありました。

従来の社会思想の特徴の二つは、経済を基本にしていたということです。

経済的に発展した社会が理想社会であり、人々は経済的に豊かになれば幸せであると考えました。

当時、マルクスやエンゲルスが理想とした社会は社会主義共産主義社会として明示されましたが、その特徴は主に二つでした。

特徴の一つは、経済的に豊かな社会であるということです。

マルクスやエンゲルスは、当時の労働者たちが貧困にあえいでいる姿を目のあたりにして、経済的に豊かな社会をつくろうとしました。

特徴の二つは、平等な社会であるということです。

ごく少数の金持ちと絶対的多数の貧しい人たちがいる不平等な資本主義社会をかえて、みんなが平等に暮らす社会をつくりたいと願ったのです。マルクスやエンゲルスが提起した平等は、経済的平等が基本でした。

マルクスやエンゲルスがかかげた経済的豊かさ、平等を重視した社会思想に、レーニンは平和の思想を加えました。レーニンが提唱した平和の思想も経済から生じたものでした。

レーニンが社会主義革命を指導する段階では、帝国主義国同士が戦争に突入していきました。ヨーロッパ諸国の多くの社会民主主義者は、戦争を推進する反動支配階級に加担していきました。政権党のみならず、多くの社会主義政党までもが体制側についていきました。反動支配階級は、民族主義をふりかざして戦争に突入していきました。

帝国主義間戦争に労働者が動員され殺されていくなかで、戦争に反対し平和を求める思想が人々の要求となりました。

平和は、帝国主義を打倒すれば実現すると考えられました。高度に発達した資本主義段階である帝国主義を打倒して社会主義をつくるならば、平和を実現することができるため、反戦平和の闘争よりも社会主義革命のほうが大事であるという主張もありました。

反戦平和の闘争と社会主義革命のどちらがより重要かということが長いあいだ論議されました。いまもこの論議はつづいています。しかし、両方とも結局、経済から出発したものであるといえます。

マルクスは、民族を規定するものとして言語、地域、経済生活、文化という四つの共通性をあげています。とりわけ、経済生活の共通性によって他の三つの共通性が確固となり民族が形成されるとしています。マルクスがなぜ民族の共通性において経済を重要視したかといえば、民族の問題を資本主義の形成発展と結びつけて展開していたからです。

レーニンは、資本主義が帝国主義へと移行する段階で、資本家階級が自己の利益の実現のために民族を利用したことを明らかにしました。

いまでも民族問題をブルジョア民族主義や軍国主義という視点から、あやまってとらえる傾向があります。マルクス・レーニン主義では資本主義が発展し帝国主義が世界に拡大する過程で、労働者階級に国境はない、世界の労働者は将来一つになるということを強調しています。マルクス・レーニン主義では、資本主義社会をたおして社会主義社会をつくり、共産主義社会に移行すれば最終的に民族は消滅していくと予測しました。

マルクス・レーニン主義では民族自決についても言及しています。マルクスは、民族問題をヨーロッパの大きな国家を念頭に展開しました。ヨーロッパ以外の民族を歴史なき民族や諸民族の残片と表現し、歴史なき民族や諸民族の残片は生命力ある大国のなかに吸収されてしまうのが歴史の必然であると考えていました。なぜならマルクスは、国際主義の立場にたって階級闘争を中心に歴史の発展を展望していたからです。民族的利害を強調しすぎると、プロレタリアートの階級闘争の障害になると考えていたのです。

レーニンは、抑圧民族は被抑圧民族にたいして無条件に民族自決権を認めなければならないと述べました。民族自決権とは各民族集団が自己の意思にもとづいて帰属や政治的進路を決定し、他民族や他国の干渉を認めないとする集団的権利をいいます。

先進諸国の生産力と資本が、民族国家の枠をこえて成長し、ごく少数のもっとも富裕な、あるいはもっとも強大な民族による、ますます多数の弱小民族にたいする搾取が全地球的規模でみられるようになっているので、民族自決権の要求は重要であると述べたのです。

レーニンは、結婚生活も離婚の権利があってこそうまくいくという例をあげながら、民族自決権を承認することが中央集権的な巨大国家の形成を保障し、各民族の結束を強めて国際主義の精神に合致するものと述べました。このように述べたのは国際主義を強調、強化するためでした。

レーニンは、民族自決権を歴史発展の過渡的形態として認めました。しかし民族自決権の承認と、この権利の行使は別物であると考えていました。レーニンは、民族は資本主義の発展とともに、やがて接近し融合していくものであり、社会主義はこの傾向をいっそうおしすすめていくとみていました。

## 民族解放の道のり

こんにち、労働者階級のみならず広範な民衆が自己の運命の主人となっていく時代、自主時代を迎えています。労働者階級をはじめ農民や中小商工業者、女性、障がい者など社会のなかのあらゆる階層や各民族が、社会の主人として堂々と生きる時代を迎えています。そのような意味では、少数民族の問題が歴史の表舞台に登場している時代であるということができます。

民族の解放について語るうえで、いくつか考慮しなければならない問題があります。

一つは、こんにち、一つの地域に一つの民族が存在していることはほとんどなく混在しているということです。とくに大都市においては民族が混在しています。

二つは、小さな国が独立した場合、とくに経済的に弱い国が独立すると、自力でその国を担うことができるかを考慮する必要があるということです。歴史的にみるとおたがいに相争ったり不安定になったりし、結局は大国の支配下にはいる場合が少なくありませんでした。第二次世界大戦後、アジア、アフリカでは植民地が政治的に独立しましたが、経済的には宗主国に従属する場合が少なくありませんでした。

かつて植民地であった国々が独立して自国を発展させていくためには、政治における自主、経済における自立、軍事における自衛、その前提となる思想においてチュチェを確立することが重要になっています。

世界の歴史において、産業革命がおきたことによって、人々の生活が豊かになり社会は発展したといわれました。

イギリスを中心としておこった第一次産業革命は、軽工業革命でした。それまで手工業に依拠していた生産活動が機械化され、経済は飛躍的な発展をとげました。第一次産業革命は資本主義の形成発展をもたらし、労働者階級と資本家階級の対立が生まれました。

第二次産業革命は、重化学工業革命でした。重化学工業の発展により、アメリカでは全土を縦断する鉄道が敷かれ、軍需産業が発展しました。日本は欧米の技術をとりいれ、殖産興業政策のもとに軍需産業を発展させていきました。第二次産業革命により、アメリカやヨーロッパ、日本など帝国主義段階にはいった国が先進国と呼ばれるようになりました。

発達した国かどうかを識別する基準は、経済におかれていました。しかし、先進国で豊かになったのは、一握りのブルジョアジーにかぎられていました。

社会の発展とは何をもっていうのでしょうか。

社会は人間の生活を基本にすると、政治、経済、文化に分けることができます。社会の発展とは、政治、経済、文化がともに発展することを意味します。

アメリカや日本が経済的に発展したのは明らかです。しかし政治や文化は発展したとはいいがたい面があります。

ブルジョアジーは政治、経済、文化のうち、経済を重要視しています。ブルジョアジーはマスメディアをつかって、人々が経済の発展に大きな関心をむけるよう教育し宣伝しています。

人間の生活において経済は重要ですが、経済が発展することだけをもって社会が発展したということはできません。

ブルジョアジーは経済を発展させる手段として政治を利用しました。文化も利潤追求の道具に利用したり商品化したりしました。既存の社会主義国においても、文化を発展させる努力はあまりなされませんでした。かつてソ連で人気を博した古典バレエ『白鳥の湖』は世界中で上演されました。しかしその後、文学芸術活動でめざましい動きはありません。

経済の発展は、世界中の人々が長いあいだ、もっとも関心をはらってきた分野です。現段階において、政治、文化に関する発展方向や発展方法について真剣に考え努力する動きは、まだ未熟な段階であるといえます。

こんにち、広範な民衆が歴史の主人として登場する自主時代をむかえているなかで、民族を正しく評価することは、もっとも重要な課題の一つになっています。

民族は歴史的に形成発展してきており、民族は社会の発展とともにさらに発展していきます。

また、発達した社会とは、各民族が民族としての固有な特性と力をいっそう輝かせる社会となります。民族の尊厳が最高度に強められていく社会こそ、人類がすすむべき未来です。みんながなかむつまじいことと個々の個性がいっそう強くなることは対立したり矛盾したりするものではなく、むしろ統一するといえます。

金正日総書記は一九九七年六月一九日の著作「革命と建設において主体性と民族性を固守するために」のなかでつぎのように述べています。

「革命闘争と建設事業において主体性を堅持するということは、自国、自民族の運命と民衆の運命を民衆自身が主人となって自主的に、創造的にきり拓いていくということであり、民族性を活かすということは自民族固有のすぐれた特性を保持し発展させ、それを社会生活の各分野に具現していくということである」

「自民族を愛し民族性を重んじることは、民族構成員の共通の心理であり、それは全民族を団結させ結集させるうえで重要な意義をもつ」

金正日総書記は、この著作のなかで革命と建設において主体性と民族性を固守するのは、民衆の自主偉業、社会主義偉業の遂行において堅持すべき根本原則であると述べています。

国と民族は人々の生のよりどころであり、運命開拓の基本単位であり、民衆の運命は国と民族の運命ときり離しがたく結びついています。

民衆は民族国家を単位にして暮らし、運命を開拓していくので、国と民族をぬきにしては大衆の自主偉業、社会主義偉業について考えることはできず、国と民族の自主性が保障されずには大衆の自主性が実現されません。

社会的人間は階級と階層の構成員であると同時に民族の構成員であり、階級性とともに民族性をもちます。個々の民族には長いあいだにわたって形成され強固になった固有の文化と伝統があるため、民族性を無視しては民衆の自主的要求と利益を正しく実現することができません。

また、民族性には民族自主精神と民族文化、伝統が体現されており、国と民族の貴い財宝、社会主義建設の重要な元手となると述べています。

金正日総書記は、主体性と民族性を固守してこそ民衆の自主性を実現し、民族の自主的発展と繁栄を保障することができることを明らかにしました。

## 民族の誇りと尊厳

民族を特徴づけるもっとも重要な性質は民族性です。民族性とは民族固有の内的特性をいいます。

民族性は、人々が血縁的関係を結びながら一定の地域で社会生活をおこなう歴史的過程で形成されたものであり、固有の文化と生活の総体としてあらわれるものです。

民族意識は民族固有の意識です。民族意識には大きく二つあります。一つは自分がどの民族に所属するのかという帰属意識で、もう一つが民族の誇りと尊厳に根ざした意識です。民族の誇りと尊厳に根ざした意識が、民族として生きようという要求や力を強めていきます。

これまで、ヨーロッパの個人主義思想が日本の多くの人々に影響をあたえてきました。個人主義思想は個人が主体であり、集団は個人のためにあるというものです。こんにちほど社会に個人主義思想が浸透していない時代には、人々は家族や地域、なかまを大事にし、一定の集団性がうちたてられていました。民族を構成する個人にとっては、個人の生存と民族の生存は結びついています。民族を構成する個人と集団を結合させるものが民族意識です。

民族意識は、自分自身が属する民族にたいするいつくしみや思いやりの心です。誰が何と評価しようとも、たとえ自身にしか理解できないとしても、自民族はすばらしいと感じる意識です。民族を団結させる要となるのは、民族にたいする誇りであり民族にたいする自尊心です。民族にたいする誇りや自尊心が強まるならば、おのずと民族的結束が加速していくでしょう。

現在、アイヌ民族の人口は約五～一〇万人といわれてはいますが、明白な根拠はありません。ある研究資料には、コシャマインが蜂起した一五世紀中葉にはアイヌ民族はおよそ五〇万人存在していたとの記載があります。

北海道大学のアイヌ・先住民研究センターが、アイヌ民族の結婚に関する調査報告を発表（二〇一二年）しています。調査件数は四八〇組でした。

調査報告によれば、アイヌ民族同士の結婚は一五〇歳代は一〇〇％ですが、一四〇歳代は九六％になっています。一五〇歳という表現は、いま生きていると仮定した年齢です。一〇〇歳代では五九％となり、三〇歳代では一五％とアイヌ民族同士の結婚は少なくなっています。アイヌ民族同士の結婚数が急減したのは、わずか一〇〇年前のことです。

アイヌ・先住民研究センターの調査報告から読みとれることは、アイヌ民族の同化の歴史は浅く、同化を阻止することは十分できるということです。

他民族と結婚する人がふえているなかで、民族意識を目的意識的に形成し強化することが重要になっています。

人間の生物学的属性は自然に変化するのにたいして、人間の社会的本性は目的意識的に努力することによって発展します。

世界のどの国であっても一つの民族だけで生活している地域はほとんどありません。ましてや交通や通信が発展した現代では民族間の交流がさかんになり、異なる民族との結婚もふえています。異民族間の結婚は、ある程度さけることのできない時代の流れといえるでしょう。

先祖代々、あるいは何代かにわたって民族の血をひき継ぎ、純潔をたもつことによって民族を認定する、純潔なる民族を形成して運動するというのは現実的ではありません。

民族の定義について明らかにしようとするのは、従来の見解や既存の民族運動を批判するためではありません。

今後、アイヌ民族の運動を前進させていくうえで、民族の定義を明白にすることが決定的に重要であるからです。

## 民族の形成と発展

アイヌ民族のなかには多くの優秀な人たちがいました。

しかし、アイヌ民族にたいする明治政府の同化政策がすすめられるなかで、優秀なアイヌ民族の人たちは和人の学者の主導のもとに研究をおこなわざるをえませんでした。

知里幸恵《ちりゆきえ》は、アイヌ民族としてはじめて『アイヌ神謡集』を世にだしました。

知里幸恵は、言語学者である金田一京助教授の自宅に寄宿しながら、彼の研究を手伝っていました。

アイヌ民族は自然の神々の神話や英雄の伝説を、口伝えの言葉による豊かな表現で語り伝えてきました。アイヌ民族の口承文学の物語には大きく分けて神のユーカラ（神話）と人間のユーカラ（英雄叙事詩）があります。知里幸恵の著書は神のユーカラであるため、『アイヌ神謡集』となっています。重い心臓病をわずらっていた知里幸恵は、『アイヌ神謡集』を完成させた日の夜、一九歳という若さで亡くなります。

知里幸恵の弟は当時の東京帝国大学を卒業し、北海道大学の教授となった知里真志保《ちりましほ》です。彼は、日本帝国主義が戦争政策をすすめ、アイヌ民族にたいして暴力的支配をつらぬくなかでアイヌ民族の言語に限定した研究活動をおこないます。有能な研究者であった知里真志保もまた知里幸恵と同じようにアイヌ民族としての主体を確立した研究はかないませんでした。

アイヌ民族としてはじめて国会議員になった萱野茂氏は、自力で二風谷《にぶたに》アイヌ資料館を創設しました。萱野茂氏は和人から自立してアイヌ文化の独自性をうちたてたという点で、特筆すべき業績をのこしたといえます。

現在、アイヌ民族にたいする研究や関与は、すべて政府や北海道庁、和人の学者が主導している状況があります。

アイヌ民族のすぐれた人たちによる研究成果は、アイヌ民族自身を豊かにすることにはつながらず、政府や北海道庁、和人の学者の成果にされてしまった側面があることは否めません。

アイヌ民族の学者自身がアイヌ民族の歴史や文化を民族的立場からほりおこし、アイヌ民族の解放につながる研究をしていくことが重要であるといえます。

日本の先住民族であるアイヌ民族について考えるに際して、民族とは何かということについて明確にする必要があります。

民族とは、人間に関する二つの解明から明白に規定されます。

人間はまず、自主性を生命とする自主的存在であるということです。

人間は他の生命体と同じように自然の一部ですが、同時に人間は周囲世界を変革して生きていく世界で唯一の存在です。人間は自主性をもつがゆえに、あらゆる支配、抑圧に反対して生きていこうとします。

人間はつぎに、社会的存在であるということです。

人間が社会的存在であるということは、まず、人間は目的意識的に集団を形成して生きていく存在であるということです。ハチなどの人間以外の生命物質が一時的にあるいは本能的に集団を形成することとは区別されます。

人間が社会的存在であるということは、さらに、人間はもって生まれて集団を形成するのではなく、生後、社会的集団のなかで生きていく過程で、集団性を強めていく存在であるということです。

人間は自主的存在であり、かつ社会的存在であるということを集中的に表現しているのが民族です。

民族が自主的に集団的に形成されていくときに、民族の尊厳と力は最大限に発揮されていきます。

民族は、人間の自主性、集団性を最高度に表現する社会的単位といえます。したがって、民族を動物と同じく生物学的に、個々ばらばらに考察することはあやまりです。

民族としての自覚は目的意識性と社会性にもとづいてうちたてられます。自分はアイヌ民族であるという自覚をもってアイヌ民族の集団を愛し、その集団のために生きていくことがアイヌ民族であることの証です。

## 日本史と区別される独自の歴史

北海道と本州以南とでは、それぞれの成立過程や気候などが大きく異なっています。そのため、北海道は日本史とは区別される独自の歴史をもって歩んできました。

北海道以北に人間が住みはじめたのは、約二万五〇〇〇年前といわれています。当時は、寒冷期で海面がいまよりも一〇〇メートル以上低く、北海道はサハリン（樺太）とつながり、サハリンは大陸とつながっていました。

約一万二〇〇〇年前、気候が温暖化したことによって氷がとけて水面が上がり、大陸とサハリン、北海道がそれぞれきり離され、現在の北海道の地形になったといわれています。当時の集落の遺跡が北海道各地で発掘されています。

アイヌ文化振興・研究推進機構は、『アイヌ民族：歴史と現在』―未来を共に生きるために―」というタイトルの小中学生向けの副読本を発行しています。そこでは、アイヌ民族の歴史について時代をおって述べています。

歴史の流れをそれぞれの特徴にそって一定の期間に分けることを時代区分といいますが、北海道の歴史は文化を基本にして規定されています。

文化を基本にした歴史区分は、アイヌ民族の歴史を和人が中心になって研究したことと関連しています。

北海道も本州も縄文時代を迎えるのはほぼ同じ時期で、いまから一万一〇〇〇年から一万二〇〇〇年前頃となっています。

縄文時代には縄文土器がつかわれ、表に縄目文様の装飾がほどこされています。

本州は縄文時代のあと農耕が始まり弥生時代に移行していきますが、北海道は寒冷で農耕に適さなかったため縄文時代がつづきました（続縄文時代）。その後、擦文《さつもん》文化の時代を迎えます。

木片などをつかって表面に刷毛模様をほどこした擦文土器を使用していたので、擦文文化とよびました。

擦文文化と並行して道北地方にオホーツク文化が存在しましたが、やがて擦文文化に同化していきます。

擦文文化後はアイヌ文化の時代が始まり明治時代までつづいていきます。

北海道の歴史が文化を基本にして区分しているのにたいし、日本史では、階級形成以降、政治権力者を基本にして時代を規定しています。

日本の歴史が史実として記録されるようになったのは階級が形成された古墳時代、六世紀頃です。

当時、政治権力者が亡くなると、生存していたときの権勢を示すものとして大規模な古墳が建造されました。古墳は階級社会の象徴ともいえます。

その後、ときの政治権力者がおいた都によって時代は区分されました。奈良時代には奈良に、平安時代には京都に都がおかれました。源頼朝が鎌倉に幕府をおいていたときが鎌倉時代です。

戦国時代は戦に勝利し政治的実権を握った大名によって時代が区分され、足利が統治した室町時代、織田、豊臣が支配した安土桃山時代を経て、徳川が全国を統一し江戸時代とつづきました。

世界では文化や政治権力者を基本にして時代を区分する国や民族がある一方、中国など既存の社会主義理論から政治経済制度を基本にして時代を規定している国があります。

マルクス主義では、時代を政治経済制度で区分しました。マルクス主義の時代区分は当時、マルクスやエンゲルスが活躍していたヨーロッパの状況をふまえたものといえます。

マルクス主義の時代区分は、まず、原始共産制社会から始まり、奴隷制社会、封建制社会へとつづいていきます。さらに資本家階級が支配する資本主義社会から、労働者、民衆が政権を握った社会主義共産主義社会へと発展していくと考えられました。

これまでの時代区分の多くは文化や政治権力者を基本にしたものでしたが、いずれも民衆の立場から考察されたものではありませんでした。

アイヌ民族の歴史について、今後、民衆を基本にした新しい時代区分を研究することが重要になるでしょう。

## ユーカラのなかにうるわしい生活が

アイヌ民族が固有の民族として確立したのは、一三世紀前後であるとみなすことができます。その理由の一つは、一三世紀前後に擦文文化が終わりアイヌ文化が始まったということです。擦文文化は本州の影響を強くうけた文化であるといわれています。擦文文化からアイヌ文化がなりたつ一三世紀までのあいだの考古学的な研究や考察はかなりおこなわれています。一三世紀以前、さまざまな文化が形成されていますが、それらをアイヌ民族の形成とみるかどうかは慎重に検証されなくてはなりません。

理由の二つは、一三世紀には約四三年ものあいだ、当時のモンゴルの侵略にたいしてサハリンのアイヌ民族がたたかい、勝利した記録があることです。サハリンのアイヌ民族は北海道のアイヌ民族と深いかかわりがあります。

アイヌ民族が豊かで誇らしく輝かしい生活をおくってきた一三世紀から一八世紀にかけての歴史は明らかにされていません。

アイヌ民族にとってもっとも重要な歴史が空白になっているのは、アイヌ民族が文字をもたなかったことと関連しています。また、アイヌ民族の誇りある歴史が語られないのは、歴史の記述の多くが和人の学者によってなされているからです。

それでは一三世紀から一八世紀にかけてのアイヌ民族のもっとも重要な歴史は、どこから読みとくことができるのでしょうか。

旧約聖書や新約聖書、日本書紀や古事記、朝鮮王朝実録や中国の漢書などは、神話や創作のなかに歴史的な事実がおりこまれています。

アイヌ民族には、口承文芸としてユーカラが語りつがれています。ユーカラを日本語に翻訳することはなされていても、ユーカラのなかから、アイヌ民族の歴史を正確にほりおこす研究はとりくまれていません。ユーカラをたんなる文学としてだけではなく、アイヌ民族の歴史として読みとくことによって、一三世紀から一八世紀にかけてのアイヌ民族の輝かしい歴史を明らかにすることができるといえるでしょう。

## 和人支配にたいするたたかい

アイヌ民族は、長い期間にわたって平和な暮らしを営む一方、内外の敵にたいしては断固としてたたかい、民族の平和と自主を守ってきました。

北海道で和人はアイヌ民族にたいし暴力的な支配と収奪をくりかえしていきました。

アイヌ民族は、アイヌを武力で支配し不当に利益を独占しようとする和人に反対して、指導者のもとに団結してたたかいました。

一四五七年には、コシャマインを中心とする武装蜂起がおこりました。

一六六九年には、シャクシャインが率いるアイヌ民族と松前藩のあいだで大規模な戦闘がおきます。シャクシャイン率いるアイヌ民族は当初優勢であったものの和人が使用した銃器により劣勢にたたされました。シャクシャインは和睦と称した宴会の席で酒を飲まされ謀殺されてしまいます。

コシャマインの戦いとシャクシャインの戦いは、アイヌ民族が団結して和人の支配と抑圧に反対してたたかった誇りある歴史といえます。

アイヌ民族は和人だけではなく、和人以外の敵との戦いにおいても勇敢にたたかい敵をしりぞけました。

一七七〇年、略奪をくりかえすロシアにたいし、アイヌ民族は周到な作戦計画をたて勝利していきます。

一七八九年には、アイヌ民族を侮蔑し露骨に搾取していた和人に抵抗するために、国後島《くなしり》とその対岸のアイヌ民族が和人を襲撃するというクナシリ・メナシの戦いがおきます。アイヌ民族の指導者たちは、和人と話し合いをしようとしましたが、和人は強硬な姿勢をとり、彼らを処刑してしまいました。

クナシリ・メナシの戦いは、アイヌ民族の組織的な戦いとしては最後になりました。この戦いを経て、江戸幕府は徐々に北海道全域を支配するようになります。

江戸幕府はより大きな利益を得るために、和人の商人をつかってアイヌ民族を強制的に働かせました。明治時代にはいると、日本は欧米帝国主義列強と対抗し、中国やロシアを敵にまわして、日清戦争、日露戦争をひきおこしていきます。

北海道は千島列島やサハリンに近くロシア攻撃に有利な位置を占めていたため、アイヌ民族は日露戦争にかりだされていきました。

明治政府は海外に武力侵略すると同時にアイヌ民族からうばった土地を、本州の開拓民などに分与していきました。

日本が海外に侵略するのと軌を一にして、アイヌ民族の土地をうばって同化していったことに、帝国主義としての本性があらわれています。

アイヌ民族にたいする同化は、江戸時代から徐々におこなわれ、一八六八年、明治政府が成立してからは政策化し強権をもってすすめられていきます。

一八六九年、江戸時代に蝦夷地《えぞち》と呼ばれていたアイヌモシリは北海道と改称され、北海道開拓使が設置されました。

明治政府が成立して三年後の一八七一年、戸籍法が制定され、法律をもって暴力的にアイヌ民族を同化していきました。

明治政府は、男性の耳飾りや女性の入れ墨、アイヌ語の使用を禁止し、さらに一人ひとりにたいして、日本人風の名前をつけることを強制しました。

アイヌ民族にたいする支配、抹殺政策をすすめるために、類を見ない非情な暴力的手段がとられていきました。一八七八年には、北海道開拓使の通達によって、アイヌ民族の呼び名を「旧土人」に統一するようになりました。アイヌ民族は、一八七八年から約一二〇年間にわたって「旧土人」と称され、差別的呼称がなくなったのは、一九九七年のことです。

一八九九年には、明治政府によって「北海道旧土人保護法」と称する法律が制定されました。「北海道旧土人保護法」はアイヌ民族の救済を名目にしていましたが、実際には土地と言語、名前をうばい、伝統文化を否定する政策を法制化したものでした。

その後、「北海道旧土人保護法」はアイヌ民族のねばり強いたたかいのなかで廃止され、一九九七年、「アイヌ文化の振興並びにアイヌの伝統等に関する知識の普及及び啓発に関する法律」（アイヌ文化振興法）が制定されました。

アイヌ文化振興法を実施するための機関として財団法人アイヌ文化振興・研究推進機構（アイヌ文化財団）が設立されました。アイヌ文化財団には国家予算から毎年数億円が拠出されています。一方、道の支出はふえていません。

アイヌ文化財団は文字どおり、アイヌ文化の振興と研究をすすめる機構であり、現在、国が直接関与する公益財団法人となっています。

アイヌ文化振興法は文化に限定されるものになっているため、アイヌ文化財団の主な活動はアイヌ民族の文化を紹介する内容になっています。

日本政府のうちだした政策には、アイヌ民族に政治的権利を保障することはのぞかれています。こんにち、アイヌ民族にたいしては大きく二つの政策がとられています。アイヌ民族にたいする政策の一つはまず、アイヌ民族を経済的に援助することを目的にした福祉政策です。福祉政策は主に北海道庁が窓口になっています。

日本政府は、福祉政策の対象者としてアイヌ民族を規定する際には、まずアイヌ民族の血が流れていること、つぎにアイヌ民族の家族であることを条件にしています。

アイヌ民族にたいする政策のもう一つは、アイヌ文化を保存し紹介する文化政策です。文化政策には北海道庁とあわせて国がかかわっています。

日本政府は、アイヌ文化を民族固有の独自な文化として尊重していくというよりは、日本文化の一つとして保護し継承していこうとしています。

アイヌ文化振興法が制定された背景の一つには、世界で先住民族の発言力が強まるなかにあって、日本政府はアイヌ民族の権利を守っていないという外国からの批判をさける政治的意図がありました。

民衆、民族にとって大切なことは、政治の主人、経済の主人、文化の主人になることです。政治の主人になってこそ、経済の主人、文化の主人になることができます。

アイヌ文化振興法は、アイヌ民族を文化という枠のなかにおしとどめ、アイヌ民族の政治的権利については隠蔽《いんぺい》する役割を果たしている側面があります。

## 政治、経済、文化の主人に

アイヌ民族はみずからの解放のために、政治、経済、文化の三つの権利を自分の力でかちとることが重要です。

アイヌ民族の運動をはじめ日本の運動は、全般的に経済的な獲得物をめざしてすすめられてきた面があります。

アイヌ文化振興法制定以後、日本政府に失望したアイヌ民族の運動は、国際連合（国連）に期待をかけていくようになりました。

二〇〇七年、国連で「先住民族の権利に関する国連宣言」が採択されました。二〇〇八年、国会は「アイヌ民族を先住民族とすることを求める決議」を採択しました。日本政府は批判を回避するために決議をうけいれました。

決議自体は評価できたとしても、それがアイヌ民族の解放に直結するものでないことは明らかです。

国連には一九〇余か国が加盟しています。しかし、国連は依然としてアメリカを中心とした五か国の安全保障理事会常任理事国が主導権をにぎり、常任理事国にとって都合のよいものになっています。

常任理事国のうち、一か国でも拒否権を行使すると安保理決議を採択することができません。アメリカを中心とする大国の利益を追求するなかでさまざまな会議や分科会がおこなわれています。

イラク戦争にたいしても、国連はアメリカに戦争をやめさせる決議を採択しませんでした。アメリカは国連の名で決議をあげることがむずかしくなれば、国連を無視して多国籍軍をつくり、戦争を強行していきました。

アイヌ民族の運動における主人はアイヌ民族自身です。日本政府や国連、あるいは世界のさまざまな民族が、アイヌ民族を解放してくれると期待し依存することには問題があります。

アイヌ民族として主体性と民族性を堅持することを先行しながら、アイヌ民族を団結させ、アイヌ民族の運動をアイヌ民族自身の力でおしすすめることを基本として目標を実現していくことが重要です。

アイヌ民族の運動は、アイヌ民族が主人となり団結し、和人との協力関係をもっておしすすめていかなければなりません。

みずからの主人は自分自身であり、誰からも支配されずみずからの生活、未来、幸せは、自分自身できり拓くことができます。

アイヌ民族自身のことはアイヌ民族自身が決定していくようにしなければなりません。民族自決権は政治的権利であり、政治的権利を行使する集団をとおして実現されます。アイヌ民族の政治的集団がなければアイヌ民族の自決権は行使できません。

アイヌ民族の政治的権利を獲得するうえで重要なことは、アイヌ民族の民族的解放を全面的に実現するための政治的集団をつくり、地道な活動をつみあげていくことです。

はじめは数名であっても政治的集団をつくり、広範な人々と交流をもちながら活動していくのがよいでしょう。

アイヌ民族の運動は、一部の活動家だけが主人ではなく、すべてのアイヌ民族が名実ともに主役となる運動をめざすことが重要です。

現代帝国主義は、いまも世界を一極化しようとしており、国連もアメリカに従属しています。資本主義、帝国主義とのたたかいを経ずして、少数民族、先住民族の権利を擁護することはできません。

アイヌ民族の運動、日本の運動を新たな地平できり拓くためにも、アイヌ民族と和人がともに手をたずさえてまっすぐにすすんでいくことが大切です。

アイヌ民族が日本で民族としての自覚や誇りをもって生きていくために、今後重要なことは民族学校をつくっていくことでしょう。

アイヌ民族としての自覚や誇りは自然発生的には形成されません。アイヌ民族としての自覚や誇りは、教育をとおして育まれていきます。

アイヌ民族の学校は、算数や理科などの基礎的な教科もすべて教え、アイヌ語やアイヌ民族の歴史や文化を教えていきます。

アイヌ民族の学校は一条校ではなく、各種学校として設立していくのがよいでしょう。一条校とは、学校教育法第一条で規定されている小学校、中学校、高等学校、高等専門学校、大学などであり、教育課程は、文部科学省が公示する教育要領や学習指導要領によって定められることになっています。アイヌ民族の学校が各種学校として運営されることにより、アイヌ民族独自の教育課程で教育することができるでしょう。

民族学校は、アイヌ民族総体の力でつくらなければならず、すべてのアイヌの子弟をうけいれるものとします。

民族学校は、一般的な学校運営とはことなり経済的利潤を得るものではなく、ましてや一部のアイヌの子弟に限定されるものではありません。

民族学校の卒業生が大学をでて、社会的な影響力をもつようになれば民族学校の権威と影響力はいっそう大きくなることが期待されます。

新しい運動、真にアイヌ民族の解放につながる運動は、アイヌ民族が政治思想的に団結し、民族としての成果をつみあげるために寄与していくものとなります。

経済的に豊かになるだけではなく、政治思想的な団結をかちとり、アイヌ民族であることの誇りや愛着を感じられるような運動をつくっていくことが重要です。

アイヌ民族が主人となる新しい運動をおしすすめていくことをとおして、アイヌ民族の解放の道がかならず拓けていくことでしょう。

# 第四章　自主・平和・友好の世界へ

# 自主・平和は現時代の基本潮流

—エジプト・チュチェ思想研究委員会の集いにおける講演と質疑応答—

二〇〇六年一一月二五日

尊敬するエジプト・チュチェ思想研究委員会委員長、アラブ芸術文化広報協会書記長のヤヒーヤ・ザカリア・カールアラ先生。

尊敬する同志と友人のみなさん。

わたしはエジプトの発展とアラブの統一のためにりっぱに活動しているみなさんにお会いしたことをたいへんうれしく思います。

エジプトは悠久《ゆうきゅう》な歴史をもち、中東やアフリカにも影響力を行使できる地理的条件に恵まれています。

エジプトが世界の自主化と平和化に果たす役割は大きく、世界人民の期待も大きいといえます。

わたしはこの機会に、最近の情勢と共通の関心事について、いくつか述べたいと思います。

## 一、自主を求める世界の国々

こんにち世界の民衆は、自主・平和を求めています。

二一世紀にはいり、自主・平和の流れは以前にもましていっそう強まり、世界の大勢になりつつあります。

いま世界は自主性を堅持するのか、自主性を抑圧するのかの二つの勢力に大きく分かれています。世界における支配主義勢力は少数となり、対峙する自主勢力は世界に広がっています。

二〇〇六年九月、キューバの首都ハバナにおいて、第一四回非同盟諸国首脳会議が開催されました。会議には国連加盟国の約三分の二に相当する一一八か国が参加しました。

非同盟諸国首脳会議では「現在の国際的局面における非同盟運動の目的、原則および役割に関する宣言」を満場一致で採択しました。

宣言では超大国の単独行動主義に反対し非同盟諸国の団結を強めることが強調されました。

非同盟諸国は公平な新しい国際秩序をつくるため、大国に期待するのではなく、各国が自主性を堅持し団結していくことを示しました。

世界では、この数年間に新しい動きがおきています。

世界人口の約三分の一を占めるインドと中国が、いちじるしい経済発展をとげるようになりました。両国の経済成長率は毎年七～八％の高水準を維持しています。

ラテンアメリカ諸国の人々は、一九世紀前半、スペインの植民地支配から南米五か国を解放し、貧しい人々のために献身したシモン・ボリーバルに学びながら、団結して反米自主のたたかいを強めています。

ベネズエラでは、ウゴ・チャベス大統領の指導のもとに超大国の圧力に屈せず、民衆の利益を守る政策が実施されるようになりました。

二〇〇六年一月、ボリビア史上はじめて、先住民族のエボ・モラレス氏が大統領に就任しました。

ヨーロッパは早くから欧州連合（ＥＵ）を形成し、共通通貨ユーロを流通させアメリカとは一定の距離をおいています。アラブ民族も帝国主義の不当な弾圧や武力攻撃にたいし、国や宗派をこえ団結を強め、生存権と自主権のためにたたかっています。

自主の潮流は世界の基本的な流れとなっており、ますます拡大しています。

しかし、時代が変化しても帝国主義の本性はかわることがありません。

帝国主義の本性は侵略と略奪です。帝国主義の本性はこんにちにいたっていっそうむき出しになっています。

ブッシュ大統領は就任してまもなく国連や国際世論を無視し、テロや大量破壊兵器を口実にしてアフガニスタン、イラクを先制攻撃しました。

ブッシュ政権の侵略によって、平和に暮らしていた人々の生活は破壊され、いまもなお悲惨な状況がつづいています。

アフガニスタンでは二五〇万人以上もの人々が難民生活を強いられ、イラク戦争では罪もない人々が六五万人以上殺りくされたとアメリカの調査機関が発表しています。

アフガニスタン、イラク両戦争での米兵の死者もすでに三〇〇〇人をこえ、九・一一事件の死者数を上まわっています。

不当なイラク戦争に反対する国際世論をうけて、イラクに派兵していた国はつぎつぎと兵をひきあげました。

各国が撤退するなかで、ブッシュ政権はイラクに一四万人の兵力をくぎづけにされたまま撤退するめどがたっていません。イラク戦争はいまや泥沼化の様相を呈しています。

現代帝国主義が露骨に軍事力で他国を支配することは、彼らの強さを示すものではなく、危機に瀕《ひん》した最後の姿をあらわしています。

ブッシュ政権は、同盟国に侵略戦争への加担を要求し、日本、イギリスなどの国々はイラク戦争に積極的に派兵しました。日本は「イラク復興支援特別措置法」を制定し、戦後はじめて海外派兵を強行しています。

その後、イラクにたいするブッシュ政権の侵略的意図が明白になるなかで、同盟国の首脳は内外で孤立し、政権の座からつぎつぎにしりぞくようになりました。

自主と平和の流れに逆行する政策は、遠からず破綻《はたん》するのはうたがいのないことです。

## 二、自主性を堅持する朝鮮は世界の模範

人間にとって自主性は生命です。

自主性は世界と自己の運命の主人として自主的に生き発展しようとする人間の性質をさします。生きよう

とする要求は動物にもありますが、自主的に生きようとする要求は人間のみがもっています。自主性を生命とする人間はあらゆる支配や従属をあまんじてうけることはできません。人間は世界の主人として自由に生きようとする性質をもっとも重要な属性としています。同じように国と民族にとっても、自主性は生命です。あらゆる国と民族が生存する権利と自主的に発展しようとする権利をもっています。

あらゆる国と民族は、自主性を堅持することによって、自己の平和と繁栄を保障し、自主時代の潮流を加速させています。

アメリカ帝国主義の侵略性、暴力性はますます露骨になっています。

自主・平和をめざす国は、民衆が政治的に団結し自衛的武力をもつことによって、帝国主義の野蛮な攻撃を防がなければなりません。

アメリカ帝国主義がつねに朝鮮を崩壊させようとあらゆる策動をつづけながらも、朝鮮半島においては戦争がおきず平和が保障されているのは、朝鮮民主主義人民共和国が先軍政治をおしすすめ、戦争を防止し平和を守る役割を果たしているからです。

先軍政治は人民軍を先立たせることによって、帝国主義の侵略を防止し朝鮮を豊かに発展させる政策です。

アメリカ帝国主義が自主性を堅持して生存し発展しようとする朝鮮を武力で崩壊させようと執拗《しつよう》に策動するなかで、二〇〇六年一〇月、朝鮮人民は核兵器を保有するようになりました。

朝鮮が核兵器を保有し核実験をおこなったことは、朝鮮人民による生存権と自主権の正当な行使といえます。

朝鮮半島を非核化することは金日成主席の遺訓であり、朝鮮の最高規範となっています。

朝鮮の核兵器はどこまでもアメリカ帝国主義の侵略策動にむけられたものであり、世界の平和をおびやかすものではありません。

朝鮮は核実験によって、帝国主義がいかに威嚇《いかく》しようとも、あるいは大国が反対したとしても、何らたじろぐことなく自主性を堅持する気概を世界に示しました。

超大国は朝鮮の核実験について非難していますが、世界の大勢は核拡散防止条約（ＮＰＴ）における超大国のダブルスタンダードこそ問題だと指摘しています。

ＮＰＴはアメリカ、イギリス、フランス、中国、ロシアの五か国のみを核兵器保有国として公認し、それ以外の国が核兵器を保有することを禁じています。

核兵器を保有する五か国は国連安全保障理事会常任理事国であり、ＮＰＴは大国の都合のよい条約になっています。

ＮＰＴのもっとも重要な原則は、核兵器大国が核兵器を削減し廃絶することを前提に他国の核保有を禁じていることです。しかし、超大国は核兵器を削減しないばかりか、むしろ増強し実戦で使用することさえ明言しています。

また、超大国はイスラエルなどにたいしては核兵器保有を容認しながら、朝鮮など自主性を堅持する国の核兵器保有にたいしてはきびしく反対しています。

朝鮮は中国、ロシア、韓国と隣接し、海をへだててすぐ近くに日本があります。朝鮮をとりかこむ国々はすべて核兵器保有国か核の〝傘下〟にあり、朝鮮の核兵器のみを批判することは公平ではありません。

朝鮮にたいし超大国が核による先制攻撃もありうると発言するなかで、自衛のための核兵器をもつことは正当防衛であるといえます。正当防衛は、民主主義国家において合法的権利として広く認知されています。

大国とそれに従属する国だけではなく、すべての国が自国を防衛し主権を行使する権利があるのはいうまでもありません。

民衆が政治的思想的に団結し強力な自衛的武力があれば、帝国主義もあえて手をだすことはできません。朝鮮が核兵器を保有することにより、大国のみが核兵器をもち核軍拡にむかっていることの矛盾が露呈しています。

朝鮮の核実験は大国による核独占に波紋を投げかけ、世界の核廃絶をうながすことにつながっています。

## 三、自主時代を牽引するチュチェ研活動

チュチェ思想研究普及活動は自主時代を牽引《けんいん》する先駆的活動といえます。

人民の自主性を実現し、自国を自主化するために、世界の平和と自主化のためにチュチェ思想に学び、チュチェ思想を適用して生き活動しようとすることは、いまや世界における進歩的人士の共通の志向になっています。

チュチェ思想にそって生きるか否かは、新しい時代の進歩的人士の証左であり、試金石ともいえるでしょう。

こんにち多くの国にチュチェ思想研究組織が生まれ、チュチェ思想の研究普及活動が積極的におこなわれています。

チュチェ思想を深く研究し広範囲に普及しようとする人々が、アジア、アフリカ、ラテンアメリカ、ヨーロッパと全世界に生まれています。

チュチェ思想を研究し普及する活動は、まずみずからがチュチェ思想を深く研究し、つぎにチュチェ思想研究者の隊列を広げ、チュチェ思想研究組織を建設することから始まります。

チュチェ思想研究普及活動の主人はそれぞれの国と地域の研究組織です。

各国においてチュチェ思想を研究し普及する活動は、その国の民衆の要求と実情に応じておこなうことが重要です。

こんにち世界のチュチェ思想研究普及活動はチュチェ思想国際研究所が主導しています。

チュチェ思想国際研究所は、自主時代をきり拓く新時代の革命思想であるチュチェ思想の研究普及活動が世界で活発におしすすめられるようになったことを背景に、一九七八年四月、東京に創立され、世界四大陸に支部を世界約一〇〇か国に研究組織をもつようになりました。

時代の志向と新世紀の要求に即してチュチェ思想研究活動を新たな高い段階に発展させるうえで、チュチェ思想国際研究所が担う任務は大きなものがあります。

二〇〇六年九月、チュチェ思想国際研究所理事会執行委員会第一〇回会議がピョンヤンで開催されました。第一〇回会議は、二〇〇七年がチュチェ思想の創始者である金日成主席の誕生九五周年、チュチェ思想を発展させ、その実現のために先頭でたたかっている金正日総書記の誕生六五周年を記念し慶祝する歴史的年であるとして、年間をとおしてさまざまな催しをおこなうことを確認しました。

チュチェ思想研究普及活動は、各国の自主化と世界の平和を実現し、自主時代の到来を加速させていくでしょう。

## 質疑応答

講演後、チュチェ思想国際研究所事務局長をかこんで懇談会がもたれました。

質問にたいして事務局長が答えています。

## 人間の尊厳を高くかかげる思想

―わたしは教師です。チュチェ思想を学生に伝えたいと思いますが、チュチェ思想についてどのように説明すればよいでしょうか。

チュチェ思想は、自主時代の要求を反映して金日成主席が創始し、金正日総書記が発展豊富化させた革命思想です。

チュチェ思想は一口でいって、革命と建設の主人は民衆であり、革命と建設をおしすすめる力も民衆にあるという思想です。

チュチェ思想は朝鮮で生まれましたが、現時代においてはどの国にも通用するもっとも重要で普遍的な指導思想だといえます。

チュチェ思想は膨大な体系と深い内容をもっているため、かぎられた時間で説明することはできません。それゆえ今日は、重要な点についてのみ簡単にお話することにします。

まずチュチェ思想は人間中心の思想だということです。

チュチェ思想は、一つの哲学的原理にもとづいて展開されています。チュチェの哲学的原理は、人間があらゆるものの主人であり、すべてを決定するということです。

従来からすぐれた思想がありましたが、チュチェ思想ほど人間について科学的に解明した思想をみることはできません。また、チュチェ思想ほど人間の尊厳を高くかかげ、社会発展において人間の役割をひきだす思想は類をみません。

チュチェ思想は自国の民衆を信じ、民衆に依拠し、自力で自国の発展を実現する道をさし示す思想です。チュチェ思想に関する書籍は多く出版されていますので、ぜひ機会があればご覧になっていただきたいと思います。

## 何よりも大切なものが自主性

—朝鮮が核実験をおこないました。なぜ朝鮮は核兵器保有にふみきったのでしょうか。

人間には生命が二つあるといえます。一つは肉体的に生きようとする生命です。もう一つは自主的に生きようとする生命です。前者を肉体的生命といい、後者を社会政治的生命といいます。

社会政治的生命は社会的存在である人間だけがもつ生命です。人間にとって肉体的生命は重要ですが、世界と自己の主人として自由に生きていく、国と民族の尊厳を守り生きていくという社会政治的生命はもっとも大切なものです。

生きることは誰もが願うことです。しかし、動物のように、あるいは奴隷のようにしいたげられるならば、生きる価値がないと考える人は世界に多くいます。

朝鮮人はただ生きようとするだけではなく、みずからの尊厳を断固として守り、他人の奴隷にならないで生きたいと考えているのです。

いま、小さい国が外国の支配にたいして抵抗すれば、武力によって弾圧される可能性があります。それでも侵略にたいして抵抗してたたかおうとするのは、ただ生きるだけでなく、自主性を堅持して生きたいと願うからです。

アメリカ帝国主義が核兵器で朝鮮を攻撃するだけの理由で、朝鮮は核兵器をもつようになったのではありません。

アメリカ帝国主義が核兵器をもって朝鮮人民を殺す可能性があるだけではなく、朝鮮人民の民族的誇りと尊厳をふみにじり奴隷にしようとするので、核兵器をもつようになったのです。

朝鮮人民はただ生きるだけではなく自主性を確固と守り、世界の平和を守るために核兵器をもつにいたったといえます。

朝鮮が核実験をおこなったと発表したのち、放射能汚染の有無が話題になりました。

核実験をおこなえば放射能の影響が多くの人におよぶといわれていますが、朝鮮の核実験による放射能漏れはまったくなく、犠牲者は一人もでませんでした。自然環境に影響をあたえず成功裏におこなわれたといえます。核実験による何の影響も見いだせないので、アメリカではほんとうに核実験をおこなったのかと疑問がでたほどです。

また朝鮮は核兵器を保有しましたが、その数は、いま一発か二発だといわれています。アメリカは一万発を保有しており、数では比較になりません。朝鮮が他国を攻撃するために核兵器を保有したわけではないことが、このような事実からも明らかです。

朝鮮は核戦争をおこしてまで生きようとは考えないでしょう。むしろ人間の自主性をふみにじる核戦争をなくすために生きようと思っているのです。

## 戦争を阻止し朝鮮半島の平和を守る

—朝鮮半島は緊張しています。朝鮮で戦争がおこるのでしょうか。

多くの人々はアメリカ帝国主義が自分に都合よく流す宣伝に影響をうけています。何度も同じ宣伝を大量に流すことによって、うそが真実であるかのように信じこまされています。

ブッシュ政権がイラクに大量破壊兵器があると宣伝してイラクを武装解除し、つぎに先制攻撃したことはわたしたちの記憶に新しいところです。

朝鮮についても、危険でこわい国というイメージがマスコミによってつくられています。

またアジアでもっとも軍事的に緊張しているのは朝鮮であるかのように宣伝されています。

実際アメリカ帝国主義はつねに朝鮮を攻撃する機会をうかがっています。そういう意味で朝鮮は軍事的に緊張しているといえます。

しかし、これまできびしい状況がつづいてきましたが、朝鮮は一貫して平和のために努力してきました。そのおかげで、約半世紀にわたり朝鮮半島は平和な状態を維持しています。

先生方が朝鮮を訪問するとよくおわかりになると思いますが、朝鮮はおだやかで、人々はいつも笑顔にあふれて暮らしています。


―ブッシュ政権は朝鮮を崩壊させようと、あらゆる手段や方法をもちいています。実際に朝鮮にたいし核兵器をつかって攻撃する可能性はあるのでしょうか。


いまも米兵はイラクに一四万人もくぎづけになっています。イラク人民の抵抗によって、ブッシュ政権はイラク戦争で敗北を喫しています。

アメリカでは、先日の中間選挙で共和党が敗北し民主党が勝ちました。共和党はタカ派といわれ、襲いかかって肉を食う鷹のように武力をもって他国を支配します。

民主党はハト派とよばれ、鳩のように一見やさしく交渉する方法で他国を支配します。

ブッシュ政権は外側から武力で政権を崩壊させるやり方をずっとおこなってきました。ブッシュ政権の攻撃によってアフガニスタンが荒廃しましたし、イラク人民が何十万人も犠牲になりました。

その後、リビアなどはブッシュ政権の武力支配におそれをなして核兵器開発をあきらめ、事実上の武装解除に応じました。

しかし、朝鮮は武器をすてず、ブッシュ政権に毅然《きぜん》と対応してきました。

結局、ブッシュ政権は朝鮮にたいし、こんにちまで武力行使にふみきることができませんでした。

民主党の支配の方法はハト派的手法をとります。ブッシュ政権のように武力で他国を攻撃し支配するのではなく、思想、文化をアメリカ化させ、内部からくさらせて崩壊させるのがハト派の手法です。

旧ソ連、東欧の社会主義政権は、ハト派的な手法によって崩壊させられました。旧ソ連の崩壊は、アメリカ帝国主義の武力攻撃によってではなく、旧ソ連内部の思想文化的な腐敗によって、旧ソ連の政治指導者がアメリカ帝国主義に屈服したことによって内部からおこってきたものです。

アメリカ帝国主義は、タカ派的手法、ハト派的手法をつかいわけながら他国を支配してきました。

しかし、自主性を堅持する朝鮮は、アメリカ帝国主義が核兵器で威嚇《いかく》しても、あるいは内部から思想文化的に腐敗させる攻撃を試みても微動だにしないでしょう。

—エジプトでも朝鮮半島の非核化をめざす六者会談の行方に関心が集まっています。六者会談は成功するのでしょうか。

ご存じのように六者会談に参加している国は、朝鮮、アメリカ、ロシア、中国、韓国、日本です。当初、六者会談の主要なテーマは朝鮮に核兵器をもたせないということでした。六か国のうち、アメリカ、ロシア、中国は核兵器保有国です。日本と韓国はアメリカの核兵器の傘下にあります。日本の沖縄には、米軍が駐留しアメリカの核兵器が配備されています。

六者会談に参加している国のうち、核兵器をもっていなかったのはひとり朝鮮だけでした。六か国のうち、五か国は核兵器をもっているのに、朝鮮にたいしてだけ核兵器をもつなというのは道理にあいません。

いま核兵器保有に関するダブルスタンダードが問題になっています。アメリカとロシアが二〇〇二年に核兵器を削減する条約を結びましたが、実際はすすんでいません。むしろ核兵器保有大国は核兵器を増強して実戦につかおうとしています。また超大国はすべての国が核兵器をもつことに反対しているわけではありません。イスラエルの核兵器には賛成していますし、インドなどが核兵器をもつことについても黙認しています。

一方で超大国は、イラン、朝鮮には核兵器をもつことは許さないという姿勢でのぞんでいます。なぜイラン、朝鮮の核兵器保有を許さないのでしょうか。その理由は、イランや朝鮮がアメリカ帝国主義の言いなりにならないからです。

二〇〇六年一二月、六者会談が再開される予定です。その動きに世界が注目しています。六者会談が始まったころと現在の状況は大きくかわりました。朝鮮はいまや核兵器を保有し、六者会談に参加している国すべてが核兵器をもつようになりました。

ブッシュ政権は、核をもっている国として朝鮮を認めないと主張しています。

今後の六者会談において、ブッシュ政権は朝鮮にたいし、核兵器の廃棄を要求すると報じられています。朝鮮はブッシュ政権にたいし、核兵器廃棄を要求するならアメリカも廃棄しなさいと応じるでしょう。もちろん、すぐに核兵器をすてろというのではありません。おたがいに段階をふんで核兵器を削減する方法を提示したうえでのことです。

朝鮮が核兵器を保有したことにより、六者会談は今後、核軍縮会議の内実をもつようになるかもしれません。

いまアメリカ、ロシア、中国など大国の核兵器を削減させうる有効な運動がなくなっている状況があります。

朝鮮は、一発の核兵器と一回の核実験で、よどんでいた世界の軍縮の流れを大きくゆり動かしました。

## 経済制裁のねらい

―日本は朝鮮に経済制裁をおこなっています。経済制裁は人々を苦しめ人権を侵害するものですが、どのようにお考えでしょうか。

日本政府は拉致など日本人の人権侵害には過敏に反応します。

しかし、第二次世界大戦時、二〇万人の朝鮮女性を性的奴隷にしたことや八〇〇万人にのぼる朝鮮人を強制連行したことについては、いまだに反省せずお詫びをしていません。

日本政府は残念なことに、朝鮮人の人権、アジアの人々の人権については考えようとしません。

経済制裁は朝鮮人の生活を圧迫します。人権を擁護する立場からも非人道的な経済制裁を許すことはできません。

しかし、アメリカと日本の支配層は、以前から朝鮮にたいして経済制裁をおこなってきました。それゆえ、いまになって朝鮮が日米両国による経済制裁で大きな打撃をうけることはないでしょう。

朝鮮の貿易は中国、ロシアなどの比重が多くを占めています。中国とロシアは国連での制裁に賛成しましたが、実際には経済制裁をおこなっていないといわれています。世界のなかでアメリカと日本だけが制裁、制裁とさわいでいるのが現実です。

さらに制裁品目を見ると、かに、まつたけなど日本人に好まれる品が日本に輸入されなくなりました。経済制裁による打撃をうけているのは朝鮮よりむしろ日本の企業です。

ブッシュ政権はこれまで他国を軍事侵略する場合、その前段として経済制裁をおこなってきました。朝鮮にたいしてもはじめに経済制裁の段階をふみました。

ブッシュ政権は朝鮮にたいし、経済制裁から軍事制裁へとすすめていくために、国連憲章第七章第四二条の軍事的制裁条項を可決する必要がありました。しかし、第四二条の採択には中国、ロシアが反対したため、仕方なく経済制裁を規定した第四一条だけを決議したのです。

## 大陸ごとのチュチェ思想研究組織

―チュチェ思想国際研究所に所属するためには何らかの資格が必要ですか。個人でもはいることができますか。

チュチェ思想国際研究所は個人加盟の組織ではありません。

チュチェ思想研究組織が約一〇〇か国にあります。そして、それぞれの国が集まって大陸ごとのチュチェ思想研究組織がつくられています。大陸ごとのチュチェ思想研究組織は、アジア、アフリカ、ラテンアメリカ、ヨーロッパにおかれ地域研究所と称しています。

大陸ごとの地域研究所をチュチェ思想国際研究所が指導する体系がととのっています。各国の研究組織、大陸ごとの研究組織はチュチェ思想国際研究所との密接な連携のもとに活動をおこなっています。

きょう参加されたみなさん方はエジプトのチュチェ思想研究組織に加盟することになります。エジプトのチュチェ思想研究組織にはいればチュチェ思想国際研究所と直接的間接的に連携をとることができるでしょう。エジプトのチュチェ思想研究組織はヤヒーヤ・カールアラ先生が責任者を務めています。

エジプトは悠久な歴史と誇らしい伝統をもつ国です。エジプトがアラブ民族のためにも、アフリカのためにも、自主的な道を歩むことをわたしは願ってやみません。

先生方が今後、エジプトのチュチェ思想研究組織に加盟し、活動を前進させてくださることを心から期待しています。

——事務局長先生は政党に所属していますか。

わたしは特定の政党には所属しておらず、チュチェ思想国際研究所事務局長として広範な人々と協力して活動をおこなっています。

チュチェ思想国際研究所は大衆的な学術研究団体です。

チュチェ思想はある階級だけの思想ではありませんし、また特定の党の指導思想にとどまるものではありません。

わたし個人の場合は、広範な人々にチュチェ思想を普及するためにも特定の政党にはいらないようにしています。あらゆる人々にチュチェ思想を広めることができるように、自分自身の政治的立場をオープンにする必要があるからです。

わたし自身は特定の政党に所属していませんが、チュチェ思想研究組織にはさまざまな進歩的政党で活動している人たちが所属し、たがいに力をあわせて活動しています。

## 世界中に花咲くチュチェの心

―事務局長先生は長いあいだチュチェ思想を研究普及してこられました。チュチェ思想を研究普及する活動がご自分の人生にどのような意味をもっているかをお話してください。

わたしは大学にはいり、日本の社会をよくするためにあらゆる努力をかたむけました。

新しい時代をきり拓く指導思想を求めていたわたしに、ようやくチュチェ思想に出合う機会が訪れました。チュチェ思想にはじめてふれたとき、ああ、これで新しい社会がつくれる、自分の人生をここに投入できると確信し、チュチェ思想にそって生きていくことを決心したのです。

以来、わたしは多くの人々を愛するために、日本と世界を自主化するために、チュチェ思想研究普及活動に献身してきました。

いま、世界には人間が人間らしく生きる指針というものがなくなってきていると思います。

わたしは、人間の思想、指針を正しくうちたてるためにチュチェ思想研究普及活動をおこなってきました。その選択は正しかったと確信しています。

わたし自身、自分の生命は親によってあたえられましたが、人間の真の生命、社会政治的生命はチュチェ思想によってはじめてあたえられたと認識しています。

—エジプトを訪問してくださったように、事務局長先生はこれまで多くの国を訪問されました。各国のチュチェ思想研究者との交流をとおして、どのような印象をおもちですか。

わたしは、これまでチュチェ思想国際研究所事務局長としてアジア、アフリカ、ラテンアメリカ、ヨーロッパに行き、多くの国々を訪ねました。

各国では、チュチェ思想を研究する同志たちと会い、チュチェ思想を研究普及するため共同の事業をおこなってきました。

わたしは訪問先の国で、チュチェ思想に関する研究集会に参加したり、大学を訪問して学生に講義したり、ときにはチュチェ思想研究者の自宅を訪問するなど、親しく交流を重ねてきました。

世界各国を訪ねる旅は、多くの人たちとの感動的な出会いをもたらします。

きょうはエジプトで先生方とお会いして大きな力をあたえられました。

世界のいたるところで、新しい時代の正しい指導思想を求めている多くの人がいます。わたしが訪ねていくと、みなたいへん喜んでくれます。

会っては別れ、別れては会いながら、世界のチュチェ思想研究者は着実にその隊伍をかため広げてきたといえるでしょう。

いま、世界中にチュチェの心が花咲いており、チュチェ思想にもとづく同志的絆が日ごとに強くなっています。

世界にチュチェ思想を普及する活動は、チュチェ思想にそって生きる人間が輝き広がっていく、そのような道のりだといえます。

チュチェ思想研究普及活動の道を歩むわたしは、たいへん光栄な人生の途上にあると思っています。

## ヤヒーヤ・カールアラ委員長の結びの挨拶

事務局長先生がエジプトを訪問してくださり、わたしはほんとうに幸せです。

事務局長先生は外国でわたしと会ったとき、エジプトのチュチェ思想研究者に会いたいとおっしゃっていました。わたしはその言葉を忘れず、ここに集まった方々と協力して事務局長先生をお迎えする準備をすすめました。

事務局長先生の講演をうかがって、わたしたちは日本にたいする知識も広がりました。

そして何より、人生を、これからの生活をもっと豊かにおくりたいというわたしたちの願いがかなえられました。

事務局長先生は偉大な方です。なぜなら、進歩的思想の普及をおそれる反動政権が支配する日本社会で、信念をまげず、ひとすじにチュチェ思想研究普及活動を担っているからです。

わたしたちは先生に心からの感謝をささげます。ありがとうございました。

わたしは今後、精一杯努力し、アフリカ・チュチェ思想研究委員会の活動を発展させていくことを先生にお約束します。

ここに集まったメンバーのなかから代表団を編成して、二〇〇七年の春、朝鮮を訪問する予定です。

事務局長先生がふたたびエジプトを訪問してくださることを心から願っています。

# いまヨーロッパに自主の旗を

―ヨーロッパを自主化するためのチュチェ思想セミナーへの寄稿文―

二〇一四年五月三日

尊敬するヨーロッパ・チュチェ思想研究学会理事長エドモン・ジューブ先生。

尊敬するヨーロッパ・チュチェ思想研究学会書記長マッテオ・カルボネリ先生。

尊敬する理事と友人のみなさん。

わたしはみなさんがヨーロッパ・チュチェ思想セミナーをりっぱに準備し、成功裏に開催されるようになったことを心から祝賀いたします。

## 一、現代は帝国主義が衰退し世界を自主化する時代

こんにち、自主をめざす潮流が世界のさまざまな地域、国においてまきおこり、おしとどめることのできない流れとなっています。

朝鮮をはじめ自主勢力が世界で台頭し、帝国主義を衰退に追いやっていることが、現代の情勢の大きな特徴といえます。

### 〝アラブの春〟のその後

北アフリカ、中東諸国では二〇一〇年から二〇一二年にかけて長期独裁政権が崩壊するという、歴史をぬりかえる大きなできごとがあいついでおきました。

変革の流れはチュニジアから始まりました。

二〇一〇年一二月、失業中の青年が焼身自殺したことを契機に、政府にたいする抗議の声が全国に広がっていきました。

ベンアリ大統領は事態の収拾をはかろうと懐柔策《かいじゅう》をうちだしましたが、退陣を求める人々の要求に屈し、二〇一一年一月、サウジアラビアに亡命しました。

二〇年余、圧政をつづけてきた政権の崩壊はチュニジアの周辺国にまたたくまに広がり、エジプト、リビア、イエメンの長期独裁政権を崩壊させるにいたりました。

エジプトはかつてほとんどの政党が非合法化され、集会が禁じられるなどきびしい言論統制がおこなわれてきました。またエジプト政権は親米、親イスラエル政策をとり、他のアラブ諸国と一線を画してきました。

長いあいだ蓄積されてきたエジプト政府に反対する民衆のエネルギーが爆発し、一〇〇万人にのぼる大規模な反政府デモなどがおこなわれるなかで、二〇一一年二月、三〇年余にわたって独裁政治をおこなってきたムバラク政権は崩壊しました。

リビアのカダフィ政権は、かつて中東地域において反米的立場をとっていました。しかし、アメリカの経済制裁や軍事的威嚇《いかく》に屈し、二〇〇三年に核施設の査察をうけいれ、二〇〇六年にはアメリカとの国交樹立をすすめるなど親米政治を積極的に推進してきました。

二〇一一年二月、カダフィ氏の退陣を求める反政府デモや北大西洋条約機構（ＮＡＴＯ）の軍事介入によって四〇年余つづいた政権が崩壊しました。

イエメンでは二〇一一年一月、反政府デモや軍内部の離反があいつぎ、一一月には三〇年余にわたって独裁政治をおこなっていたサレハ政権が崩壊しました。

なだれをうつようにおきた北アフリカ、中東諸国の政変を、欧米メディアは欧米流の「民主主義」が広まることを期待して〝アラブの春〟と名づけました。

しかし、政変から三年経過した現在、北アフリカ、中東諸国では社会の混乱や経済の低迷がつづき、いばらの道をたどっています。

とくにシリアには、フランスをはじめとする四〇以上もの外国武装組織がはいり、反政府武装闘争を展開しているといわれています。その結果、シリアは国内外に約一〇〇〇万人の難民が生みだされています。

一連の政変はすべて帝国主義が関与しており、独裁政権を打倒すればおのずと民衆主体の社会が到来するわけではないことを示しています。

独裁政権をたおしたのち重要なことは、自国を自主化し、民衆が国の主人となることをめざしていくことです。また、他国を頼らず自国民に依拠し、自力更生の精神でたたかっていくことです。

ラテンアメリカでは、ラテンアメリカ統一の実現をめざしてたたかったシモン・ボリーバルの思想が人々のなかに息づき、反帝自主をかかげる国が大勢となっています。

ボリビアでは二〇〇六年、エボ・モラレス氏が先住民族初の大統領に就任し、石油や天然ガスの国有化、大地主から接収した土地の所有権を先住民族に移譲するなどの政策を実施しました。

しかし、先住民族や農民の一部はストライキや暴動という手段でモラレス政権に不満を訴えています。

ベネズエラには世界一といわれる豊かな石油資源が埋蔵されています。

二一世紀型の社会主義をかかげたウゴ・チャベス大統領は、石油資源による収入をもとに教育を無料にし住宅を提供するなどの社会主義的政策を実施してきました。

チャベス大統領の政策はそれまで苦しい生活を余儀なくされてきた先住民族や貧しい人々の生活を改善してきました。

しかし、民衆のなかには国の主人としての自覚を十分にもつことができず、自分個人の生活を豊かにするために政府に反対する人もでてきています。

チャベス大統領の得票率は、二〇〇六年六二％、二〇一二年五五％と減少しつづけてきました。二〇一三年、チャベス大統領の逝去《せいきょ》後、後継者として大統領に就任したニコラス・マドゥロ氏の得票率は、さらに五〇％に減っています。

現在、ベネズエラは物不足と高いインフレにみまわれ、人々の生活はたいへん不安定になっています。民衆の物質的要求を実現することは重要ですが、それ以上に民衆が自国の主人としての自覚をもち、政治的団結を強めることを先行しなければならないでしょう。

## 新興諸国の成長

さらに自主の流れを特徴づけたのは、ヨーロッパ統合という歴史的できごとでした。

ヨーロッパ諸国は、アメリカのグローバリズムに対抗し域内の発展を保障するため、ヨーロッパ統合の方向をうちだし一九九三年に欧州連合（ＥＵ）を設立しました。

国内総生産（ＧＤＰ）はＥＵが世界のトップとなり、アメリカは二位になりました。

ＥＵを設立したことにより、アメリカが世界を一極支配しようとする動きに一定のはどめをかけてきたといえます。

また、こんにちの自主の流れを特徴づけているのは、ＢＲＩＣＳ（ブラジル、ロシア、インド、中国、南アフリカ共和国）をはじめとする新興諸国の動きです。グローバリズムのなかで台頭してきた新興諸国は、資本主義工業国が国内でだぶついた資金を投資することによって経済的な成長をとげてきました。

世界各国の総ＧＤＰに占める資本主義工業国と新興諸国の割合をみると、新興諸国が資本主義工業国にくらべて急速に増加していることがわかります。

一九九七年と二〇一三年のGDP比は、新興諸国が三七％から五〇％へと増加しているのにたいし、資本主義工業国は六三％から五〇％へと大きく減り、世界における地位の低下が顕著になっています（モルガン・スタンレーの調査）。

また、「輸出に占める新興国向けの割合」も増加し、二〇一一年には、ユーロ圏二一％、アメリカ四三％、日本五九％となり、資本主義工業国の新興諸国にたいする経済的依存が強まっていることがわかります。

## 崩壊するアメリカの一極支配

かつて専横のかぎりをつくしたイギリス帝国主義が衰退し、〝牙をぬかれた虎〟と呼ばれたように、こんにちのアメリカもまた、帝国主義の末路を示しています。

アメリカは戦後、国連を利用した政治的支配、ドルを基軸通貨とした経済的支配、核抑止を基本にした軍事的支配という大きく三つの柱をたてて世界各国を従属下においてきました。

こんにち、アメリカによる世界支配の三つの柱はくずれています。

国連においてアメリカの発言力は低下しており、国連分担金の滞納が問題になっています。

ドルはユーロの流通によって基軸通貨としての地位が低下しています。

また、軍事的には核を保有する国が登場することによって、アメリカの核兵器による軍事的威嚇《いかく》は意味をもたなくなっています。

財政赤字をかかえるアメリカは、今後一〇年間で五〇〇〇億ドルの国防予算の大幅削減計画の執行をしなければならず、二〇一〇年には七〇〇〇億ドルであった国防費は二〇一三年は六〇〇〇億ドルに削減されました。

財政難におちいったアメリカは、二〇一一年、泥沼化したイラクから約一七万人の米軍を撤退させ、二〇一四年末にはアフガニスタンから約七万人の米軍が撤退する予定です。

二〇一三年九月、オバマ大統領は、「アメリカは世界の警察官ではない」と演説し、アメリカに依存している国に波紋を広げました。

二〇一四年四月、オバマ大統領は、アメリカのアジア太平洋重視戦略を実行する一環としてアジアを歴訪しました。

オバマ大統領のアジア歴訪の背景には、アメリカがもはや一国では世界を支配できなくなり、日本をはじめ追随国を軍事動員するシステムづくりをめざしていることがあります。

二〇一四年三月、アメリカ国防省が発表した「四か年国防計画見直し」報告書によると、二〇二〇年までに海軍武力の六〇%をアジア太平洋地域に展開する計画になっています。

具体的には二〇一七年までに日本にイージス艦二隻を追加配備し、アメリカと韓国による朝鮮半島における合同軍事演習の回数と規模を拡大する予定です。

イラク、アフガニスタンへの軍事介入は、多くの米兵を失い、財政赤字におおいうちをかける結果をまねきました。

いまアメリカ世論は、政府が学生ローンや失業など噴出する国内問題の解決に力をいれるべきであり、他国の問題に干渉するゆとりはないという考えにかたむいています。

世論の背景には、貧富の格差が拡大するアメリカの内部事情があります。

かつて世界には貧困に苦しむ南の発展途上国と、北の豊かな資本主義工業国のいちじるしい格差が南北問題として提起されていました。いまなお、南の国々が困難な状況におかれていることはかわっていませんが、近年新たに顕著になっているのは資本主義工業国内での格差の問題です。

アメリカにおいて、貧困のためかろうじて生きのびている人がいる一方、莫大な資産を保有している人がいることが統計上にはっきりとあらわれています。

アメリカ全体の所得に占める上位〇・五％の富裕層の割合はいちじるしく増加し、一九六〇年の七％から二〇一二年には倍以上の一八％に達しています（カリフォルニア大学とロンドンスクールの共同調査）。

二〇一三年秋の世論調査によると、国民の五二％がアメリカは「自国の問題の処理に尽力すべきで、他国の問題はその国自身で解決すべき」と回答しています（ピュー・リサーチ・センターの調査）。

他国の問題はその国自身で解決すべきとする意見は、日米安全保障条約にたいする見解にも共通しています。

日米安全保障条約を「維持すべき」とするアメリカ国民の割合をみると、有識者においては、二〇一二年の九〇％台から二〇一三年には七〇％台に、一般人においても、八〇％台から六〇％台に急減していることがわかります。

アメリカ国民の多くは政府が国外問題に介入することに明白に反対しているのです。

最近の世論調査結果では、オバマ大統領の支持率は四一％と過去最低値、不支持率五四％と過去最高値を記録し、アメリカ国民はオバマ大統領にきびしい審判をくだしています（ウォール・ストリート・ジャーナルとNBCニュースの調査）。

かつて繁栄を誇っていたアメリカも国内に問題が山積しているため、いまでは海外侵略を独自でおこなえなくなり、同盟国に負担をおわせるようになっています。アメリカによる世界の一極支配はもはや崩壊したといえます。

## 二、金日成・金正日主義は自主時代の指導思想

現代は帝国主義が下り坂を歩み、終焉《しゅうえん》にむかっていることが誰の目にも明らかになってきた自主時代です。しかし、帝国主義はみずから反動支配層としての地位をひきわたすことはなく、苦境になればなるほど野蛮なふるまいをし、暴力に訴えるようになります。

### 自主時代を拓いた金日成主席

帝国主義にたいして一歩もひくことなく敢然《かんぜん》とたちむかい、うち負かすことのできる自主勢力の存在によってはじめて、自主時代をきり拓くことが可能になります。

自主時代は、帝国主義とのたたかいに勝利した金日成主席によってきり拓かれてきました。主席は「強大さ」を誇っていた帝国主義を敗北においやることにより、人類の自主偉業に多大な貢献をしました。

金日成主席は日本帝国主義の植民地下にあった朝鮮を解放するため、民衆に依拠してたたかいをおしすめていきました。

正規軍がないため、主席は自力更生の精神で武器をはじめあらゆるものを自分たちでつくり、二〇年近く日本帝国主義とたたかい、一九四五年、朝鮮を独立に導きました。

一九四八年、朝鮮民主主義人民共和国が創建され、翌一九四九年には中華人民共和国が創建され、社会主

義をめざすようになりました。

アメリカは、社会主義勢力の拡大と民族解放闘争の高揚をおさえるために朝鮮侵略をもくろみます。アメリカは、一九五〇年六月、韓国の軍隊に命令をだし攻撃を開始しました。

創建後まもない朝鮮民主主義人民共和国は、アメリカとその追随国一六か国で構成された「国連軍」を相手に一国だけで果敢にたたかいました。

武力では圧倒的に優勢であった「国連軍」も、主席のまわりにかたく団結した朝鮮人民軍と人民の力をまえにして敗退せざるをえませんでした。三年後の一九五三年、朝鮮とアメリカは停戦協定を締結しました。

朝鮮戦争の勝利は、帝国主義の頭目としてのアメリカ帝国主義が下り坂を歩む端緒となりました。朝鮮が日本とアメリカの二つの帝国主義とのたたかいに勝利したことにより、自主時代が幕を開けました。

朝鮮の勝利は、いかに小さな国であっても民衆を団結させ、正義と祖国のためにたたかえば、かならず勝利するという信念と勇気を世界人民にあたえました。

その後、アメリカはベトナム戦争で敗北し、二一世紀にはいってからも、アフガニスタン戦争、イラク戦争において両国を廃墟《はいきょ》としただけで撤退するしかありませんでした。

## 自主の道、社会主義の道をすすむ朝鮮

比類ない困難な闘争の過程で、金日成主席によって民衆中心のチュチェ思想が創始されました。主席は困難であればあるほど民衆のなかにはいり、民衆を信頼し、たたかいに立ち上がるようにはたらきかけ、民衆の自覚的熱意に依拠し、民衆の力を結集してたたかいをおしすすめていきました。

革命の最終目標は民衆の自主性を完全に実現することです。そのためには社会主義の道にすすまなければ

なりません。

朝鮮は社会主義制度樹立後、主席のさし示した継続革命の理論にもとづいて政治、経済、文化をたえず発展させ、民衆がもっとも幸せで生きがいのある人生をまっとうできる民衆主体の社会主義を建設していきました。

チュチェ思想は、金正日総書記によって発展豊富化されていきました。

一九九〇年代、とりわけ主席逝去後、アメリカはソ連東欧社会主義の崩壊による経済的打撃やたびかさなる自然災害に遭遇《そうぐう》した朝鮮を崩壊させようと策動を強めます。しかし、先軍政治をうちだした金正日総書記は、帝国主義の朝鮮瓦解《がかい》策動を断固として粉砕していきました。

さらに金正日総書記は、「社会主義建設の歴史的教訓とわが党の総路線」「社会主義への誹謗《ひぼう》は許されない」「社会主義は科学である」などの著作をつぎつぎに発表することによって、社会主義の真理性と勝利の必然性を論証しました。

こんにち、朝鮮人民は指導者にかたく団結し、朝鮮社会主義をこのうえなく貴重なものとして守り発展させています。

朝鮮は、帝国主義の瓦解策動から自主の道、社会主義の道を守るために先軍の道をすすんでいます。

朝鮮はこれまでに核実験を三回おこない、核保有国となっています。朝鮮の保有する核はアメリカの核戦略にたいする自衛手段であり、核抑止力としての役割を果たしています。

朝鮮国防委員会は、朝鮮半島の非核化は「金日成主席と金正日総書記の遺訓であり、わが党とすべての人民がかならず実現すべき政策的課題」としながらも、「核保有国としての地位は、誰が認めようと認めまいと、朝鮮半島全域の非核化が実現され、外部から核の脅威が完全になくなるまで、ゆるぎなく維持されるだろう」と発表しています。自国を確固と防衛してこそ、人民の明日の幸せを保障することができるのです。

民衆の闘争と社会主義の勝利は卓越した指導者と先進思想の決定的役割によって保障されます。

マルクスは『資本論』をあらわし、資本の鉄鎖につながれ、しいたげられていた労働者階級が解放される道すじを明らかにしました。

また、マルクスは、世界は物質からなりたっており、変化発展するという唯物弁証法を解明し、社会主義を科学の土台のうえにのせました。

レーニンはマルクス主義にもとづいて一九一七年、ロシア革命を勝利に導き、史上はじめて社会主義国を建設しました。

チュチェ思想は、人間と世界の関係問題を哲学の根本問題として提起し、「人間があらゆるものの主人であり、すべてを決定する」という哲学的原理を解明しました。

「人間があらゆるものの主人である」ということは、世界における人間の地位をあらわし、「人間がすべてを決定する」ということは、世界における人間の役割を示しています。

チュチェの哲学的原理を解明したことによって、チュチェの社会歴史原理が明らかにされました。

チュチェの社会歴史原理は、自然と社会を変革する民衆が歴史の主体であること、社会的運動は民衆の自主的創造的意識的運動であることを内容としています。

金正恩第一書記は、二〇一二年四月六日、「金正日同志をわが党の永遠なる総書記として高くいただきチュチェの革命偉業をりっぱになしとげよう」と題する談話のなかで、金日成・金正日主義はチュチェの思想、理論、方法の全一的体系であり、チュチェ時代を代表する革命思想であると述べています。

金日成・金正日主義は、金日成主席と金正日総書記の革命思想の総体を統一的に表現したものです。金正恩第一書記は、主席と総書記の思想と業績はたがいに分けることができないとして、金日成主席と金正日総書記の思想と理論を金日成・金正日主義と定式化しました。

金日成・金正日主義を定式化することができるのは、主席と総書記にもっとも忠実に自主偉業を継承している金正恩第一書記ただ一人です。金日成・金正日主義は金正恩第一書記によって体現されているといえます。

チュチェの思想、理論、方法の全一的体系ということは、チュチェ思想とそれにもとづいて解明された革命理論と指導方法を構成部分としていることを意味します。

チュチェ思想は、チュチェ思想の哲学的原理、社会歴史原理、指導的原則からなっています。

革命理論には、民族解放、階級解放、人間解放に関する理論などが体系化されています。

指導方法には、思想活動を優先させて、民衆の熱意と創造的積極性を呼びおこし、民衆に依拠していく方法などがあります。

朝鮮の歴史は金日成・金正日主義を指針として革命と建設を勝利させてきた歴史です。

金正恩第一書記は、二〇一四年二月二五日、朝鮮労働党第八回思想活動家大会において、朝鮮の革命家は思想の力によって同志を得、武器も解決し、帝国主義強敵をうちやぶり、富強な社会主義を建設してきたと述べています。

朝鮮は革命理論を体系化しただけではなく、実践によって金日成・金正日主義の優越性、生活力を示しています。

金日成・金正日主義は世界人民が求めている思想であり、金日成・金正日主義のみが人類の明るい未来をさし示しています。

金日成主席は以民為天（民をもって天と為す。民衆は天のように高くおしたてるべきであるという意味）を座右の銘とし、民衆に依拠して革命と建設をおしすすめてきました。

金正日総書記は、「人民に奉仕する」というスローガンをかかげ、つねに人民のなかにはいり、徹底して人民に献身してきました。

## 実践によって優越性、生活力を示す

総書記が現地指導の途上で逝去されたことは、人民にささげつくした総書記の生涯を象徴的に示しています。

主席と総書記が歩んだ道のりは人民愛の道であり、人民の自主性を擁護する道であったといえます。

金正恩第一書記の思想的特徴は、一言でいって民衆第一主義であるということです。金正恩第一書記は主席と総書記の以民為天の思想を継承し、主席と総書記が歩んだ道を、民衆第一主義をかかげてすすんでいます。

金正恩第一書記は、二〇一三年一月二九日、朝鮮労働党第四回細胞書記大会において、「金日成・金正日主義は本質において民衆第一主義であり、人民を天のごとく敬い、人民のために献身的に奉仕する人が真の金日成・金正日主義者です」と述べています。

民衆第一主義は、人民を天のように崇拝し、人民のために献身的に奉仕することを要求する思想です。第一書記は「すべてを人民のために、すべてを人民大衆に依拠して」というスローガンをうちだし、民衆を徹底して主人としておしたて服務しています。

金正恩第一書記がそれほどまでに民衆に服務するのは、民衆がこの世でもっとも尊く力がある存在であり、民衆に服務する人生はもっとも誇りある人生、価値ある人生だからです。

第一書記は機会あるごとに、人民の利益と便宜を最優先、絶対視すべきである、幹部は人民のためにくつ底がすり減るほど走りつづけなくてはならないと強調しています。

民衆が国の主人としての地位を高め、役割を発揮するようにするためには、民衆がこの世でもっとも貴重であり、力ある存在であることを明らかにした金日成・金正日主義を体得することが不可欠となります。

## 三、ヨーロッパがすすむ自主の道

ヨーロッパは、人類の思想史上、大きな貢献をしたマルクス主義の発祥の地です。

一九世紀中葉、マルクスは、イギリス、フランス、ドイツなど当時もっとも経済が発達していた国の社会状況を分析して社会主義にいたる道すじを明らかにしました。

マルクスは、資本主義社会のなかで生産力が自然発生的に発展し、一定の段階にいたると、資本主義的生産関係が桎梏《しっこく》になり、社会主義的生産関係に移行しないでは生産力を発展させることができなくなるため革命がおこり、労働者階級が生産手段と政権を掌握し、社会主義が実現すると明らかにしました。

しかし、現実は生産力が高度に発展した資本主義国であるイギリス、フランス、ドイツでは社会主義に移行せず、むしろ生産力が低い朝鮮、中国、キューバなどで革命が勝利し、社会主義が実現しました。

### 社会変革の鍵は民衆の力

社会変革の鍵は生産力の発展にあるのではなく、先進思想でめざめ、政治的に団結した民衆の力にあることを歴史が証明しています。

生産力を発展させることよりも、民衆を名実ともに国の主人として意識化し組織化していくことが重要になっています。

ヨーロッパには、他国を侵略して資源を収奪し、他国人民を搾取することをとおして経済発展をとげた歴史があります。

大航海時代、スペイン、ポルトガル、オランダなどは、アメリカ大陸の多くの先住民族をヨーロッパに連行し、奴隷として酷使したり、現地の天然資源を略奪したりして莫大な富を蓄積しました。

一八世紀から一九世紀にかけてイギリス、フランス、ドイツなどにおいて産業革命がおこり資本主義が形成発展して、やがて世界を侵略するようになりました。

一九三〇年代になり、ドイツ、イタリア、日本は独裁的な政治をおこない、枢軸国を形成して罪もないおびただしい数の民衆を殺害しました。

第二次世界大戦では、枢軸国とイギリス、フランス、アメリカ、中国、ソ連などを中心とした連合国がたたかい、連合国が勝利しました。

戦後、一九四九年、ドイツなど枢軸国のファッショ的な動きを牽制《けんせい》するために連合国を中心としてNATOが結成されました。

冷戦体制が強まるなか、東側陣営に対抗していくため、西ドイツには経済復興が求められるようになり、一九五五年、再軍備が認められNATOに加盟しました。

その後NATOは結成当初とは性格をかえ、社会主義共産主義に反対する国際的機構として機能していくようになります。枢軸国であった西ドイツがNATOに加盟したことは、NATOの役割の変化を示しています。

NATOの本部はベルギーにありますが、アメリカの強大な軍事力に依拠しているため、司令部はアメリカにおかれています。

冷戦体制崩壊後、NATOは侵略的本性をいっそう露骨にし、東側陣営だけでなく自主勢力に反対するようになります。

一九九四年、ボスニア・ヘルツェゴビナ紛争において、NATOがセルビアに空爆したことは、NATO初の軍事的介入となりました。

以後、NATOはコソボ紛争、アフガニスタン戦争に直接介入していきます。アフガニスタンではNATOが治安維持活動をおこなっています。

二〇一一年、NATO軍はリビアを空爆し、カダフィ政権を崩壊させました。

二〇一四年三月、NATOはウクライナに介入し、ロシアとの緊張状態がつづいています。

帝国主義の本性は侵略と略奪であり、その性格はおのずとかわることはありません。

第二次世界大戦後、強大な軍事力と核抑止力をもって世界を支配しようとしたアメリカは、朝鮮戦争、ベトナム戦争に敗退し、イラク戦争、アフガニスタン戦争などにも勝利することはできませんでした。もはや武力で他国を支配することはできないことは歴史が証明しています。

NATOが、各国の紛争に介入することは問題を複雑化させ、各国の民衆が自力で問題を解決するさまたげになっています。

世界各地で自主のうねりがまきおこっているこんにち、NATOの横暴は時代錯誤的といえます。

戦後、ヨーロッパは、一つの地域として人々が自由に行き来し、たがいの自主性を尊重しながら協調し発展する道を志向しました。

しかし、現在、EU内部では資本主義固有の弱肉強食と自由競争の論理がつらぬかれるなかで、豊かになる国と経済成長が低下し失業率が高くなる国との二極化がすすんでいます。

経済が発展している国としては、ドイツ、フランスなどがあり、経済が停滞している国としては、スペイン、ポルトガル、ギリシャ、イタリアなどがあります。

二〇〇八年、リーマン・ショックがおき、その影響はヨーロッパにまで波及しました。

バブル化したギリシャ経済が危機をむかえたことが発端となり、ヨーロッパ全体もユーロ危機に見まわれました。

ユーロが基軸通貨として成立した当初は、国債の価格はドイツもギリシャも同じでした。ギリシャの新政権がギリシャは財政赤字であることを発表した直後にギリシャの国債価格が暴落しました。相対的に経済力が強いドイツの国債が買われるようになり、ユーロ圏のなかでは、ドイツが一人勝ちしている状態です。

現在、ユーロ圏の失業率は過去最高水準を記録したばかりか、各国の内部でも貧富の格差が拡大し二極化がすすんでいます。とくに一五歳から二五歳までの若年層の失業率が高く、ギリシャは五七・三%、スペインは五六・五%、イタリアは三九・五%と多くの青年が失業しているという異常な事態になっています（二〇一三年七月、EU代表部の発表）。

ユーロ圏内で経済的利益を実現できないフランスは、シリアやウクライナに介入するなど、帝国主義的な侵略略奪策動に走っています。

ヨーロッパにおける二極化の動き、各国における貧富の格差はちぢまるどころか年ごとに拡大しています。

## 各国を自主化する

ヨーロッパ人民はかつて他国に侵略したり、自国人民が多大な犠牲をうけたりした歴史から教訓をくみとり、各国が団結し平和で豊かに発展するための政治的進路を求めています。

帝国主義はその発生や発展過程は一貫して暴力的であり、弱肉強食の論理で動いています。ヨーロッパ内部で協力することは大切ですが、自主を確立しなければ他国に依存するようになり、他国から搾取収奪される対象となってしまうでしょう。

ヨーロッパにおいて、各国を自主化することが重要な課題となっています。各国が自主化してこそ、たがいに対等で尊重しあえる関係をきずくことができます。

朝鮮は自主の道、社会主義の道をすすんでいます。朝鮮が昨日よりも今日、今日よりも明日とめざましく発展しているのは、金日成・金正日主義にそってすすんでいるからです。

ヨーロッパは金日成・金正日主義の道にすすむことによって明るい未来を開拓することができるでしょう。

金日成・金正日主義の道とは、自主、自立、平和の道であり、そのさきには社会主義の道が拓けています。

社会主義の最前線に立って帝国主義と堂々と対峙している朝鮮に注目し、朝鮮人民と連帯していくことが重要になっています。

まずみずからが金日成・金正日主義を研究し、広範な人々のなかに金日成・金正日主義を普及していくことが先行課題となります。

ヨーロッパに自主の旗をかかげて、世界の自主化をめざしてすすんでいきましょう。

# アジアに浸透するチュチェ思想

―太陽節を記念するチュチェ思想研究インドセミナーにおける挨拶―

二〇〇九年三月二〇日

尊敬するチュチェ思想国際研究所ビシュワナス理事長。

尊敬するインド駐在朝鮮民主主義人民共和国大使。

尊敬するアジア・チュチェ思想研究所ハリシュ・グプタ書記長（現理事長）。

尊敬するインドのチュチェ思想研究会の各代表者と同志のみなさん。

わたしは、チュチェの道をともに歩んできた先生方と本日、ニューデリーで再会できたことを心からうれしく思っています。

## 先駆的人士の献身的活動

二〇〇八年三月、チュチェ思想国際研究所の創立三〇周年を祝って、インドで記念行事がりっぱに開催されたことが感慨深く思いおこされます。

記念行事の成功のためインドの先生方が毎週のように集まって相談し、当日もさまざまな役割を担当してくださいました。ここにあらためて心から感謝申しあげます。

ビシュワナス理事長は大病をわずらったにもかかわらず、強い意志と努力によって完全に健康を回復して、重要な会合をインドで開催することを決心し成功に導いてくださいました。

わたしたちをつねに励ましてくださるビシュワナス理事長に深く敬意を表します。

また、チュチェ思想国際研究所が基軸となって、世界におけるチュチェ思想研究普及活動がおしすすめられるように転換されたことは、朝鮮大使の尽力をおいて考えることはできません。

わたしたちは朝鮮大使の活動をとおして、金正日総書記のチュチェ思想研究者にたいする深い愛と信頼を身近に感じることができました。

朝鮮大使はこれまでもピョンヤンでチュチェ思想の世界的普及のために活躍されましたが、これからはインドから世界にたいして直接的に協力してくださる心強い存在になったといえます。

チュチェ思想は、人間は自己の運命の主人であり、自己の運命をきり拓く力も自分自身にあるということを明らかにしました。

チュチェ思想は、民衆を天のようにおしたて、民衆ほど貴重で力ある存在はないという以民為天（民をもって天と為す）、民衆中心の思想です。

しかし、民衆はおのずと社会と歴史の主人になるわけではありません。民衆が主人となるためには、先駆的人士の活動にたいする献身が不可欠です。とりわけ、民衆を意識化し組織化する学者や活動家の役割が決定的に重要です。

彼らの闘争によって、二〇〇八年、インドと世界におけるチュチェ思想研究普及活動が力強く展開され、大きく発展しました。

インドではビシュワナス理事長をはじめ、ここにおられる諸先生が重要な役割を果たし、またこんにち世界でも多くの学者や活動家が自己の信念にもとづいて積極的に活動しています。

二〇〇九年は、世界中でチュチェ思想研究普及活動がいっそう活発に展開される画期的な年となるでしょう。

二〇〇九年一月、アメリカのリンカーン大学の教授がわたしたちといっしょにピョンヤンを訪問する機会がありました。近い将来、北アメリカ地域にチュチェ思想研究組織が結成されることが期待されます。

アフリカ・チュチェ思想研究委員会では、五月初旬、コンゴ民主共和国でアフリカ地域の理事会会議とチュチェ思想研究全国セミナーを開催します。

ラテンアメリカ・チュチェ思想研究所では、八月、メキシコでラテンアメリカ地域の理事会会議とチュチュチェ思想研究セミナーを開催します。
ヨーロッパ・チュチェ思想研究学会では、一〇月、イタリアにおいてヨーロッパ地域の理事会会議とチュチェ思想研究セミナーを開催します。

## 自主の世界を展望して

二〇一二年に世界のチュチェ思想研究者は、チュチェ思想研究普及活動を大きく発展させる歴史的節目を迎えようとしています。

朝鮮人民は金日成主席誕生一〇〇周年に、社会主義強盛国家の大門を開こうと決心し前進しています。社会主義強盛国家は、チュチェ思想が政治、経済、文化などあらゆる面において実現された新しい社会、チュチェの社会です。

チュチェの社会は、人間が自然と社会、自分自身の主人となる社会であり、人々が家族のようになかむつまじく結ばれる社会です。また、チュチェの社会は、政治的、経済的、思想文化的につねに発展し豊かに繁栄する社会です。

二〇一二年、社会主義強盛国家の大門は人類史上はじめて開かれるでしょう。しかし、それはチュチェの社会へのたんなる入口であり通過点ともいえます。大門のむこうには自主性にもとづいて各国が協調し、恒久平和を実現する自主の世界を展望することができます。

自主の世界は、チュチェ思想が世界的範囲で普及され、各国の民衆自身によって各国の発展に活かされることによりはじめて実現されます。

チュチェ思想国際研究所は金日成主席誕生一〇〇周年にむけて、世界にチュチェ思想を普及し、チュチェ思想研究者を拡大し世界の自主化を促進していくでしょう。

ビシュワナス理事長、ハリシュ・グプタ書記長、ここに参加された先生方が力をあわせれば、インドと世界におけるチュチェ思想研究普及活動を大きく発展させていくことができます。明るい未来をきり拓いていくためにともに努力していきましょう。

長いあいだ、活動されてきた先生方はお体に気をつけて、最後まで多くの人々を正しく導いてくださるよう願っています。

# ラテンアメリカ変革の指針

講師　尾上健一
チュチェ思想国際研究所事務局長
司会　ラモン・ヒメネス・ロペス
ラテンアメリカ・チュチェ思想研究所書記長（現理事長）

―メキシコのチュチェ思想研究者との懇談会―

二〇〇八年五月三日

**司会**

チュチェ思想研究セミナーを始めるに際し、尾上健一先生をご紹介します。

チュチェ思想国際研究所事務局長である尾上健一先生は、日本からわざわざお出でになり、このセミナーに参加してくださいました。たいへん光栄に思います。

ここには、メキシコ・チュチェ思想研究会副会長エドゥガル・モンタルボ氏、メキシコ金日成主義研究委員会書記長のアルキメデス・ペレス・ベジョ氏、在メキシコ朝鮮大使館キムヨンボム参事も参加しています。

きょうのチュチェ思想研究セミナーを始めるまえに、尾上健一先生から簡単にチュチェ思想についての解説と、これまで国際レベルでどのような活動をしてこられたかを紹介していただければと思います。

**国際研究所事務局長**

はじめまして。東京から来ました尾上健一といいます。

メキシコにははじめて参りました。豊かな伝統を感じさせる美しい都市、そして明るい人々に接してたいへんうれしく思っています。

今回メキシコに来ましたのは、ラモン・ヒメネス・ロペス先生が、二〇〇八年、ラテンアメリカ・チュチェ思想研究所書記長（現理事長）に就任されましたので、今後のチュチェ思想研究普及活動についてご相談するためです。

また、メキシコ金日成主義研究委員会、メキシコ・チュチェ思想研究会のみなさんとお会いするために訪問いたしました。

ラテンアメリカ・チュチェ思想研究所書記長がメキシコから選出されたことは意義深いことだといえます。

それは何よりも、ラモン・ヒメネス・ロペス先生をはじめとして、多くのりっぱな先生方がメキシコで活躍されているからです。

また、メキシコは地理的、文化的に中央アメリカに位置しているので、南アメリカ全域に、そして将来は北アメリカにも影響力を行使できると期待できます。

ラモン・ヒメネス・ロペス先生、アルキメデス・ペレス・ベジョ先生たちを中心に、先生方がメキシコでのチュチェ思想研究活動を積極的におしすすめ、やがては全アメリカ大陸にチュチェ思想を研究普及する活動を強めてくださることを願っています。

わたしは、チュチェ思想についての簡単なレジュメを準備してきました。チュチェ思想について一言だけお話したいと思います。

チュチェ思想は金日成主席が創始し、金正日総書記が発展豊富化させています。

チュチェ思想は何よりも民衆主体の思想であるといえます。

チュチェ思想の正当性は理論的だけではなく、実践的にも証明されています。

朝鮮は小さい国ですが、どの国にも頼らないで民衆が政治思想的に自覚し団結することによって、りっぱに自国を守り発展させ民衆主体の国を力強く建設しています。

また朝鮮は、帝国主義に屈服してひざまずくことなく、彼らと毅然《きぜん》とたたかい自主権を堂々と行使していま す。朝鮮の現実はチュチェ思想の正当性を証明しています。

チュチェ思想の正当性と生活力を知った世界の人たちは、いま約一〇〇か国でチュチェ思想研究普及活動を積極的におしすすめています。

ヨーロッパ、アジア、アフリカ、ラテンアメリカの四つの大陸ごとにチュチェ思想地域研究所が設立されています。

ヨーロッパ・チュチェ思想研究学会はフランスとイタリアを中心に、ヨーロッパ全域で活動をおこなっています。

アジア・チュチェ思想研究所は、スリランカ、インドを中心に、アフリカ・チュチェ思想研究委員会はウガンダ、民主コンゴを中心に活動を活発におこなっています。

ラテンアメリカではとくに南アメリカでチュチェ思想研究活動が活発におこなわれていますが、今後は、エクアドル、メキシコが中心になっていくものと期待されます。

朝鮮人民の指導者である金日成主席と金正日総書記は、わたしもお会いしたことがありますが、朝鮮人民を愛するだけではなく世界人民を深く愛しています。金正日総書記はラテンアメリカ人民であるみなさんにも深い愛情をそそいでいるのです。

わたしがメキシコにくることができたのも、そうしたすぐれた指導者の深い愛と関係ないとはいえないでしょう。

いま、自国人民と世界人民をこれほどまでに深く愛している指導者をわたしは知りません。

わたしたちは、いま偉大な指導者の愛をうけながら、チュチェ思想の研究と社会の変革に献身しているといえます。

**司会**

ディスカッションを始めるまえに、事務局長先生が準備してくださったチュチェ思想に関するレジュメを全部読みあげたいと思います。

## ―レジュメ―

### チュチェ思想は民衆の自主性を実現するための新しい時代の指導思想

チュチェ思想は、一口でいうと、革命と建設の主人は人民大衆であり、それをおしすすめる力も人民大衆にあるという思想
言いかえれば、自分の運命の主人は自分自身であり、自分の運命をきり拓く力も自分自身にあるという思想
チュチェ思想はチュチェの哲学的原理、チュチェの社会歴史原理、チュチェの指導原則の三つで構成されている

#### 一、チュチェの哲学的原理

1、チュチェ思想は、人間があらゆるものの主人であり、すべてを決定するというチュチェの哲学的原理にもとづいている

(1)人間があらゆるものの主人であるということは、世界における人間の地位を明らかにしている
＝人間は世界と自分自身の運命の主人である

(2)人間がすべてを決定するということは、世界における人間の役割を明らかにしている＝人間は世界を変革し自分の運命をきり拓くうえで決定的役割を果たす

2、人間の本性にたいする科学的解明がチュチェの哲学的原理を明らかにした

—人間の本性は自主性、創造性、意識性である

(1)自主性は世界と自己の運命の主人として自主的に生き発展しようとする人間の性質

・自主性は自然と社会のあらゆる束縛と従属に反対し、自由に生きようとする人間の性質

(2)創造性は目的意識的に世界を変革し、自分の運命をきり拓いていこうとする人間の性質

・創造性は古いものを変革し、新しいものをつくりだす人間の性質

(3)意識性は世界と自分自身を把握し、すべての活動を規制する人間の性質

・意識性は世界とその運動発展の合法則性を把握し、自然と社会を自己の要求に即して変革し発展させる性質

—人間の本性はもって生まれたものではなく、人間が社会的関係を結んで活動する過程で形成され発展する社会的属性

—人間の本性は、社会が付与する社会的属性であり社会が発生する以前には存在しない
—人間は、社会的教育や自分と世界を変革する実践をとおして人間の本性を強化発展させていく

3、チュチェ思想は世界における見解と観点、立場を解明した

(1)世界にたいする見解
—人間が世界の主人としての地位を占めている
—世界は人間によって変革される

(2)世界にたいする観点と立場
①人間の利益から出発して世界に対応する
—世界を客観的に認識するだけではなく、世界の主人である人間の利益を擁護する見地から考察し対応する
②人間の活動を基本にして世界の変化発展に対応する
—世界を認識し変革するすべての活動で、人間をより力強い存在に育て人間の創造的役割を高める

## 二、チュチェの社会歴史原理

―チュチェの社会歴史原理は、社会歴史の主体について解明している

―チュチェの社会歴史原理＝民衆は歴史の主体であり、社会歴史運動は民衆の自主的で創造的で意識的な運動である

1、社会歴史の主体を解明

―社会歴史の主体は民衆である

―民衆は歴史の主体であるが、おのずと自己の運命を自主的創造的にきり拓いていく歴史の自主的主体になるのではない

―民衆が歴史の自主的主体になるためには、正しい指導のもとに意識化、組織化されなければならない

2、社会歴史運動の本質的特性を解明

(1)社会歴史運動は、民衆の自主性を実現するためにおこなわれる民衆自身の運動

(2)社会歴史運動は民衆の創造的運動

―社会歴史運動は、自然と社会を新しく変革する民衆の創造的運動

(3)社会歴史運動は民衆の意識的運動
—社会歴史運動は、民衆の意識的活動によっておしすすめられる運動

3、社会発展の合法則性を解明
(1)社会は主体の主導的作用と主導的役割によって発展する
(2)社会は民衆の自主的思想意識と創造的能力の発展程度に応じて発展する
(3)社会は自然変革、社会変革、人間変革の三大変革を通じて発展していく

## 三、チュチェの指導原則

1、自主的立場を堅持する原則
(1)思想における主体
(2)政治における自主
(3)経済における自立
(4)国防における自衛

2、創造的方法を適用する原則

(1)民衆に依拠して活動する方法

―民衆自身が創造性を高く発揮しながらおしすすめる

―社会運動は創造的運動であり、たえず新しいものを創造しつづけ、高い段階へ発展させる運動

―広範な民衆を団結させて運動する

(2)実情にふさわしく活動する方法

―変化発展する実情に応じて方法をつねに刷新する

―他国のすぐれた経験は自国の実情にそって研究し、あくまで自国の土壌にあうように適用する

3、思想を基本にする原則

(1)思想変革を優先する

―人々の思想意識を発展させ自主的な人間に育てるための活動を最優先する

(2)政治活動を先行する

―政治活動をおこない、人々を社会の主人として登場できるように、励ましふるいたたせる

## メキシコの社会運動に示唆

**司会**

事務局長先生がつくってくださったレジュメのおかげで、いままで学んできたチュチェ思想についてわかりやすく理解できるようになりました。

いままでは、チュチェ思想に関しては、人間の本性である自主性、創造性、意識性の三つだけを学んできました。

このレジュメによって、人間の三つの特性についてどのように理解すればよいかわかってきたのではないかと思います。

また、このレジュメによって、民衆が革命の主体であることの重要性がわかってきたのではないかと思います。

これまで、人間が世界をかえる主体であるということは学んできましたが、今日は、人間の本性である自主性、創造性、意識性とどういう関係にあるのか深く理解できたのではないでしょうか。たとえば、創造するということは、古いものをかえて新しいものをつくりあげるということを意味しています。

参加者が発言するときはできるだけゆっくり話して、通訳する時間をあたえるようにしてください。みんながスペイン語を理解できると思って早口で話さないようにしてください。

**経済学部院生**

いままでわたしたちもチュチェ思想についてまとめる努力をしてきましたが、このようにわかりやすくはっきりとした形でレジュメを準備していただいて助かりました。

事務局長先生がメキシコを訪問し、チュチェ思想研究セミナーに参加してくださったことをわたしはうれしく思います。

このレジュメを読んで、イデオロギー的にチュチェ思想が重要であるということだけでなく、それぞれの国の実情にあうようにチュチェ思想を解説して役立てることが大事だということがわかりました。

わたしは世界をかえる主人は人間であり、人間をとおして社会も自然もかえていくことがチュチェ思想のいちばんの特徴だと考えています。

人間が世界の主人であるからといって、人間は生まれながらに世界をかえる能力をもつわけではありません。その能力は社会生活をとおして身につけていくものであるし、創造性と意識性を強めてはじめて世界をかえることができるということもわかりました。

わたしはチュチェ思想を学んだことによって、メキシコの歴史、とくにメキシコの独立戦争やメキシコ革命について、いままでとは別の解釈ができるのではないかと考えます。

たとえば、メキシコ革命において、途中で少数のエリート層の利益が優先され、最初にめざした革命の目的は達成されませんでした。

なぜメキシコ革命がそのような結果に終わったのかと考えると、結局、民衆中心の思想がなかったからではないでしょうか。

現在メキシコは革命当時におとらず、民衆の社会運動がさかんになっています。

メキシコ政府は一部の特権層の利益やアメリカの利益を考えたうえで、さまざまな分野において国営企業を民営化しようとしています。それにたいして民衆はあくまでたたかおうとしています。

過去の失敗をくりかえすことなく、どのように社会運動をサポートしていくかを考えるときに、今回、チュチェ思想の特徴をいくつか学んだことが勉強になりました。

とくに、メキシコの国民性、実情、歴史的背景などを考慮しながら、あくまで民衆の自主性をつらぬいて社会運動を展開していくべきだということがわかりました。

メキシコに来てくださり、ありがとうございます。今日は他にもいろいろお話をうかがいたいと思いますのでよろしくお願いします。

**経済学部教授**

わたしはレジュメの最初のページに書いてあった三つの原則に興味をもちました。

ラテンアメリカ諸国はメキシコもふくめ、自由をめざした運動や解放のための社会運動がさかんです。

この三つの原則をラテンアメリカ、あるいはメキシコの現実にどのように結びつけたらよいかと考えています。

事務局長先生は、人間が世界の、そして自分自身の主人であり、人間が世界を変革する主体であるということ、さらに自分の国だけではなく、世界のすべての国にたいして愛情をもっていくことができる存在であると言われました。

それを聞いてわたしは、帝国主義者はそれとはまったく逆ではないかと思いました。

帝国主義者は自分の国を愛しているかもしれませんが、世界全体を愛することはしませんでした。また、彼らは世界の主人であったとしても世界をかえるのではなくむしろ世界を破壊してきました。帝国主義の支配からわれわれは解放されるべきではないかと感じました。

どうもありがとうございます。

**司会**

事務局長先生、いままでのところで追加したいところはありますか。

民衆を国の主人に

**国際研究所事務局長**

お二人のお話をうかがいながら、わたしは胸をうたれました。

先生方が指摘されたように、チュチェ思想に学ぶことによってメキシコの歴史を見なおすことができるでしょう。また、メキシコの革命闘争を総括しなおすこともできると思います。

民衆のための闘争について強調したいことがあります。

民衆は一部の指導者がほどこしをあたえる対象ではありません。貧しいから、かわいそうだからと思い、民衆を物質的に豊かにすることだけが革命闘争の目的ではないということです。

民衆をたたかいの主人に、国の主人にまでおし上げる必要があるのです。

民衆が国の主人にならず、一握りの人だけが国の主人であるなら、その国は崩壊します。

旧ソ連崩壊の教訓は何でしょうか。

民衆の物質生活はある程度豊かになり経済的平等が達成されたとしても、民衆が政治の主人にはなれず人間が変革されないとき、経済的獲得物さえも失ってしまうことを示しています。

また、政治的指導者が自国人民を愛し教育して団結させることができず、外国ばかり気にして政治をおこなっていたら、その国は崩壊することが明らかになりました。

自分こそが真の指導者だと名乗りをあげ主導権争いばかりしていたら、民衆は団結できず、結局、社会運動は弱体化していきます。民衆に支持し信頼されてこそ真の指導者といえます。みずからりっぱな指導者だと名乗るだけで真に民衆の指導者になれるのではありません。

いうまでもなく、帝国主義者は世界人民を愛していません。

チュチェ思想は世界の主人になることを要求する思想、世界人民に責任をもつことを要求する思想です。帝国主義者のように世界人民を支配し抑圧するものは世界の主人とは無縁です。

帝国主義者は、外国人を愛さないばかりか自国人民も愛することはありません。アメリカ帝国主義はイラクのために戦争をすると言いながら、一〇万人以上のイラク人を殺害してイラクを崩壊させました。

彼らはまた、イラクを崩壊させるために貧困層出身の兵士をイラクにおくり、数千名のアメリカ人を犠牲にしています。

アメリカ人民をたくさん殺してまで、なぜイラクにたいする支配をつづけるのでしょうか。戦争をすることによって軍需産業、エネルギー産業の一握りの資本家がもうけるためです。

朝鮮は帝国主義にまったく幻想をもっていませんし、何の期待もしていません。

朝鮮はアメリカ帝国主義には期待していませんが、アメリカ人民にたいしては期待しているでしょう。それで、朝鮮は世界のすべての国々と自主、平和、友好の対外政策を堅持しているのです。

## 誰にでもうけいれられる思想

**司会**

何人か手をあげましたが、その順番でコメントしてもらいます。

国立工科大教授

レジュメを読んで、民衆の意識にはたらきかけ高めるというフレーズが印象にのこりました。メキシコはいま、これまで国営でおこなってきた石油産業を民営化しようとする動きに反対する運動が大きくもりあがっています。その背景には、メキシコ人民がアメリカ帝国主義に反対していく動きがありました。

当初、メキシコ連邦政府は石油産業を早く民営化させようとしていましたが、わたしたちは多くの人たちと協力してその動きを阻止しようと行動しました。

石油産業の民営化を阻止するためには、わたしたちは、やはり民衆の意識をかえることがいちばん重要ではないかと考えました。

石油をあくまでメキシコ人民の財産として守りつづけることの重要性について民衆に訴えたのです。自覚した民衆は石油産業民営化の動きをストップさせ、いま、連邦政府はもう一度政策を見直す段階にはいっています。

そういう意味でメキシコでも、自主性はいま重要なテーマになってきています。

民衆の意識をかえることによって、彼らが帝国主義にたいするたたかい、石油産業民営化にたいするたたかいの表舞台に登場することによって、はじめてメキシコ人民の自治、自主性が確立されるのではないかと感じています。

朝鮮が帝国主義にいままでどのようにたたかってきたのかを学ぶとき、共感する部分が多くあります。

朝鮮に連帯してわたしたちは何ができるかはわからないのですが、自分たちはあくまでメキシコが帝国主義の干渉や支配から解放されるよう活動しながら、国レベルで民衆の意識を高めていくことが重要だと思います。

法学部院生

今日事務局長先生が参加してくださったことにたいし、わたしはとても感謝しています。

これまでメキシコの不安定な社会状況のなかでどのように生きていったらよいのか、暗い気持ちで生活していたのですが、今日、このようにチュチェ思想にふれることによって、何か光がさしてきたような感じがします。

とくに民衆には価値があるということにわたしは気づきました。

自分も何かできる、自分も考えていた以上に大事な存在であることを自覚でき、貴重な体験をしました。

資本主義の論理が作用するメキシコで、小学校、中学校、高校、大学と教育をうけてきましたが、人間が世界の中心にいて民衆が重要な役割を担えるということについて学ぶ機会はありませんでした。

今日はよい思想にふれることができました。

わたしはとりわけ、人間の本性である自主性、創造性、意識性の三つの点について興味をもちました。

民衆が自分をもふくめて生活を向上させたい、何かにたいしてたたかいたいと思うときに、この三つの特性が重要になってくると思います。

レジュメを読みながら、つい最近、ある大企業に関する映画を観たことを思いだしました。

大企業は、国営企業、多国籍企業もふくめて、おもてでは社会のために技術を向上させたり、会社の運営を改善したりすると言っていますが、結局、お金しか見えず人を見ようとしないのです。

石油を販売したり、石油からいろいろな製品をつくったりしたとしても、民衆は何の利益もうけられず、資本家が豊かになるだけです。朝鮮では国営企業が発展したり技術革新がすすんだりした場合、利益が人民に還元される仕組みになっています。

わたしはチュチェ思想にふれることによって、自分自身もふくめて民衆は価値ある存在であると自覚することができました。そのような意味でチュチェ思想をもっとメキシコに広めなければならないと考えています。

今日、わたしの胸には、チュチェ思想を学ぶなかまをふやして民衆の意識をかえ、民衆の団結した力でメキシコの政治システム、経済システムをかえよう、この国をかえていこうという意気ごみが生まれました。

**司会**

四人の女性が手をあげたので、彼女たちのコメントを聞いてから、事務局長先生のお話をうかがいましょう。

**科学研究員**

わたしは大学で生物学を専攻しましたが、先生たちからよく、人間のために自然を活かす方法を学びなさいと言われてきました。他国の現状を学ぶなかで、人間は自分たちの利益のために自然を開発し環境を破壊してきたのではないかという疑問を感じていました。

このような疑問をもつようになってからは、教科書から学ぶだけでは不十分であり、現在の自然と人間とのかかわり方をかえるために何かをしなければならないと考え、この活動に参加するようになりました。そうした意味でチュチェ思想にふれたことは、自分にとってメリットのあることでした。

事務局長先生が世界各国で、チュチェ思想を普及されていることはとても貴重なことであり頭が下がる思いです。

わたしは小さいときから、親やまわりの人から人類の起源は何かということについて教わってきました。

大学で生物学を学ぶことによって、これまでとはまったくちがう尺度で人類の起源をみないといけないことに気づきました。

いまわたしは、科学的な関心や宗教上の関心だけではなく、政治的関心から人間の性質について考えていく必要性を感じています。

大学の友人と生命の起源とは何かについて、鶏が先か卵が先かと冗談めいて議論しあったことがありましたが、結局、袋小路のディスカッションになってしまいました。

そのようなときにマルクス・レーニン主義の、物質は固定不変ではなくつねに変化するという理論にふれることによって、自分の考えはかわりました。

チュチェ思想は、物質がたえず変化するなかにあって、人間の意識は新しく変化した状態と結びついて、さらに新しい変化をもたらすものとして位置づけられていると思います。

そういう意味で、チュチェ思想はすすんだ哲学ではないかと考えます。

わたしはチュチェ思想を研究しながら人間と自然との関係をもう一度見直したいと思っています。

つまり、人間は自然にたいする主人なので自然資源を利用するときには、少数の人間のためではなく、広範な民衆の利益になるように利用しなければなりません。これまでの人間と自然との関係を結びなおす必要性を考えました。

いままで物質と意識の相互関係で、さまざまな議論がありました。

チュチェ思想は人間と世界との相互関係について明らかにしました。チュチェ思想は人間が世界にたいして主人としての地位を占めるだけではなく、主人としての役割を果たすことの重要性について明らかにしています。これはわたしにとって新しい発見でした。

人間が世界によりよい形で対応することを実現するためには、人間の意識をもっと高めなければなりません。

メキシコの人々は、自分もふくめて時間を守る、規律を尊重する、よく勉強するなど、いろいろな面でさらに努力しなければならないと感じています。

以上がわたしのコメントですが、あらためて先生からレジュメをいただいたことにお礼を申しあげます。

日本ではチュチェ思想研究普及活動においてどのような動きがあるのかもふくめてお話いただけたら、わたしにとってよい集まりになると思います。

**弁護士**

事務局長先生に、二つお聞きしたいことがあります。

一つは自主性に関する問題です。

自主性と個人主義とではどのようなちがいがあるのでしょうか。

もう一つの質問は、民衆が世界をかえる主人になるべきだという問題についてです。

民衆が世界の主人であるという見解には、わたしも賛同します。しかし、民衆が歴史の自主的な主体になるためには、正しい指導のもとに意識化、組織化されなければならないとレジュメに書かれていました。

それは、果たして救世主のような一人のリーダーシップのある傑出した人物のもとで、民衆が意識化、組織化されることをさしているのでしょうか。あるいは別のやり方でその目標が達成されるということなのでしょうか。

メキシコでは、特定の傑出した人物が登場してほしいという考えが民衆のなかにいまだに根強くのこっているからです。

一人ひとりが救世主であり、一人ひとりが世界をかえる主人であるという考え方はまだメキシコには広まっていないと感じています。

わたしは、マルクス主義などさまざま思想を学んできましたが、いずれの思想についても深く納得できたとは思えませんでした。

しかし、わたしはいま、チュチェ思想にたいしてよい印象をもっています。何よりもチュチェ思想は簡潔で謙虚な思想であるからです。

## 幼稚園教諭

わたしはチュチェ思想にふれることによって、自分のライフスタイルが大きくかわりました。

チュチェ思想は、人間がどのようにしたら幸せになれるのかを考えています。

自主性、創造性、意識性の内容を理解することに努めながら、わたし自身もふくめて多くの人々が幸せな生活をおくることについて考えてきました。

ただ、人間の意識をかえようとしても、大人になるといままでのいろいろな悪習慣の影響ですぐにかえることができません。それにたいして子どもは、いくらでも新しいことを覚えていくことができます。わたしは子どもにチュチェ思想をどのように教えていけばよいかについて関心をもっています。大人になって頭がかたくなった人間の意識をかえることはむずかしいことです。

未来のために、子どもの意識をより高いものにしていくためにも、早い段階からチュチェ思想を教えることが重要だと思います。

もう一つのコメントとして、わたしは人間は世界の主人であり自分の運命を決定することができるという考えは確かに正しいと思います。

また大事なことは、自分と同じように他者の自主性を尊重することです。そのことをわたしは先ほどから考えていました。

ラモン・ヒメネス・ロペス先生から、何度もチュチェ思想に関する本を読みなさいと言われていました。今後、読んで勉強していきたいと思います。

今日は、事務局長先生に来ていただきましてよい体験ができました。ありがとうございました。

**大学教授・先住民族**

わたしはオアハカ州の先住民族、ミヘ族出身でミヘ語も話せます。コンピュータ関係の大学で教員をしています。

現在の資本主義社会の状況をみると、民衆はこれまで社会の表舞台に登場してこなかったと感じます。そうした意味で、自分自身の所属する民族にたいして、チュチェ思想を広めるということは重要なことです。レジュメを読んでみて、あらためてマルクス主義の唯物史観を批判的に見直す必要があると思いました。チュチェ思想のように新しい思想があれば、それをとりいれていくことが大切だと思います。

## 美しい花を咲かせる

**中学生**

学校の授業で朝鮮のことやチュチェ思想について、先生が紹介してくれました。そのときにわたしは興味をもったのですが、同級生が朝鮮は社会主義国だから相手にしないほうがよいと言ったので、わたしはとてもがっかりしました。

同級生の態度をもう一度ふりかえってみると、彼らは帝国主義に支配されたマスメディアの情報に影響をうけているため、朝鮮やチュチェ思想に関してあまり興味がもてないのだと思います。

人間はよい土壌で育てば美しい花を咲かせ、どんどん成長していきますが、反対に土壌や天候などが適していないと花は咲かず、茎も葉も育たなくなると思うのです。

そうした意味で自分を花にたとえたら、自分の根っこは何かということを知ることが大切だと思います。自分はどこから来てどこへむかうべきか、ということも考える必要があるのではないでしょうか。

わたしはアメリカ帝国主義の影響をうけた思想や生き方にあまんじていくのか、あるいはメキシコの伝統などを大切にしていくのか、もう一度見直す必要を感じました。

**司会**

最後にメキシコ・チュチェ思想研究会の副会長のエドゥガル・モンタルボさんがお話します。

彼は、メキシコ・チュチェ思想研究会の会長であるファン・カンポス・ベガさんの代わりに参加してくださいました。

**チュチェ思想研究会副会長**

事務局長先生をお迎えした本日のチュチェ思想研究セミナーに招待していただき、ラモン・ヒメネス・ロペス先生、他のメンバーの方々に感謝いたします。

現在、メキシコはきびしい社会政治状況があります。まさにアメリカ帝国主義の力がいままで以上におしよせている状態です。

わたしはこれから、わたしが所属する団体のメンバーの意見を代表しながら発言します。

金日成主席が創始し、金正日総書記が発展させたチュチェ思想について、わたしも報告しようと思っていました。しかし、みなさんのコメントを聞いていますと、わたしの述べたいことをすべて言ってくださったので、わたしは発言しなくてよいのではないかと感じました。

チュチェ思想はあらゆる分野の人、経済学者、数学者、幼稚園の先生や女性、男性、また若者にまでもうけいれられる思想であるということが強く印象にのこりました。チュチェ思想研究セミナー参加者の幅広い顔ぶれをみても、チュチェ思想の力強さが証明できたのではないでしょうか。

チュチェ思想は、誰もが理解しわかりやすい思想ですが、だからといって、その偉大さや力強さが失われることはありません。メキシコにおいては、チュチェ思想は労働者や一般市民が闘争するための有効な道具であるとわたしは考えています。

ここに集ったわたしたちは、チュチェ思想をメキシコにもっと広く普及していくための重要な役割を担っています。

チュチェ思想はどのような思想かをたんに伝えるだけでなく、それぞれが自分の場のたたかいに役立てるべきです。

チュチェ思想を大衆のなかに普及していく際には、チュチェ思想を学び創造的に実践するという点を強調したいと思います。

事務局長先生がつくってくださったレジュメに関して、二つコメントしたいと思います。

まず、このレジュメが重要なのは、書いてある内容だけではなく日本の方が準備したことです。日本から来られた方が準備して発表したということが重要なのです。

日本は帝国主義としての歴史があるにもかかわらず、日本の労働者階級の団結、知恵などは評価される側面です。わたしたちは日本にたいして、過去侵略の歴史があったからといって偏見をもつのではなく、チュチェ思想の普及活動をされていることは評価すべきものだと思います。

レジュメに関するもう一つのコメントは、チュチェ思想に関する内容自体が簡潔かつ明確で、わずか数ページで、いままでわたしたちが学んできたことをすべて網羅していることです。

これはメキシコで今後チュチェ思想研究普及活動をおこなっていくうえで役立っていくでしょう。一行にこめられている内容は、一冊の本の一章にあたるほどの内容があります。チュチェ思想にふれる機会をいっそう広範な人々にあたえ、より広い領域にチュチェ思想を普及するためには、簡潔で要点がしぼってあるこのレジュメは重要だと思います。

事務局長先生がメキシコ滞在中、短期間ではあっても、ぜひメキシコを楽しんでくださるよう願っています。

## 自主性と個人主義

**国際研究所事務局長**

みなさんがすばらしい意見を述べてくださったので、そのことについて言及することはありませんが、ちがう角度から少し補充したいと思います。

まず、自主性と個人主義について述べます。

自主性は社会的存在としての人間がもつ本性です。自主性とは自然と社会のなかで人間が主人として生きる性質をいいます。

社会的存在は社会関係を結んで目的意識的に生きる存在です。社会的存在は人間をおいてほかにはありません。

個人主義とは、人間を社会的存在でなくばらばらな存在、本質的には生物学的存在としてみることからでてくる概念です。

個人主義を主張する人は、人間が社会関係を結んでのみ生きる存在であることを認識できないために、人間を孤独な存在とみ、個人を基本にして生きようとします。

個人主義は、利己主義にもつながり、社会の統一と団結を弱めるだけではなく、みずからの運命を開拓することも困難にします。

自主性のために生きる人間は、みずからを世界の主人にするだけでなく、すべての人民の要求と力を強め、社会の統一と団結をうながしていきます。

かつてマルクス・レーニン主義をはじめ、さまざまな思想が資本家階級をたおせばよい社会が来ると主張しました。また、帝国主義を追いだして独立すれば、よい社会ができるという人もいました。しかし、資本家階級をたおして帝国主義を追いだしても、また新たな問題が発生したことは歴史が証明しています。ソ連が崩壊した原因やイラクがアメリカに崩壊させられた原因を考えると、共通の教訓をくみとることができます。

資本家階級をたおしたり、帝国主義を追いだしたりするのは、民衆の最終目標ではなくて、一つのプロセスでしかないのです。重要なことは自覚し団結した民衆が反動支配層をたおし、さらにその後、民衆が主人になる新しい社会をつくっていくことです。

多くの経験は労働者階級が歴史を創造することを明らかにしました。しかし、実際は一部の政党、政治指導者が労働者階級を代表しているなどと言いながら、少数のままで政治をおこなうことが長くつづきました。

ここで、チュチェ思想がどのように創始されたかについて、再度ふりかえってみましょう。

チュチェ思想は一九二〇年代に、金日成主席によって創始されました。当時、朝鮮は日本帝国主義の植民地下にありました。

日本帝国主義がいかに強大で残虐《ざんぎゃく》であったか、それは世界大戦で日本帝国主義が三〇〇〇万人の世界人民を殺し、八〇〇万人の日本人民を死に追いやったことでも明らかです。

そのとき、日本帝国主義の植民地下にあった朝鮮人の多くは字も書けずに、貧しい生活を強いられていました。

革命家を自称する多くの人は、ソ連や中国に頼って朝鮮を解放しよう、マルクス・レーニン主義にそって社会主義をつくろうと考えました。

しかし、金日成主席は朝鮮人民を愛し信頼して、朝鮮人民をめざめさせ団結させることがもっとも重要だと教えたのです。そして、外国のまねをする必要はない、朝鮮の実情にあわせてたたかっていけばよいのだと教えました。

朝鮮人は力がないと考える活動家が少なくないなかで、金日成主席のみは朝鮮人民にたいして最高の尊厳と誇りを教えました。そして、民衆をめざめさせ団結させて大きな力とし、民衆の自覚し組織された力をもって帝国主義を追いだしていくたたかいを導いてきました。

金日成主席は、帝国主義を追いだしただけでは民衆の願いは最終的に実現されないと考え、すべての民衆が国の主人になって豊かで助けあう生活をしなければならないと教えました。

従来の指導思想は、資本家階級や帝国主義とたたかう方法は教えました。しかし、たたかうもの同士が分裂し民衆が分裂すれば、たたかいとった成果も失われてしまいます。

チュチェ思想ははじめて民衆を信頼し民衆を団結させ、民衆の大きな力を形成することをもって反動支配層をたおし、さらに民衆主体の社会をつくることを教えました。

一九五〇年代にも、一九九〇年代にもアメリカをはじめとする強大な帝国主義がよってたかって朝鮮を崩壊させようとしましたが、朝鮮人民は団結してそれにうち勝ちました。

わたしたちが朝鮮に学ぶことは、朝鮮人民だけがすばらしいということを言うためではありません。メキシコのみなさんをはじめ、いまきびしい状況のなかでたたかっている世界のすべての人たちがりっぱであるし、信頼に値するということを示しているからです。

特出した個人が民衆を救うという歴史観は、すでにマルクス・レーニン主義の労働者階級が歴史をつくるという解答によってまちがいであると明らかにされました。

歴史は一人ひとりがつくるものではなく、民衆はおのずと歴史をつくる主体になるのではありません。民衆を歴史の自主的主体にするためには、民衆に歴史をきり拓く主人としての自覚と団結をあたえることのできる指導者が必要なのです。

## 後生可畏

金正日総書記について、少しお話したいと思います。

わたしは金日成主席が亡くなった後、つぎの国家主席に金正日総書記が就任するものとばかり思っていました。ところが金正日総書記は国家主席の職責にはつかず、そればかりか朝鮮人民は憲法まで改正して、主席という呼び名を永遠に金日成主席だけのものにしました。

金正日総書記は、主席逝去《せいきょ》後も主席に忠実な一戦士であり、人民に忠実な一戦士であると述べています。金正日総書記は、主席の生前と同じように自分を表にださず、主席が亡くなったときにしたのと同じように発言し行動しています。

中学生がりっぱな発言をしましたので、そのことと関連して金日成主席と金正日総書記のことについて話します。

金日成主席が健在のとき、金正日総書記はあまり外国人のまえにでませんでした。

わたしは、金日成主席にお会いしてお願いしました。

金正日総書記がつぎの指導者であると聞いていますが、わたしたちは金正日総書記についてよく知らないので教えてくださいと言いました。

わたしの問いに答えて金日成主席は、中国のある王様の話をしたのです。その話はつぎのような内容でした。

〝むかし、中国にある王様が生まれたとき、中国は七つの国に分裂していました。王様が車に乗って七つの国をめぐり、ある国に行ったとき、子どもたちが土で城をつくっていました。王様は車に乗って行きながら、道をあけろと言いました。すると、子どもはむかしから車が城をさけるのだ、城が車をさけたことはないと言いました。それがあたっていたので、王様は驚きました。王様は、おまえの村には人々がどれくらい住んでいるのかと聞きました。子どもは村人の数を知りませんでした。子どもは王様に、あなたのまゆ毛は何本ありますか、と聞きました。王様は答えられませんでした。子どもは、あなたが目のうえに生えているまゆ毛の数も知らないのに、どうしてわたしが村人の数を知っているでしょうかと答えました。そのとき、王様は「後生可畏」ということを言いましたが、これはどういう意味かというと、後から生まれたものがもっとすばらしいということです〟

金日成主席は、中国の逸話をとおして金正日総書記は偉大な指導者だ、新しい世代であるみなさんもりっぱな人間だ、これからは金正日総書記を中心にみんなが団結してたたかいをおしすすめていくことが重要であるということを話してくださったのです。

わたしは、金日成主席のお話に納得しつつも、金正日総書記に会わせてくださいとお願いしました。

すると金日成主席は、彼は謙遜《けんそん》で自分は外国人に会おうとはしない、外国人にはわたしを会わせようとすると言われるのです。

わたしは、それでは金正日総書記の著作を外国に公表してくださいと重ねてお願いしました。金日成主席は、わかりました、それは努力して発表するようにしましょうと言ってくださいました。翌年から金正日総書記の著作が多く発表されるようになったのです。

主席が言われるように若い世代は将来が有望です。また、りっぱに成長するためには先輩を尊敬し国の伝統や歴史に学ぶことが大切です。

日本のことについて、少しお話します。

二〇〇八年四月、日本で三〇〇名規模のチュチェ思想研究全国セミナーがおこなわれました。主な報告者が四人いました。基調報告を元大学学長がおこない、国連大学元副学長、八八歳の現役歌手、招待したアフリカ・チュチェ思想研究委員会書記長の三人が講演しました。さらに七名のパネリストが発言しました。日本の北海道にいる先住民族の代表、沖縄でもっとも影響力のある政党の代表、そして在日本朝鮮社会科学者協会の代表も演説しました。朝鮮との友好運動をおこなっている代表者もスピーチしました。

一〇代から九〇歳ぐらいまでの人々が、北海道から沖縄まで日本各地から集まったのです。このように、日本では幅広くチュチェ思想研究普及活動がおこなわれています。

わたしは今回メキシコをはじめて訪問しましたが、来てたいへんよかったと思っています。

ラモン・ヒメネス・ロペス先生にもお会いしましたし、メキシコ・チュチェ思想研究会のファン・カンポス・ベガ会長にもお会いできました。朝鮮大使館を表敬訪問し、また今日はこうしてメキシコでチュチェ思想研究活動をおこなっているりっぱな先生方とお会いすることができました。ラモン・ヒメネス・ロペス先生のご家族にも会いましたが、あたたかい家庭であり、家族のみなさん全員がこの場に参加されています。

メキシコのチュチェ思想研究会は、メキシコの活動と社会を発展させうる大きな力をもっているし、ラテンアメリカと世界のチュチェ思想研究活動を発展させる重要な基礎になるだろうと確信することができました。

みなさん、チュチェ思想を研究普及してください。そして何よりも、メキシコをもっとよい国にしてください。また、自主的で平和な世界をつくっていきましょう。

少しずつお金をため朝鮮を訪問してみてください。朝鮮に行ったら、日本は近いのですから、日本にも寄ってください。歓迎します。

今日からは、ラモン・ヒメネス・ロペス先生を中心にみなさんが、チュチェ思想研究普及活動で多くの成果をつみあげ、わたしたちとさらに親しくなっていくことでしょう。

長い時間であったにもかかわらず、多くの方が座れず立ったままで、最後まで熱心に参加してくださいました。あたたかい心で歓迎してくださったことに深く感謝しながら、わたしの話を終わります。

**司会**

事務局長先生、ありがとうございました。

朝鮮大使館の方にも、またメキシコ・チュチェ思想研究会を代表してこられた先生にも、深く感謝いたします。

事務局長先生は、あと何日かメキシコに滞在される予定です。メキシコでの滞在が実り多いものとなることを願っています。

# アフリカ再生への道

―チュチェ思想アフリカセミナーにおくった書簡―

二〇一三年五月一一日

アフリカ・チュチェ思想研究委員会とウガンダの同志と友人のみなさん。

わたしは、アフリカ・チュチェ思想研究委員会の理事会とあわせて開催されたチュチェ思想・アフリカセミナーに参加したすべてのみなさんに心からの連帯の挨拶をおくります。

## 独立後の課題は人民に依拠した国づくり

アフリカ諸国は、第二次世界大戦を経て発展の道にはいりました。とりわけ一九六〇年代にはいってからは、多くのアフリカ諸国はイギリス、フランスをはじめとする帝国主義宗主国からの独立を達成しました。

独立後、アフリカ諸国の一部の国や政党は社会主義的な政策をかかげ世界革命を支援しました。

アフリカ諸国は独立を果たしたものの、こんにち新たな試練に直面しているといえます。

帝国主義・支配主義諸国は豊富な天然資源や安い労働力を求めて、アフリカに注目し深く関与してきています。

新しく政権の担当者になったアフリカの指導者の一部は、国内の人民に依拠して人民の利益を守るのではなく、帝国主義・支配主義諸国の友人としての関係をしだいに強めていっています。

アフリカ諸国の一部は帝国主義・支配主義諸国と友好関係を強めながら天然資源を売った金で彼らから武器を購入し、武装したいくつもの利益集団が国内で相争うという悲劇がもたらされています。

独立を達成することは人民の利益を実現するうえで第一段階の闘争課題になりますが、終着点ではありません。

独立を達成した後、人民に依拠して自主的な国づくりをすることが重要な課題として提起されていきます。

独立した国々の執権党は何よりも人民の利益を守るべきであり、帝国主義の利益の代弁者になってはならないのです。

## 今日的課題に解答をあたえる指導思想

現代は帝国主義、支配主義に反対し、民衆が主人として自主の道をすすむ自主時代です。

金日成主席は新しい時代の要求を反映して民衆中心のチュチェ思想を創始し、朝鮮民主主義人民共和国をチュチェの社会主義国として建設しました。

こんにち朝鮮は、アメリカ帝国主義をもおそれることなく、単独でも堂々とたちむかうことのできる社会主義強国となりました。

金正日総書記は朝鮮が自主の道、社会主義の道を確固と前進できるよう先軍の道を拓きました。

帝国主義は自主の道、社会主義の道へすすもうとする国を武力で崩壊させようと策動しています。

人民の利益を守り、自主性を堅持し、社会主義強国を建設するためには先軍政治をおこなわなければなりません。核兵器をもってアメリカ帝国主義の核攻撃から祖国と自主権を守ろうとする朝鮮人民の選択はきわめて正当であるといえます。

新しい時代は新しい思想を要求し、新しい思想が新しい時代をきり拓きます。

金正恩第一書記は金日成主席の革命思想と金正日総書記の革命思想を不可分のものとしてとらえ、金日成・金正日主義と定義しました。

金日成・金正日主義は、チュチェ思想を真髄とするチュチェの思想、理論、方法の全一的体系であり、自主時代を生きようとする世界人民のもっとも正しい指導思想です。

人間があらゆるものの主人でありすべてを決定するというチュチェの哲学的原理は、世界における人間の主人としての地位と役割を独創的に解明したものです。

世界における人間の主人としての地位と役割が解明されたことにより、世界における人間の最上の地位と世界の変革における人間の決定的役割が明示されました。

チュチェ思想が人間中心の思想として歴史上はじめて明らかにされるようになったのは、人間の社会的本性が科学的に解明されたことによります。

人間は自主性、創造性、意識性をもった社会的存在です。

人間はたんなる物質的存在ではなく、物質世界のなかで主人としての地位と役割を行使しうる唯一の社会的存在であるといえます。

チュチェ思想は世界の根本的特徴を人間中心に解明しただけではなく、社会発展の原理も新しく明らかにしました。

社会歴史的運動には主体があります。

社会歴史的運動は自然の運動とは異なり、主体があるということが根本的特徴です。

社会歴史的運動の主体は民衆です。社会歴史的運動は民衆の自主的創造的意識的運動であるといえます。

発展した社会は、民衆の自主性、創造性、意識性が高い水準にいたり、社会的存在である民衆の風貌が輝き、たがいの同志的関係がかたく結ばれた社会です。

金日成・金正日主義は、現代が提起するすべての問題にたいし正しい解答をあたえているといえます。

チュチェの革命理論は、民族解放、階級解放、人間解放のすべてを解決していくものです。

チュチェの革命理論は、反帝反封建民主主義革命の理論、社会主義強盛国家建設の理論、チュチェの党建設理論、現代帝国主義に関する理論、世界の自主化に関する理論など、現時代において革命と建設で提起されるあらゆる理論的問題に解答をあたえています。

チュチェ思想はチュチェの哲学的原理、社会歴史原理を解明したことにもとづいて、指導方法についても明らかにしました。

従来の革命思想において、指導方法がその構成体系に含まれたことはありませんでした。

金日成・金正日主義が明らかにした指導方法は、革命闘争で提起されるあらゆる問題を民衆が自主的創造的に解決していくための原則を示しています。

自主的立場を堅持する原則は、思想におけるチュチェ、政治における自主、経済における自立、国防における自衛を堅持することをその内容としています。

創造的方法を適用する原則は、民衆に依拠して活動する原則、実情にふさわしく活動する原則をその内容としています。

革命的大衆観点にもとづいて革命的活動方法を革命と建設の全過程に適用することが、チュチェの指導方法の重要な内容となっています。

## アフリカの主人はアフリカの人民

いま、世界人民は金日成・金正日主義に学んで自国を自主化し、民主化し、戦争を防止して平和を実現するためにたたかっています。

アフリカ諸国の主人はそれぞれの国の人民です。

人民に依拠し人民の自主性を実現するたたかいには、それを勝利に導く指導思想が不可欠です。

人民の幸福と国の発展や民族の繁栄を保障する思想的基礎は、金日成・金正日主義であるといえます。

アフリカ・チュチェ思想研究委員会はアフリカで金日成・金正日主義を研究普及する先駆者としての使命

を担っており、責任的な立場にあります。

アフリカ・チュチェ思想研究委員会は、アフリカ全域に金日成・金正日主義研究会を結成しなければならないでしょう。

アフリカ・チュチェ思想研究委員会の理事と各国における金日成・金正日主義研究会の責任者たちが、まず自国のなかで金日成・金正日主義の研究普及活動を積極的におこなっていかなければなりません。さらに金日成・金正日主義研究組織の隊列を拡大して、隊伍をかためることが求められています。

各国で金日成・金正日主義研究会の活動を日常的に積極的におこない、あらゆる地域、あらゆる階層のなかに広め、それぞれの国と民族のなかで網の目状に金日成・金正日主義研究組織をつくらなければなりません。

金日成・金正日主義を研究普及する偉業は、チュチェ思想国際研究所とともにおこなっていく共同事業であり、たがいによく連携をとることが重要です。

金日成・金正日主義研究普及活動は自国人民の力で、自国人民に依拠して、自力でおこなうべき事業です。それゆえ多少の困難があっても他人に依拠したり、安易に助力を求めたりしないで、自力で解決していく方途をどこまでも探しださなければなりません。

各国における金日成・金正日主義研究普及活動の状況、計画などは逐次、チュチェ思想国際研究所に知らせるようにしましょう。

アフリカ・チュチェ思想研究委員会の理事会会議とチュチェ思想アフリカ・セミナーが、アフリカにおける金日成・金正日主義研究普及活動の発展で大きな転機になることを期待してやみません。

ともに活動を力強く発展させたうえで、ふたたびアフリカの地で、あるいはチュチェの祖国で、あるいは東京でお会いしましょう。

金日成・金正日主義偉業はかならず勝利するでしょう。

著者紹介
**尾上健一**（おがみ　けんいち）
チュチェ思想国際研究所事務局長
NPO法人21世紀自主フォーラム世話人

# 自主・平和の思想
—民衆主体の社会主義を史上はじめてきずく朝鮮とその思想を研究し実践に適用するための日本と世界における活動—

発行日　二〇一五年一月二〇日
著者　尾上　健一
発行所　株式会社　白峰社
〒一七〇−〇〇一三
東京都豊島区東池袋五−四九−六
電話　〇三−三九八三−二三一二
定価　本体一八〇〇円＋税

 ISBN978-4-938859-24-4